Sommer
2012

Komm ein Stück
lesend mit auf
die Reise.

Herzlich

B. v. Birck

# freigelassen

iBurn-out

## Zeit fürs Wesentliche
## Eine Reise in die Gelassenheit
## von Alaska bis Feuerland

Ingo
Birte

Die Deutsche Nationalbibliothek verzeichnet diese
Publikation in der Deutschen Nationalbibliografie:
detaillierte bibliografische Daten sind im Internet über
www.d-nb.de abrufbar.

frei**gelassen**

Handlung, Personen und Geschehen beruhen auf Tatsachen.
Einige Figuren und Begebenheiten sind jedoch frei erfunden.
Ähnlichkeiten sind reiner Zufall.

Deutsche Erstausgabe 2011

Veröffentlicht im
frei**gelassen** Verlag
Bernkastel-Kues

Layout, Gestaltung,
und Fotos ©: Ingo Schmitz
Titelbild: Lama (Andenschaf)

Druck und Bindung: buchdruckerei24.de

Ihr findet uns im Internet unter
www.frei**gelassen**.com

**ISBN 978-3-9814381-0-9**
Der Preis dieses Bandes versteht sich
einschließlich der gesetzlichen Mehrwertsteuer

... und was war für dich heute das Schönste?

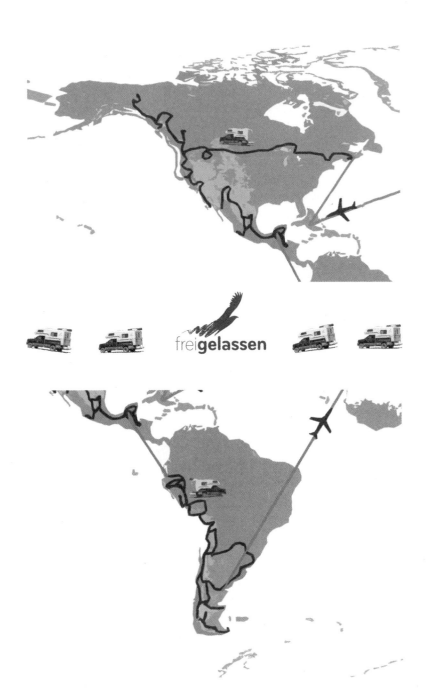

# Inhalt

frei**gelassen** | Vorwort    Seite 7

**Reize Druck | Kuba Kanada**    Seite 13

**Bauchgefühl | Kanada**    Seite 43

**Unsympath | Alaska**    Seite 71

**Angst | USA**    Seite 91

**Gesellschaft | Mexiko**    Seite 111

**Freunde | Belize**    Seite 137

**Neid | Ecuador**    Seite 159

**Moral | Peru**    Seite 187

**Gesundheit | Bolivien**    Seite 211

**Tempo | Chile**    Seite 237

**Konsum | Argentinien**    Seite 259

**Bewusstsein | Nachwort**    Seite 283

frei**gelassen** | Wir    Seite 285

# V o r w o r t

**W**ir, Ingo und Birte, liebten unser gemeinsames Leben im nördlichen Hamburg. Wir mochten den Herzschlag dieser Großstadt, in der die Möglichkeiten grenzenlos erschienen und die Angebotsvielfalt verschwenderisch wirkte.

Trotzdem zählten wir nicht zu den Menschen, die beim Griff nach funkelnden Sternen die Bodenhaftung verloren hatten. Gefühlsmäßig glichen wir eher der Maischolle als der Auster und einem Schümlikaffee anstelle eines Latte Macchiato. Wir genossen es, abends spontan mit Freunden zu kochen, anstatt alleine vor dem Fernseher Kochshows mit Mälzer & Co. zu sehen. In unseren Urlauben hingen wir nicht bequem in schicken Orten ab, sondern mochten vom Wind zerzauste Haare und müde gelaufene Füße.

Außenstehende mit materiellem Scannerblick schafften es dennoch, uns in die Schublade »Die haben es zu etwas gebracht« einzusortieren. Besonders Ingos beruflicher Weg war steil verlaufen. Er begann nach dem Studium als Produktmanager, arbeitete als Marketingleiter bis er Vorstand für den europäischen Vertrieb eines mittelständischen Unternehmens wurde. Dabei fiel es ihm über die Jahre leicht, immer noch einen Gang hochzuschalten und das Lebens- und Arbeitstempo zu beschleunigen.

Doch irgendwann passierte es: Ingo fuhr auf der beruflichen Überholspur dem Ziel entgegen und raste als junger Vierzigjähriger ins Burn-out. Ausgebrannt! In kürzester Zeit von der linken Fahrspur ohne Tempolimit über den Standstreifen ins Kiesbett. Sanftes Abbremsen aussichtslos. Plötzlich ging nichts mehr.

Monatelange Krankschreibungen folgten. Sein Burn-out hatte mit Panikattacken, Drehschwindel, Herz- und Rückenschmerzen, Schlaflosigkeit und Erschöpfung begonnen und gipfelte in einem physischen und psychischen Zusammenbruch. Es brauchte Zeit, Geduld und Ausdauer, bis sich erste Anzeichen von Besserung zeigten.

Unterstützt wurde er von Ärzten und Psychologen mit handfesten Therapien und Behandlungen. Mitfühlende Menschen und das soziale Umfeld gaben ihm emotionalen Halt. Sie überwogen in der Masse der ignoranten Kopfschüttler, die mit Sätzen wie »Stell dich mal nicht so an« die Maßstäbe unserer Gesellschaft und den unterschätzten Stellenwert der Krankheit unverblümt enthüllten. In ihren Köpfen war Burn-out noch immer ein eingebildetes und überspitztes Wehwehchen bestimmter Personen- und Berufsgruppen, die sich scheinbar grundlos anstellten.

Wir nahmen Ingos Burn-out als das an, was es war: eine ernste Warnung, ein kräftiger Schuss vor den Bug, aber eben auch eine neue Chance. Durch die Krankheit mussten wir innehalten und unsere Lebensumstände überdenken. Was wir brauchten, wussten wir schnell: Abstand! Abstand zum Job, zum Alltag, aber vor allem zu uns selbst. Zu dicht standen wir mit unseren Nasenspitzen vor der Borke und erkannten dabei den sprichwörtlichen Wald vor lauter Bäumen nicht mehr. Und wir wollten Zeit haben, für uns und alle die Dinge, die das Leben ausmachten.

Die anfängliche Idee einer Reise zu zweit entwickelte sich schnell zum ernst gemeinten Plan. Wir konnten uns durch die eigenen Ersparnisse den zeitlichen Ausstieg aus der Tretmühle ermöglichen. Wir kauften uns mit unserem Geld vor allem Zeit, über die wir selbst bestimmen konnten.

Dabei zählten wir uns nicht zu den klassischen Aussteigern, die ihr Glück weit ab von der Heimat finden wollen; und auch nicht zu denen, die ihr Heil immer in dem suchen, was sie gerade nicht besitzen. Weder Frustration noch Verbitterung spielten bei unserer Entscheidung zur Reise eine Rolle – ganz im Gegenteil: Das Leben hatte uns nicht enttäuscht. Ingo war durch sein Burn-out kräftig gestolpert, aber auch durch Stolpern kommt man voran.

Während wir die Tour planten, fing unerwartet die wirkungsvollste Therapie an: unsere intensive und gesunde Phase des »Häutens«. Deren Beginn war das Verscherbeln von unnötigen Dingen auf Flohmärkten und das Wegwerfen von Krimskrams. Das Ende war das

Entsorgen von immateriellem Ballast. Wir machten uns Luft, indem wir bewusst losließen. Nichts wurde auf ein mögliches Morgen oder in irgendeine dunkle Ecke verschoben. Wir wollten uns wieder auf das für uns Wesentliche konzentrierten. Mit diesem neuen Lebensgefühl brachen wir zu unserer Reise auf und machten damit »frei**gelassen**« weiter.

Auf den sechsundsiebzigtausend Kilometern in zweieinhalb Jahren brachte unser Camper uns von Alaska im Norden des amerikanischen Kontinents bis Feuerland im Süden und noch ein großes, unsichtbares Stück weiter.

Zunächst reisten wir ohne unseren Camper von Hamburg ins karibische Kuba und von dort aus weiter an die Ostküste Kanadas, um unseren verschifften deutschen Wagen abzuholen. Mit dem fuhren wir quer durch das winterliche Kanada. Im Frühling kauften wir für den Pick-up-Truck eine Wohnkabine, setzten sie auf die Ladefläche und steuerten damit dann den hohen Norden bis Alaska an. Dort wechselten wir die Richtung von Nord auf Süd. Entlang der Westküste Nordamerikas fuhren wir in den lateinamerikanischen Teil des Kontinents, zuerst in das warmherzige Mexiko, dann weiter ins farbenprächtige Belize, bis wir das östliche Guatemala streiften. Unser Reisetempo wurde mit jedem gefahrenen Kilometer langsamer. Wir umschifften Mittelamerika, um in Ecuador anzulanden. In Südamerika holperten wir in dünner Luft durch die Anden. Je näher wir dem Himmel kamen, umso wohler fühlten wir uns. Nach dem vielfältigen Ecuador durchstreiften wir das geschichtsträchtige Peru und ließen uns vom indigenen Bolivien in der wunderschönen Hochebene, dem Altiplano, den Atem rauben. Wir tauchten in das naturschöne Chile mit seinen rauchenden Vulkanen ein und setzten unsere Reise in der Weite Argentiniens fort. Die Gebirgskette der Anden verließen wir, um im Osten Südamerikas ins kleine Paraguay zu reisen, das gigantische Brasilien zu streifen und ins beschauliche Uruguay zu fallen. Von Buenos Aires in Argentinien traten wir die Heimreise an.

Mit den Einheimischen der verschiedenen Länder lachten wir und beweinten ihre Schicksale. Wir ließen uns emotional einfangen und manchmal hoch in die Lüfte tragen. Scharfe Chilischoten lähmten unsere Zungen und gegrillte Meerschweinchen rutschten erinnerungsreich in unsere Mägen. Wir berührten von Menschenhand gefertigte Kulturschätze und die menschenleere Schönheit der Natur berührte uns. Wir guckten in unseren ausgeraubten Camper in Kanada, verliefen uns zwischen Cannabispflanzen in Mexiko und trotzten korrupten Schuften mit Polizeimarke in Argentinien. Nebenbei wurden wir von drolligen Lamas geküsst, träumten in unbeschreiblicher Natur und fühlten uns unendlich frei.

Wir bestritten keine Abenteuer, um sie den Daheimgebliebenen aufgeplustert vorzusetzen. Und dennoch sprengten viele unserer Erlebnisse deren Vorstellung von Abenteuer. Wir wollten uns einfach einlassen: auf Unbekanntes und Neues, aber auch auf Trauriges und Hässliches. Manchmal war leider auch Gefährliches dabei. Wir forderten nicht heraus, was wir nicht im Stande waren zu bewältigen. Auch taten wir nichts aus naiver Abenteuerlaune heraus, sondern gingen vielmehr eine Zeit lang den Weg fremder Menschen mit, begleiteten sie in ihrem »normalen Leben«.

Ein unschätzbares Gut half uns dabei. Zeit! Ohne Zeit wären viele Abschnitte des Weges nicht möglich gewesen und uns damit verborgen geblieben.

Im Januar 2008 begann unsere Tour. Im deutschen Sommer 2010 kehrten wir zurück. Wir waren insgesamt zweieinhalb Jahre unterwegs, in denen uns der Wind der fernen Länder um die Nasen geweht war und dessen unvergesslichen Duft wir mit in die Heimat zurücknahmen.

Auch wenn wir körperlich nicht mehr reisen, will das tiefe Gefühl des Glücklichseins nicht enden. Die schärfende Brille mit Blick auf das Leben sitzt heute fester auf der Nase als je zuvor. Trotz neuer Risse ist die Sicht irgendwie viel klarer geworden. Ein neues Bewusstsein hat sich breit gemacht, auch weil im queren Wohlstandskopf vieles wieder an die richtige Stelle verschoben worden ist.

Mit zeitlichem, aber vor allem emotionalem Abstand schauen wir nun in den Rückspiegel. Ehrlich, mit einer Prise Selbstironie, manchmal mit einem Lächeln auf dem Gesicht oder einer Träne im Auge, erzählen wir offen unsere Erlebnisse. Dabei stellen wir die Erfahrungen des Burn-out den Geschichten der Reise gegenüber. Denn in Begegnungen mit fremden Menschen und Kulturen entdeckten wir faszinierende Parallelen, teilweise aber auch auffallende Gegensätze. Vieles davon eröffnete uns eine Klarheit und eine verborgene Logik, für die wir zuvor blind gewesen waren. Durch bloßes Beobachten erhielten wir Antworten auf Fragen, die wir uns zuvor nicht einmal gestellt hatten. Zu tief lagen sie im Verborgenen. Für dieses Buch erinnerten wir uns an Ingos Burn-out und konnten dabei in unseren Köpfen Inhalte der Gegenwart mit der Vergangenheit und Orte der Tour mit der deutschen Heimat verknüpfen. Die Idee zum Buch entstand erst wenige Wochen vor unserer Rückkehr nach Deutschland.

Wir schauen zurück und möchten die Erfahrungen mit anderen teilen. Es soll kein klassischer Ratgeber sein, der in schnellen fünf Minuten und einfachen zwölf Schritten eine Anleitung aufzeigt. Aber schon ein wenig Hintergrundwissen zu Burn-out kann helfen. Und ein aktives Drehen an kleinen Schrauben ist vielleicht entscheidend. Für dich oder jemand anderen, um den du dir Gedanken machst.

Ingo liegt im traurigen Trend: Er ist einer von so vielen, die es in unserer schnelllebigen iBurn-out-Gesellschaft nicht ohne Blessuren bis in die Rente geschafft haben oder schaffen werden. Viele persönliche Einzelschicksale stehen hinter namenlosen Statistiken, die es aufzubrechen gilt. Nur dann haben wir eine Chance, etwas zu verändern.

Für uns war die Veränderung eine Reise. Für dich wird es ganz bestimmt etwas anderes sein, denn »frei**gelassen**« kann für jeden überall, zu jedem Zeitpunkt und mit allem beginnen.

frei**gelassen**! frei und **gelassen.**

**Ingo** Reize **Druck** Entscheidungen **Supermarkt** **Panikattacke**
**Herzrasen** Beanspruchung **China** Dichte Massen
Hektik **Stress** **Speicherkapazität** | iBurn-out Hamburg Winterende

Die meiste Zeit unseres Lebens hatten Birte und ich auf der Sonnenseite stehen dürfen. Das war nicht nur ein Lippenbekenntnis. Wir wussten genau, wie viel Glück uns an den Hacken klebte. Die großen Zufälle und kleinen Fügungen oder unsere persönlichen Vorherbestimmungen hatten es gut mit uns gemeint.

Alles lief wie geschmiert: Mit lückenlosen Lebensläufen, guten Ausbildungen und Jobs strotzten wir vor Energie und vor Gesundheit sowieso. Ein »Zuviel« gab es nicht, weder im Beruf noch im Privaten. Immer fanden wir das Fünkchen an Spaß, Neugier oder Herausforderung, das uns entflammen konnte.

Besonders in meinem Job war kontinuierlich ein berufliches Brikett nachgelegt worden. Ich brannte von der Haarspitze bis zum kleinen Zeh, stand lichterloh in Flammen und fand es gut. Keine Verantwortung war zu erstickend. Hektik oder Stress empfand ich nicht als negativ, üppige Aufgaben erst recht nicht. Ich verschwendete nicht den leisesten Gedanken daran, irgendetwas Grundlegendes ändern zu wollen.

Eines Nachmittags überkam mich im Büro überraschend ein starkes Schwindelgefühl. Ich fühlte mich in jener Woche häufiger nicht gut, hatte es aber bis dahin erfolgreich verdrängt. In meinem Kopf begann sich alles zu drehen, als wäre ich sturzbetrunken. Taumelnd stieß ich auf wackligen Beinen gegen meinen Schreibtisch, konnte mich aber noch schnell genug daran festhalten, um nicht umzukippen. Tanzende Kreise erschienen vor meinen Augen. Der Schwindel fühlte sich an wie beim morgendlichen Aus-dem-Bett-Springen, wenn der Kreislauf noch nicht ganz rund lief. Nur ein wenig schlimmer. Wenige Sekunden dauerte dieser Zustand an, dann schien alles wieder normal zu sein.

Als der Schwindel vorbei war, tat ich dieses Erlebnis als Lappalie ab, denn schließlich hatte ich immer funktioniert. Ich war wohl nur ein wenig überarbeitet. Verständlicherweise, denn schließlich war ich vor wenigen Wochen dort angekommen, worauf ich bewusst nie hingestrebt hatte, aber trotzdem gelandet war: Ich war in der Firma vom Aufsichtsrat zum Vorstand berufen worden und arbeitete mit Hochdruck an meinen neuen Aufgaben.

Zwei Wochen später kündigte sich dieses verfluchte Unwohlsein wieder an. Das merkte ich mit dem ersten Schritt in einen Supermarkt und dann drastisch, als ich an der Kasse stand. Eigentlich war es eine völlig normale Situation: Dicht aneinander gestapelt lief unser samstäglicher Einkauf auf dem Laufband an mir vorbei. Der grüne Brokkoli, das weiche Klopapier, der österreichische Bergkäse. Eine ältere Kassiererin mit Dauerwelle griff sich blitzschnell jedes Produkt, suchte den Strichcode auf der Verpackung und schob es noch schneller über den Scanner.

Ich hörte das schnelle und laute Piepsen. PIEPS. PIEPS. PIEPS. Mein Kopf fühlte sich plötzlich wie in Watte gepackt an.

Ich wollte die Einkäufe zurück in den Einkaufswagen verstauen und Platz für den nächsten Kunden schaffen, doch ich schaffte nichts.

Die kleine Staufläche hinter der Kasse füllte sich unablässig mit neuen Produkten, aber meine Arme blieben reglos nach unten hängen. Ich stand hier im Supermarkt wie der »Ochs vorm Berg von Einkäufen« und konnte nicht einmal den Brokkoli in den Wagen zurücklegen. Wie durch einen unsichtbaren Strick war ich gefesselt und fühlte mich wie eingeschnürt. Die wenigen anderen Kunden im Supermarkt kamen mir wie eine riesige Menschenansammlung vor. Eine Menge, die ich nicht mehr überschauen konnte und die mich unkontrolliert einnahm. Die schnellen hektischen Handgriffe der Verkäuferin verunsicherten mich. Die Lautsprecherdurchsage »die Zwölf an Fünfundvierzig, bitte« drang als dubiose Geheimsprache an mein Ohr. Unsägliche Einkaufsmusik in der ewig gleichen Tonlage dudelte im Hintergrund. Zusammen addierte sich für mich alles zu einer scheinbaren Überforderung. Mich überkam ein Gefühl von Panik.

Der Schwindel tauchte wieder auf, ich bekam weiche Knie und suchte Halt an der Ablage neben der Kasse. Ich geriet nicht sukzessiv und berechenbar ins Taumeln, sondern mit aller Wucht. Mein vegetatives Nervensystem schien plötzlich zu rebellieren und mich in meiner Handlung stoppen zu wollen. Vegetativ hieß es dann wohl auch, weil ich es tatsächlich nicht mehr rational kontrollieren konnte. Meine Körperfunktionen gehorchten mir nicht mehr.

Bitte, nur nicht umkippen, flehte ich mich still an. Ich vergaß, vor Angst zu atmen.

Immer mehr Augenpaare starrten auf meine Reglosigkeit.

Birte hetzte mit dem letzten fehlenden Teil neben mir an die Kasse. Sie gab es der Kassiererin und merkte sofort an meinem Aussehen, dass etwas nicht stimmte. Ich hatte nur ihr, und keinem anderen, von meinem Schwindel im Büro erzählt. Sie guckte mich an, um beruhigend zu sagen: »Geh ruhig schon mal nach draußen an die frische Luft.«

Die Kassiererin schaute neugierig zwischen Birte und mir hin und her. Was sie dachte, konnte ich mir vorstellen: Ein Mann, der noch nicht mal den einfachsten Einkauf erledigen konnte. Bleibt doch alles an uns Frauen hängen.

Ich drehte mich um, ohne ein Wort zu sagen, japste aber leise nach Luft. Meine Beine brachten mich, trotz eines flauen Gefühls in der Muskulatur, von den Blicken der Wartenden und der Kassiererin weg.

Echtes »Hamburger Schietwetter« empfing mich draußen vor der Tür. Feiner Nieselregen tauchte alles in ein undefinierbares Grau. Eine knapp über dem Gefrierpunkt liegende Kälte kroch bis in meine Haarspitzen, verspannte jeden Muskel und drückte aufs Gemüt. Die Wetterlage passte zu meiner Stimmung. Reflexartig zog ich die hängenden Schultern hoch und ging zum Parkplatz.

Als ich mich in den Fahrersitz meines Wagens fallen ließ, verstummten die meisten Geräusche um mich herum. Nur die Regentropfen prasselten leise auf das Autodach und ich hörte mein Blut rauschen. Die zarten Töne beruhigten mich. Ich atmete die kalte Luft kräftig ein. Mein Herz schlug immer noch wie wild gegen die Innenseiten meiner Rippen. Die Atmung wurde ruhiger. Aus meiner Beinmuskulatur verschwand das weiche Puddinggefühl und die gewohnte Kraft kehrte langsam zurück. Der kalte Schweiß stand mir auf der Stirn. Trotz der winterlichen Kälte war mir heiß.

Erleichterung flackerte in mir auf. Der Anflug einer Panik war im Supermarkt gerade noch mal an mir vorbei gezogen. Zum Glück war ich nicht umgekippt. Keiner hatte etwas bemerkt. Was war nur mit mir los?, dachte ich entsetzt.

Ich schaute erschöpft auf die nasse Autoscheibe und zeichnete mit den Augen die Bahnen der herunter fließenden Regentropfen nach. Meine Gedanken liefen wie das Wasser auf dem Glas zusammen.

Ich musste an meine Geschäftsreisen denken, zum Beispiel an das menschenüberfüllte, erdrückende und reizüberflutete China, und wie wenig mir diese Reisen anscheinend immer ausmachten. Dagegen war doch alles andere, und in meinem Fall der kleine deutsche Supermarkt, ein schmusiger Luftkurort, ein lauwarmer Schonwaschgang.

Ich sah mich in meinem gedanklichen Rückblick auf der größten Exportmesse Chinas im südchinesischen Guangzhou am Perlriver. Siebzehntausend Aussteller reihten sich dort in unzähligen Messehallen aneinander. Vom kleinen Kugelschreiber bis zum großen Gabelstapler gab es hier alles. Die Chinesen protzten mit immer neuen, sich überschlagenden Superlativen.

Einige deutsche Messegesellschaften würden schon Luftsprünge machen, wenn sie so viele Besucher hätten, wie auf dieser chinesischen Messe Aussteller waren. Hier wurde es eher emotionslos als zwangsläufige Entwicklung einer aufstrebenden und wachstumsverrückten Nation angesehen.

Jedes Mal, wenn mein Kollege und ich auf der chinesischen Messe waren, tauchten wir in eine völlig überdrehte Welt ein. Mit dem ersten Schritt durch die mächtigen Eingangstüren wurden wir von der Atmosphäre elektrisiert. Die draußen herrschende subtropisch-feuchte Monsunluft wurde durch eisige Luft aus unzähligen Klimaanlagen ersetzt. Über die nasse Haut lief ein eiskalter Schauer und riss mich aus meiner schweißtriefenden Lethargie aus Klimawechsel, Jetlag und Reisemüdigkeit. Die herrschende Lautstärke aus Stimmen und Geräuschen baute sich wie eine Schallmauer vor mir auf und erzeugte zwischen den hohen Gebäudemauern einen ohrenbetäubenden Hall. Menschenmassen drängten sich dicht aneinander und verströmten dabei undefinierbare Gerüche. Nicht nur diese Düfte peitschten auf die Nasenschleimhaut, auch die unzähligen Essenstände innerhalb der Massehallen trugen ihren Teil bei.

Der Sog der Masse riss uns mit und bestimmte die Fließgeschwindigkeit. Wir bewegten uns, wie im Zentrum eines Strudels zwischen Messeständen, Produkten, Werbeschildern, Leuchtreklamen, Ausstellern und anderen Menschen hin und her. Der Umfang und die Größe der Messe machten dazu einen schnellen Schritt notwendig. Wir waren nicht zum Vergnügen hier und die Suche nach geeigneten Produkten, Produzenten und Lieferanten war umfangreich genug. Ich machte mir selbst den größten Druck. Die Impulse dieser Reise für ein erfolgreiches Geschäftsjahr waren mir permanent bewusst. Mein Perfektionismus und Ehrgeiz, aber auch meine eigenen hohen Erwartungen verschärften den Druck außerdem.

Die Geschäftsreisen nach China mit den Messebesuchen gehörten vor meinem Wechsel in den Vorstandbereich jahrelang zu den Aufgaben meines Jobs. Rational hatte ich sie verflucht; gleichzeitig mochte ich sie aber auch. Das Land voller Widersprüche entlockte mir in kürzester Zeit die volle Bandbreite an positiven wie negativen Emotionen. In den Extremen lag immer auch mein persönlicher Reiz: PUSHING THE LIMITS.

Im Auto sitzend erinnerte ich mich an die letzte Reise nach China: Ein Meer aus Blinklichtern hatte mich in der mehrstöckigen Halle für Weihnachtsartikel empfangen. Ein molliger Weihnachtsmann lümmelte im roten Bademantel auf einem Plüschtier. Das Rentier zuckte einen Moment unkontrolliert unter der Last seines schwergewichtigen Reiters wie beim epileptischen Anfall, verharrte sekundenlang in seinem heiligen Kitsch-Delirium, um dann mit der Endlosschleife aus komischen Bewegungen und Gesang fort zu fahren.

Daneben lag ein kleines Jesuskind mit lilafarbenem Lendenschurz im weichen Kinderbett. Zumindest war das Bett aus natürlichem Holz gefertigt, aus Bambus. Dass der Heiland in einer schäbigen, stinkenden Krippe gelegen haben sollte, mussten die Chinesen für einen Übersetzungsfehler gehalten haben. Die christliche Geschichte unterlag einer chinesischen Neuinterpretation. Dabei war der Inhalt der Weihnachtsgeschichte für sie so weit entfernt, wie der Flug von

Asien nach Europa oder der rote Coca Cola-Weihnachtsmann vom bischöflichen Nikolaus.

Weitere unüberschaubare Mengen an Artikeln für die Weihnachtszeit reihten sich neben-, über- und hintereinander auf: glitzernde Sterne, grüne Plastiktannenbäume, weiße Schneeflöckchen, nackte Putten, endlose Girlanden, goldene Stoffengel. Glitter und Glimmer.

Hundert Glocken erklangen aus allen Richtungen, tausend Töne schrillten und Millionen Engel jubilierten. Die weihnachtliche Kakophonie glich der Lautstärke eines startenden Düsenjets.

Ab und zu schüttelte mich ein leicht hysterischer Lachanfall. Mein Versuch eines Druckausgleichs. Einige Dinge durfte man wirklich nicht so ernst nehmen.

Danach folgten in einer weiteren Messehalle Dinge für den nächsten abwegigen Feiertag und lösten damit den weihnachtlichen Wahnsinn ab. Es gab nichts, was es nicht gab.

Auf dieser Messe waren nicht nur die angepriesenen Produkte, ob dekorativer Weihnachtsmann oder tonnenschweres Fahrzeug, bunt gemischt. Auch die Besucher und Aussteller waren es. Ein Mann jüdischen Glaubens mit Kippa und herunter hängenden Korkenzieherlocken an den Schläfen trat um die Ecke, dicht gefolgt von einem Inder mit verschlungenem Turban und einem Araber mit kariertem Tuch auf dem Kopf. Dahinter ein Schwarzafrikaner in Ledersandalen und großgemusterten Stoffen. Komplettiert wurde diese multikulturelle Ansammlung von einem blonden Europäer im Maßanzug, der seinen Hals mit einer Krawatte strangulierte. An zwei Messegängen, die sich in China kreuzten, prallten sie aufeinander und ich stand mittendrin. Die Welt auf vier Quadratmetern.

Inmitten des Trubels musste ich mich zur Konzentration zwingen, denn wichtige Gespräche und Verhandlungen standen an und Entscheidungen mussten getroffen werden. Bei chinesischen Geschäftspartnern gab es kein schnelles Ja oder müheloses Nein. Gute zwischenmenschliche Beziehungen mussten vorher aufgebaut werden. Diplomatische Umschreibungen und vorsichtiges Verhandeln waren notgedrungen einzuhalten, damit die chinesischen Partner immer »ihr Gesichte wahren« konnten. Es waren einige wichtige, geschäftliche Spielregeln zu beachten, die ich vor vielen Jahren durch

Fehlschläge erst hatte lernen müssen.

Das Tagespensum der Messe war immens und die Überfrachtung an Sinneseindrücken gewaltig. Das Gehirn und der Körper arbeiteten auf Hochtouren.

Gegen den dumpfen Kopfschmerz nahm ich morgens prophylaktisch eine Schmerztablette ein, deren Wirkung aber früh am Tag nachließ. Zu früh, denn die Ausdünstungen von toxischen Plastikweichmachern, ätzenden Klebstoffen, schädlichen Lacken, übelriechenden Drüsensekreten und Blähungen der Besucher, die wie eine erdrückende Gewitterwolke in der Luft hingen, wirkten gnadenlos – obwohl alles regelmäßig, von der im Akkord arbeitenden Klimaanlage neu durchmischt und umgewälzt wurde. Die verbrachten Stunden in den Messehallen fühlten sich wie Tage an. Und trotzdem hielt ich alles scheinbar mühelos durch.

Nach dem Verlassen der Messehallen ging die Arbeit weiter. Jeden Abend musste das Gedächtnis mit technischen Hilfsmitteln für den nächsten Tag wieder frei geräumt werden. Die Datenbanken füllten sich mit umfangreichen Informationen. Visitenkarten, Muster, Firmenbroschüren und Preislisten lagen dafür sorgfältig geordnet auf meinem Hotelbett. Eine Masse an Informationen, die nach einem Tag schnell zu einem undurchdringbaren Wust wurden. Die digitale Kamera übertrug unzählige Fotos auf mein Notebook. Ich hörte meine Mailbox ab und beantwortete empfangene Emails. Schließlich war es Mittagszeit und ein normaler Arbeitstag in Deutschland.

Während ich mich auf meinem Hotelbett kurz ausruhte, nahm ich reflexartig die Fernbedienung in die Hand und machte den Fernseher an. Stille im Hotelzimmer war nach einem anstrengenden Messetag nicht auszuhalten. Ich schaltete von einem Kanal zum nächsten und ließ mich stumpf berieseln. Das Weltgeschehen des Tages flimmerte über den Bildschirm: hektische Schnitte, dröhnende Geräusche und flackernde Lichter. Die zusätzliche Bandbreite an Informationen reichte von anspruchsvoll zu banal, vom Dalai Lama zu Paris Hilton, vom afghanischen Kriegsschauplatz zum Handtascheninhalt einer hüpfenden Popzicke. Auch den kleinen privaten Wehwehchen irgendwelcher Schauspielsternchen, von denen gewichtig berichtet wurde, entkam ich nicht. So erschlagend die Masse unterschiedlichster Nachrichten und Informationen war, so gering war auch ihre Halbwertszeit. Im Gewirr meiner Nervenzellen zerfielen die Sätze in einzelne Buchstaben und das Fernsehflimmern in seine Farbpunkte, bis nichts mehr übrig blieb.

Mein Kopf nahm, ähnlich wie ein Speicherchip, alles auf. Bits und Gigabytes verschwanden in ihm, größtenteils jedoch unreflektiert und unverarbeitet. Wie viel Energie und Speicherplatz mein Notebook umfasste, dass wusste ich. Ausbauen, beschleunigen oder aufstocken war nahezu unbegrenzt möglich. Wie viel Speicherkapazität in meinem Kopf noch frei war oder ob meine körpereigenen Systeme richtig arbeiteten, konnte ich nur erahnen. Mein Computer besaß ein Display, ich hatte keins.

Aber ganz ehrlich, ich wollte meine Anzeige auch gar nicht sehen, denn ich tat das meiste ja bereitwillig und auch gern.

Das Ausruhen auf dem Hotelbett durfte nur kurz sein. Unproduktive Pausen gab es auf den Geschäftsreisen so gut wie nie. Die Gelegenheit Geschäftspartner zu treffen, die ansonsten auf der gegenüberliegenden Seite der Erdkugel in ihren Büros oder Produktionsstätten arbeiteten, musste ausgenutzt werden. Ich schuf mir aus den Abenden weitere Tage und nahm die Einladungen der Geschäftspartner an: Ich sang peinliche Karaokelieder unter ungemütlichen Neonröhren, lehnte aber die freundlich gemeinten Einladungen zur Teilnahme an Hinrichtungen ab. Ich stand mit Gesellschafterinnen in dubiosen Clubs Trinkspiele durch, ließ mir aber keine erotische Massage verpassen.

Auf das kulinarische Abendprogramm mit einheimischem Essen wartete ich jedes Mal mit neugieriger Freude und empfand es immer wieder von neuem als persönliche Bereicherung. Denn »die Kantonesen«, sagt man, »essen alles was schwimmt, fliegt oder vier Beine hat, außer U-Boote, Flugzeuge und Tische.«

Das Erzählen dieser kleinen Anekdoten löste in der Firma vielfach komische Assoziationen aus. Viele der Außenstehenden verwechselten dann die Geschäftsreise mit einer Urlaubsreise. Ihre Überlegungen glichen der Gleichung: Flug + Ausland + Hotel + Restaurant = Spaß = Urlaub. Ich konnte darüber nur schmunzeln und ließ sie in ihrer illusorischen Vorstellung. Urlaub stellte ich mir anders vor und sah nach einem Urlaub auch anders, vor allem erholter, aus. Mein Spiegelbild zeigte am Ende der zwei- bis dreiwöchigen Geschäftsreisen in vier unterschiedlichen Messeorten keinen vor Energie strotzenden Vierzigjährigen mehr. Die Falten pflügten sich tief in meine blasse Haut. Die Augenringe hatten sich mit jedem Tag dunkler gefärbt. Die permanente Müdigkeit und der Jetlag ließen sich durch keine warme Dusche in der Kanalisation versenken.

Meine Akkus waren leer und standen wie alle Systeme auf »dringend laden«. Die Freude am Job und mein Ehrgeiz motivierten mich aber, immer weiterzumachen, auch wenn ich mich ausgepowert fühlte. Deshalb ließ ich mir, selbst nach solchen Reisen, kaum Zeit zur Erholung.

Die Peitsche, die mich antrieb, hielt ich selbst in der Hand.

Birte riss die Kofferraumhaube des Wagens auf und mich aus meinen beruflichen Erinnerungen in das reale Hamburg zurück.

Mein Rückblick auf die Geschäftsreisen nach China war nur ein kleiner Auszug meines temporeichen Lebens gewesen, hatte mir aber die eigene Situation unverblümt vor Augen gehalten.

Manchmal wurde ich regelrecht von einer Flut aus Druck, Verantwortung und Entscheidungen mitgerissen und überwältigt. Immer prasselte etwas auf mich ein. Permanente Reize taten ihr Übriges und belasteten mich zusätzlich. Unbedeutende Nebensächlichkeiten und erdrückende Schwergewichte summierten sich und füllten mein Leben aus.

Aber warum hatte mich der banale Einkauf in einem deutschen Supermarkt dermaßen aus der Spur geworfen?, fragte ich mich ratlos.

Ich ahnte etwas: Vielleicht war mein Fass durch eine Winzigkeit zum Überlaufen gebracht worden, nur durch einen weiteren Tropfen, egal wie unbedeutend er gewesen sein mochte. Mein Körper hatte sich wahrscheinlich mit Schwindel und Panik willkürlich einen Ort gewählt. Auch der Zeitpunkt war vermutlich beliebig.

Es war schon erstaunlich, dachte ich, wie viel das menschliche Gehirn und der Körper leisten und verarbeiten mussten.

Scheinbar steckte der Mensch das alles so mir nichts, dir nichts weg. Aber war es wirklich so? Wie steckte ich das eigentlich alles weg und wohin?

Eine Vermutung beschlich mich, als das Warnlicht des geöffneten Kofferraums auf meinem Wagendisplay aufblinkte. Vor mir leuchtete ein kleines Symbol auf, in einer ermahnenden Farbe.

ROT.

# Ingo Reize Druck Entscheidungen Entspannung
# Lebensgefühl Glocke Klarheit Werbeentzug
# Angebotsdichte Heuchelei | freigelassen Kuba Kanada Jahresanfang

Unsere Reise begann im Januar, am Anfang eines neuen Jahres. Während der Wagen im Bauch eines riesigen Containerschiffs von Hamburg ins kanadische Halifax, an der Ostküste des nordamerikanischen Kontinents, schipperte, setzten Birte und ich uns in ein Flugzeug nach Kuba. Wir konnten uns nicht vorstellen, im winterkalten Hamburg zu bleiben und mit unserer Abreise bis zur Wagenankunft in Kanada zu warten. Warum nicht mit einem sommerlichen Abstecher über Kuba ins winterliche Kanada reisen?, lautete unsere Überlegung.

Es gab nichts mehr, das wir noch in der deutschen Heimat erledigen mussten: Unsere Mietwohnung war eine Woche zuvor zum einunddreißigsten Dezember gekündigt und das neu angemietete Lager mit unserem letzten verbliebenen Besitz voll gepackt worden. Die Autos waren weg und Birte hatte ihren Job gekündigt. Ich hatte bereits während meines Burn-out Absprachen getroffen und meinen Platz in der Firma für einen Nachfolger geräumt.

Viele Genehmigungen und Anträge für die Reise waren mit wichtigen Stempeln in langen Amtsfluren abgesegnet worden. Versicherungen wurden mehrmals umgekrempelt, bis sie für uns passend waren. Wir hatten alle notwendigen Impfcocktails verabreicht bekommen und trugen die unsichtbare Abwehr nun hoffentlich schützend in unseren Körpern. Die vielen kleinen Runden des Tschüss-Sagens waren beendet und unsere großen Rucksäcke gepackt.

Die Reise konnte beginnen.

Birte und ich flogen nach Havanna, in die Hauptstadt Kubas. Während wir nach der Landung auf unsere Rucksäcke am Gepäckband warteten, fesselte uns der erste Eindruck: Leichtigkeit schwebte in der Luft. Die anwesenden Kubaner trugen ihre Fröhlichkeit auf den Gesichtern und vielfach ein lautes Lachen auf den Lippen. Kein serviceorientiertes eingemeißeltes Lächeln – ihr Lachen war echt. Die

Menschen verbreiteten eine warme und offene Herzlichkeit. Der deutsche Frost, der uns noch in den Knochen steckte, wurde durch die karibische Wärme schlagartig vertrieben.

Ein Taxi brachte uns vom Flughafen zu der Adresse unserer privaten Gastfamilie. Ein Hamburger Bekannter hatte uns angeboten, während der Zeit in Havanna bei seiner kubanischen Familie zu wohnen. Diese bestand aus drei Generationen unter einem Dach und wir fanden diese Möglichkeit des privaten Eintauchens in eine fremde Kultur großartig. Gleich mittendrin, so wie wir es wollten.

Erschöpft stiegen wir die wenigen Treppen des Hausflures hoch. Von draußen hörten wir unbekannte Laute, tropische Vögel zwitscherten und die bunten Pfaue vom Nachbarn kreischten. Nur wenige Autogeräusche waren zu hören. Die laue Abendluft gab uns das Gefühl eines schönen Sommertages in Deutschland.

Die Wohnungstür öffnete sich kurz nach dem Klingeln und die fünf lächelnden Familienmitglieder schauten uns genauso aufgeregt und neugierig an wie wir sie. Wir kannten uns nicht und würden doch für die nächsten drei Wochen ein Zuhause teilen: unsere Gasteltern, ihre zwei Töchter in unserem Alter, eine Enkeltochter und wir.

Unbeholfen standen wir mit unseren großen Rucksäcken auf den Rücken in der Eingangstür. Die wenigen spanischen Wörter, die Birte sprach, versteckten sich hinter ihrer Müdigkeit und kamen nur stotternd über ihre Lippen. Die erste rudimentäre Kommunikation musste also durch freundliches Lächeln erfolgen, unterstützt von Händen und Füßen. Zu lächeln schien allen sowieso leicht zu fallen.

Wir wurden höflich herein gebeten und folgten der grauhaarigen dynamischen Gastmutter durchs farbenfroh gestrichene Wohnzimmer. Dahinter lag unser Schlafzimmer. Es roch darin nach frischer Bettwäsche und gewischten Bodenfliesen. Der Duft mischte sich mit einer angenehmen Brise, die durch die offenen Fensterläden herein wehte. In eine kleine Kommode konnten wir später unsere Kleidung legen und in der angrenzenden Kammer unsere Rucksäcke verstauen, so erklärte sie uns das Zimmer.

Ich überlegte gerade, wo wir in der Nachbarschaft noch etwas zu essen bekommen könnten, als wir wieder ins farbenfrohe Wohnzimmer gerufen wurden. Die Familie hatte bereits zu Abend gegessen, weshalb der Tisch nur mit zwei Tellern gedeckt war. Die waren für uns. Lächelnd trug unser Gastvater einen großen Topf mit Hühnersuppe auf den Familientisch und hieß uns damit willkommen. Die heiß dampfende Hühnersuppe floss beruhigend in meinen Bauch und hätte nicht besser schmecken können. In der Kehle löste sich ein dicker Kloß, der sich aus mulmiger Anspannung vor der Abreise, der Hektik der letzten Tage in Hamburg und dem Abschiedsschmerz dort festgesetzt hatte, und rutschte nun mit der Suppe in meinen Magen. Mit der Aussicht auf ein Bett mit frisch duftender Bettwäsche und herzlichen Gastgebern fühlten wir uns wohl.

Nicht nur unsere Gastfamilie empfing uns mit einladender Atmosphäre; ebenso tat es die kubanische Insel mit ihren sommerlichen Temperaturen im Januar. Heiße Füße konnten im blau-türkisen Meer unter Palmen abgekühlt werden. Der Rhythmus von Tanz und Musik war in jedem Hüftschwung der Kubaner zu spüren. Das legendäre Getränk »Cuba Libre« machte, mit einheimischer brauner Brause, keine Kopfschmerzen und das Paffen der dicken Zigarren schon gar nicht. Das Land schaffte es leicht, ausländische Besucher durch die karibischen Attribute eines wahrhaftigen Traumurlaubs zu ködern.

Es war das eingetreten, was uns ein Kubaner bereits im kalten Hamburg prophezeit hatte: Wir wurden mit jedem Tag ruhiger und fühlten uns bald auch mental und emotional wie auf einer Insel. Wir bemerkten nicht nur körperlich die durchdringende Entspannung; auch im Kopf verbreitete sich eine tiefe Ruhe. Die Flut und Dichte an Reizen und Informationen, die uns vorher umgeben hatte, ebbte ab. Die teilweise empfundene Überfrachtung und der unterschwellige Druck sich ständig für irgendetwas entscheiden zu müssen, verschwanden. Selbst die alltägliche latente Werbung, die uns in jeder Situation in Deutschland umgab, war weg. Wenig bis nichts davon prasselte mehr auf uns im staatlich kontrollierten, sozialistischen Kuba ein. Wir hatten das Gefühl, unter einer riesigen abschirmenden Glocke zu sein.

Die hauchdünnen politischen Schriften und die vier offiziellen Fernsehsender standen für das extreme Gegenteil unserer modernen Informationsgesellschaft. Die staatseigenen kubanischen Medien zeugten vom gänzlichen Fehlen oder Kürzen von Nachrichten und Informationen. Zensierter Alltag, dreihundertfünfundsechzig Tage im Jahr, ein unverrückbarer Zustand.

Denn von der Welt sollten und durften die Kubaner regierungsgesteuert kaum etwas erfahren. Nur den wohlhabenden, elitären oder listigen Kubanern war dies möglich: kubanische Diskrepanz in der propagierten Gleichheit.

Unsere wenigen Telefongespräche ähnelten Telefonaten in den 80er Jahren aus dem Italienurlaub. Innerhalb von Sekunden rauschte das eingeworfene Geld des öffentlichen Telefons unter Aufsicht einer linientreuen Mitarbeiterin durch. Die einzigen herunter gerasselten Sätze waren: »Uns geht's gut. Was gibt es Neues bei Euch? Das Geld ist gleich weg.«

Als Antwort: »Hier ist nichts Wichtiges passiert«, hallte uns durch die knackende Leitung entgegen. Die Welt drehte sich auch ohne uns weiter, was keine Überraschung war.

Unser Kontakt von Kuba zum Rest der Welt reduzierte sich auf wenige Emails, die anscheinend nur widerwillig durch das Netz in den westlichen Kapitalismus zum vermeintlichen Klassenfeind krochen. Die Geschwindigkeit ließ vermuten, dass alle Nachrichten von Fidel oder Raul Castro persönlich kontrolliert wurden. Tranceartig glotzten wir auf einen regungslosen Computerbildschirm und erwachten mit dem Bewusstsein, nicht mehr an der globalen Nabelschnur der Welt zu hängen, geschweige denn unter diesen Voraussetzungen daran hängen zu können.

Wir wurden aus unserer medialen Informations- und Werbewelt zurück katapultiert und gerieten damit von einem Extrem ins andere, von mehreren Tausend Werbebotschaften pro Person und Tag auf eine zweistellige Berieselung. Das, was wir als eine Wohltat empfanden, war für die Kubaner Alltag.

Die riesige Glocke über Kuba hielt alles von außen Kommende fern und das von innen Entweichende zurück. Gutes, wie auch Schlechtes. Und es war eine Glocke aus Glas, die die Blicke in beide Richtungen durchließ. Aus Geschichten von einigen Kubanern hörten wir heraus, dass sie selbst oder Bekannte ohnehin über Kontakte zu Verwandten im Ausland und durch ausländische Medien wussten, was überall auf der Welt passierte.

Unser Denken wurden in der Millionenstadt Havanna durch extreme Eindrücke, neue Empfindungen und unbekannte Reize angeregt. Auf unseren langen Fußwegen durch unterschiedlichste Stadtviertel landeten wir im limitierten, teils ärmlichen Alltag eines embargobelegten Landes. Aber auch die fröhliche Warmherzigkeit seiner Bewohner fanden wir hier. Ihr Leben spielte sich häufig öffentlich auf der Straße vor ihrem Zuhause ab: Ein älterer Mann saß an einem kleinen Tischchen und reparierte in akribischer Handarbeit uralte Einwegfeuerzeuge, als wären sie kostbare Uhren. Mit eindringlicher Ruhe und endlos scheinender Zeit, die nicht nur er zu besitzen schien. Ein Anderer füllte mit Insektenspray die reparierten Einwegfeuerzeuge auf. Der in unseren Augen kaputte Abfall, erhielt hierdurch – auch für uns – seinen Wert zurück.

Ölverschmierte Arbeiter lagen unter einem wunderschönen amerikanischen Auto aus den 50er Jahren. Sie lachten laut und hielten Zigaretten und Schraubenschlüssel gleichzeitig zwischen ihren verdreckten Fingern. Die Reifen fehlten beim aufgebockten Wagen und der dazugehörige, aber zerlegte, französische Austauschmotor lag am Bordstein gelehnt daneben. Dem Metallschrot mit Seele wurde zum hundertsten Mal wieder spärliches Leben eingehaucht. Dazwischen hüpften Kinder in Badelatschen über die dicken ölgetränkten Pfützen und spielten fröhlich Fangen. Beobachtet wurden sie von einer weißhaarigen Großmutter, die auf der untersten Steinstufe ihres Hauses saß. Die hohe Holztür der kolonialen Häuserfassade hinter ihrem Rücken stand offen und ließ uns ungehindert durch ihr einfaches Zuhause blicken.

Durch die kubanischen Straßen wehte der heroische Kampfspruch »Hasta la victoria siempre«, immer bis zum Sieg. Keine Werbemotive mit reißerischen Versprechen oder perfekten Produktabbildungen prangten an den Häuserwänden, sondern die Revolutionserinnerungen mit dem Konterfei ihres toten Helden Che, »comandante amigo«, wie sie Ernesto Guevara nannten. In Militäruniform, mit rotem Stern auf der Mütze und entschlossener Miene. Che war ihr Nationalheld und nicht, wie bei uns vielfach angenommen, bloß eine coole Abbildung auf einem T-Shirt.

Gegensätzliches wechselte sich in Havanna innerhalb weniger Meter rasant ab. Fröhliches und Trauriges, Faszinierendes oder Abstoßendes, Armut mit Reichtum. Sie verliefen ineinander und ließen ihre klaren Abgrenzungen diffus erscheinen. Beschreibungen wie »schön« oder »hässlich« traf die Vielschichtigkeit der Äußerlichkeiten nicht mehr. Es war anders, mitunter gleichermaßen schön wie hässlich.

Manchmal fielen unsere Blicke durch eingestürzte Mauern oder klaffende Risse. Nur bunt behangene Wäscheleinen verrieten die Anwesenheit der Bewohner. Auch wenn die Häuser nicht mehr ohne Einsturzgefahr waren, boten sie immer noch vielen zumindest ein Dach über dem Kopf. Traurige Armut wohnte in diesen Trümmern, die trotzdem eine frühere Pracht der alten Gebäude erkennen ließ. Die Schönheit der Stadt mit ihren ehrwürdigen Bauten erschien in vielen Stadtteilen, als wäre sie von einer schleichenden Krankheit befallen. Sie fraß unerbittlich und unaufhaltsam den Lebensraum ihrer Bewohner bis auf das Skelett herunter, schwächte bis zum Kollaps. Je weiter wir uns jedoch dem historisch vorzeigbaren Altstadtkern Havannas näherten, umso umfangreicher waren die Wiederbelebungsversuche am Sterbenden. Ganze Straßenzüge wurden zu neuem Leben erweckt und als touristische Sehenswürdigkeit mit dem Stempel des scheinbar imageträchtigen »Weltkulturerbe der Vereinten Nationen« aufpoliert. Schließlich besuchten viele Touristen, als privilegierte Ausländer mit Devisen, dieses Land in der Karibik.

Wir gehörten in den Augen der Einheimischen zweifelsfrei in diese Gruppe der wohlhabenden Ausländer, trotz einfacher Kleidung und ohne jeglichen funkelnden Schmuck. Für ihr Urteil genügte unsere bloße Anwesenheit in ihrer Heimat.

Das spürten wir physisch gleich in der ersten Woche, als Birte und ich uns krampfhaft an den wenigen Stangen im öffentlichen Bus festhielten. Die Sitzplätze mit aufgerissenen Polstern waren alle besetzt. Der Fahrtwind wehte durch die Löcher im durchgerosteten Metalldach. Von allen Seiten drückten sich leicht bekleidete Körper an uns. Kuba, das Land der kurzen Röcke und engen T-Shirts. Mir klang der

Warnhinweis unseres Gastvaters im Ohr: »Nicht mal wir Einheimischen fahren in Havanna mit dem öffentlichen Bus, wenn es nicht unbedingt sein muss.« Dafür fuhren aber ziemlich viele mit. Zumindest das Umfallen war hier unmöglich.

Eine Hand fuhr vorsichtig über meinen Körper, als ich mich mit beiden Händen an der Busstange festhielt. In diesem Gedränge kann sich schon mal eine Hand verirren, dachte ich. Plötzlich spürte ich etwas anderes. Ich merkte, wie mir dicke Schweißtropfen aus den Poren schossen. Von allen Seiten drückten sich Menschen an mich und ich spürte etwas Hartes an meinem Hintern. Es war genau in Penishöhe und es fühlte sich genauso an. Entsetzt versuchte ich mich umzudrehen, denn ich wollte mich in meinem Gefühl irren. Ich erhoffte mir eine andere Erklärung, als einen erigierten Penis an meinem Allerwertesten. Aber ich schaffte nicht einmal eine winzig Drehung, denn mehrere Männer drückten sich an mich. Ich wurde panisch, weil der Druck des Harten sich verstärkte und ich mich nicht wehren konnte. Dem dünnen Stoff meiner Shorts vertraute ich auch nicht ewig, dem Druck reißfest zu widerstehen.

Birte stand ebenfalls eingequetscht einen Meter im Bus vor mir. Ich sah, wie sie sich millimeterweise um ihre eigene Achse zu mir umdrehte und mich ansah.

»Was ist denn mit dir los?«, fragte Birte verwirrt über drei Köpfe hinweg. »Du siehst ja furchtbar aus.«

»Mir drückt gerade jemand seinen harten Schwanz an meinem Hintern«, formulierte ich meine Empfindung etwas grob. Dabei hielt ich die Busstange über meinem Kopf noch verkrampfter fest.

»Du hast was?«, fragte sie entsetzt. Dabei flog ihr Blick prüfend über meine Nachbarn.

»Ich finde nicht einen Millimeter Platz, um mich zu rühren, geschweige denn, mich zu wehren.«

»Ingo, lass uns raus hier.«

»Und jetzt wandern gerade Hände über meinen Körper.« Ich machte eine kleine Pause. »Scheiße, jetzt werde ich beklaut.«

Der einzige Geldschein aus meiner tiefsten Hosentaschen, den wir uns getraut hatten mitzunehmen, wechselte sekundenschnell den Besitzer. Ungeachtet des gut gemeinten Rates unseres Gastvaters, hatte ich ihn nicht direkt AM SACK versteckt. Obwohl ich mir in diesem Moment nicht sicher war, ob sie ihn dort nicht auch gefunden hätten. Jetzt wusste ich auch, wie und weshalb sie mich aus der Fassung gebracht hatten. Der Trick war leicht.

Durch flinke Finger war unser Geldschein aus der Reißverschlusstasche verschwunden. Für uns war es ein kleiner Geldbetrag, für die kubanischen Diebe ein Monatslohn.

Ich hing hilflos an meiner Busstange, wie eine geschlachtete und abgehängte Schweinhälfte. Ich erkannte nun mehrere freundlich aussehende Männer, die mich wie in einem Schraubstock eingespannt hatten. Ihr Job war nun erledigt. Sie lösten ihren Druck und die beklemmende Enge verschwand um mich herum. Der Holzstock konnte eingepackt werden und möglicherweise woanders Freude schenken.

An der nächsten Haltestelle sprangen Birte und ich ohne Geld und große Keiferei aus dem Bus an die frische Luft. Wir wollten nichts Schlimmeres riskieren und sahen es sportlich. »Der Geldschein war nicht weg, sondern nur woanders«, riefen wir uns den Lieblingssatz eines Freundes ins Gedächtnis. Bis auf unseren angeknacksten Stolz, das erste Mal auf Reisen beklaut worden zu sein, waren wir ja putzmunter. Der kurzfristig entstandene Druck ließ nach; dafür stieg der auf die Lachmuskeln an. Zumindest war es der einzige Druck gewesen, den wir auf Kuba bis dahin verspürt hatten. Fingerfertig waren sie ja, und wir noch lernfähig.

Mit den geballten Eindrücken, die eine Großstadt hinterlässt, verließen wir nach drei Wochen Havanna und reisten weiter in die Kleinstadt Trinidad. Im historischen Altstadtkern wohnten wir wieder bei einer Familie, diesmal jedoch in einer offiziellen privaten Unterkunft, einer »casa particular«. Es gab einige dieser Unterkünfte, deren staatlich genehmigte Lizenz allerdings ebenso schnell wieder entzogen werden konnte, wie sie vorher Geld beschert hatte.

Die kleine Tochter unserer Gastfamilie liebte es, im Durchgangszimmer vor dem Radio laut ihr Lieblingslied mitzusingen. Die Mutter und der Vater arbeiteten tagsüber auswärts, während die sonnengegerbte Oma mit Lockenwicklern im Haar in der Küche Essen vorbereitete. Die pubertierende Tochter lungerte mit ihren pickligen Freunden im Innenhof herum. Die vielen anderen Personen im Haus waren im Zweifelsfall immer irgendein Onkel oder irgendeine Tante. Die Familie teilte nicht nur ihr Zuhause mit uns, sondern erzählte auch von den Kochkünsten einer Verwandten, bei der wir zu Abendessen konnten. Es war wohl kein offizielles Restaurant, sondern eher ein privates Haus, in dem es gute Gerichte gab.

An einem Abend schlenderten Birte und ich durch die ruhigen Straßen der restaurierten Altstadt dorthin. Auf dem Kopfsteinpflaster hallten unsere Schritte zwischen den bunt gestrichenen Häusern. Deren pittoreske Schönheit wirkte mit ihrer kolonialen Architektur wie einem Fotoband entsprungen.

Die vielen Souvenirstände waren inzwischen abgebaut worden. Die Bewohner der dahinter liegenden Häuser mussten sich nicht mehr durch Tischdecken, Holzschmuck oder Che-Poster zu ihren Haustüren durchzwängen. Mit dem Einbruch der Dunkelheit waren die meisten kaufkräftigen Ausländer mit Reisebussen zurück in ihre Hotelanlagen gefahren worden. Die wenigen Übriggebliebenen gönnten sich einen Salsa-Tanz auf dem Hauptplatz oder ließen in der warmen Abendluft den Tag langsam ausklingen. Auch der fotogene Opa mit dicker Zigarre zwischen den Zähnen und einem farbenprächtigen Hahn auf dem Schoß, den wir vorher gesehen hatten, war nach Hause gegangen. Er hatte für heute sein Geld als Fotomotiv für Touristen leicht verdient. Die ausgemergelten Pferde der Bauern standen dagegen schläfrig hinter den Häusern. Bis zum nächsten Morgen konnten sie sich von ihrem anstrengenden Arbeitstag ausruhen.

Wenige Straßen gingen wir durch die Dämmerung von Trinidad, bevor wir vor dem genannten privaten Haus mit der guten Köchin standen. Wir klingelten und wurden durch eine hohe Eingangstür in ein umfunktioniertes Wohnzimmer gebeten. Auf dessen wenigen Sofas und Sesseln, die abgenutzte und fadenscheinige Polster hatten, saßen freundlich aussehende Menschen und warteten mit einer Bierflasche in der Hand. Sie versprühten die Atmosphäre einer privaten Familienfeier, jedoch mit dem Unterschied, dass sich hier niemand kannte.

Die Reihe der Wartenden lichtete sich, bis wir schließlich im

Garten saßen. Unterschiedliche Holztische verteilten sich mit bunt zusammengewürfelten Stühlen zwischen Bäumen und Sträuchern. Heruntergebrannte Kerzen flackerten neben Wildblumen in Einmachgläsern auf den Tischen. Das Dach des Hauses war zur Gartenseite heruntergezogen und beherbergte hier eine einfache Küche. An deren Tresen, der mit unterschiedlichen Kachelresten gefliest war, arbeiteten drei Frauen in langen Küchenschürzen. Ein lautes Getratsche und Lachen umgab sie bei ihrer Arbeit. Es zischte aus den dampfenden Pfannen, der Wasserhahn lief, die unterschiedlichsten Teller klapperten und ein Mann hantierte mit eiskalten Getränkeflaschen. Der große Suppentopf schien seit Stunden auf dem gusseisernen Ofen zu kochen. Musik hing ebenso in der Luft wie die Düfte des Essens. Die kubanische Kreativität und Improvisation musste an vielen Ecken die fehlenden Sach- und Geldmittel ersetzen. Die daraus entstandene Individualität und der Ideenreichtum verblüfften uns. Die Gegenstände strotzten vielfach vor eigenwilliger Lebendigkeit.

Eine dicke Kubanerin kam gemächlich und mit schlurfenden Schritten auf uns zu. Obwohl der Garten bis auf den letzten Stuhl mit Gästen besetzt war, ging keine Hektik von ihr aus. Ihre schwarzen langen Haare waren zu einem festen Knoten im Nacken zusammen gesteckt. Ihre Wangen glichen runden Pausbäckchen, die vor Anstrengung leuchteten und die ich zu gern zwischen meinen Fingern gezwickt hätte. Die Zähne strahlten ebenso weiß wie ihre Schürze, die das Ergebnis ihrer Liebe zum Essen sicher verschnürte und zusammenhielt. Eine sympathische Körperfülle, die uns zum herzhaften Essen einlud.

Ihre nackten, oberschenkeldicken Arme überreichten uns freundlich einen Zettel. Es gab auf der handgeschriebenen Speisekarte zwei Menüs zur Auswahl: die Vorsuppe und der Nachtisch waren identisch. Der Hauptgang unterteilte sich in Fleisch und Fisch. Punkt. Mehr brauchte kein Mensch!

Die Speisenkarte war ein Himmelreich für Entscheidungsmuffel und Leute die es, wie wir, einfach mochten. Nicht die Qualität oder die Zubereitung des Essens war simpel, sondern der Weg zum vollen Teller. Keine halbherzigen Versprechen, die etwas verlockend und wortgewandt anpriesen, »ein Bett auf…« oder »eine Symphonie von…«. Keine modellierten Endlosspeisekarten, die unablässig Varianten aufzählten, nur weil die grüne Erbse durch eine orange Karotte vom Teller geschubst wurde. Unsere Auswahl reduzierte sich schlicht und einfach auf zwei Gerichte, die immer frisch zu bereitet wurden.

Eine ehrliche Klarheit umgab uns. Es gab keinen Entscheidungsmarathon, keine erschlagende Optionsvielfalt, keine Überfrachtung oder Verstrickung in Details. Unsere Geschmacksknospen streiften keine Künstlichkeiten wie Geschmacksverstärker oder Zusatzstoffe. Es stand keine blasierte Kellnerin im Mittelpunkt des Geschehens, sondern nur das unverfälscht gute Essen in einer harmonischen Atmosphäre. Ohne viel Schnickschnack. Einfach und aufs Wesentliche reduziert. Genauso, wie wir vieles im Leben wollten.

Langsam beschlich uns die Einsicht, dass ein Zuviel in allen Bereichen uns belastete, veränderte und sogar schadete. Wir hatten zuhause die zu treffenden Entscheidungen und die erdrückende Reizdichte immer als gegebene und unverrückbare Tatsache hingenommen. Als ein Faktum, das nicht zu ändern war.

Nun sogen wir die entspannte Atmosphäre auf und brauchten schon jetzt kein Essen mehr, um uns satt zu fühlen. Dieser Zustand war Sättigung genug. In diesem Moment spürten wir, was uns gut tat. Es war ein unterschwelliges Gefühl, welches wir noch nicht in konkrete Worte fassen konnten. Wir näherten uns langsam dem Wesentlichen an.

Der Abend endete für uns ebenso entspannt, wie die gesamte restliche Zeit auf der kubanischen Insel.

Birte und ich hatten unseren Reiseabstecher über Kuba genossen. Nachdem wir von Havanna nach Halifax in Kanada geflogen waren, fühlten wir uns bei der Ankunft beinahe wie in Deutschland. Trotz der kulturellen Unterschiede und landestypischen Besonderheiten erschien uns alles so wie immer: Die Großbildleinwände mit Werbung im Flughafenterminal sahen identisch aus und die Namen der Airport-Shops klangen auch gleich. Die Menschen ähnelten uns wieder und kleideten sich wie fast überall in den entwickelten Industrienationen.

Dazu empfingen uns in der verschneiten kanadischen Provinz Nova Scotia dicke Schneeflocken. Unser Wagen tat dies leider nicht, denn das Containerschiff hatte wegen eines schweren Sturms Verspätung gemeldet. Wenigstens hatte der Orkan nur den Zeitplan unserer Wagenverschiffung umgeworfen und nicht das Schiff selbst.

Geduldig verbrachten wir die Tage bei unserer Gastmutter Joan. Sie betrieb eine kleine gemütliche Privatpension, ein »bed & breakfast«, und verhökerte zwischendurch, trotz nahendem Rentenalter, Immobilien. Obwohl ihr viktorianisches Holzhaus nur einige Gehminuten vom Stadtzentrum von Halifax entfernt lag, wurde nie abgeschlossen. Die Haustür stand für alle offen. Joans Willkommensgruß »Feel yourself at home« umschrieb ihre Gastfreundlichkeit wohl am besten. Böse Langfinger schien es in Kanada nicht zu geben. Zumindest beruhigte uns diese friedvolle, naive Vorstellung beim Anblick der offenen Haustür.

Joans Einrichtungsgegenstände zeigten die alten britischen Einwandererwurzeln. Es ging üppig dekorativ zu. Bestickte Spitzentischdeckchen lagen im gesamten Haus unter Figuren und Vasen. Auch eine Urne ruhte auf dem Spitzendeckchen. Die Aufschrift »ash of my ex-husband« symbolisierte Joans schwarzen, gradlinigen Neufundlandhumor. Dagegen waren die unzähligen Bilderrahmen an den Wänden opulent verschnörkelt. Die dargestellten, altbritischen Ölmotive wirkten, im Gegensatz zu ihrer Besitzerin, düster und farblos. Sie zeigten zu realistisch die raue See mit alten Segelschiffen im Sturm, auf denen die überwiegend schottischen Einwanderer an- oder umgekommen waren. Nova Scotia, Neuschottland, das neue Stück Heimat auf dem amerikanischen Kontinent. In jeder Ecke des Hauses standen auf knarrenden Holzdielen alte Kommoden, mit Gold beschlagene Schränke und verzierte Beistelltische aus der viktorianischen Zeit. Lange Läufer und flauschige Teppiche lagen ebenso auf dem gebohnerten Boden wie Joans schmuddelig weißer Yorkshire Terrier namens Cody.

Joan genoss unsere Gesellschaft auch außerhalb der Pensionswände und zeigte uns mit ihren Augen ihre Heimat. »Heute lernt ihr mal eine andere Ecke von Halifax kennen. Wir können eine Kleinigkeit essen und danach muss ich noch Einkäufe erledigen«, mit diesen Worten stiegen wir in ihren pferdestarken, tiefer gelegten und flammenroten Sportwagen und fuhren los.

Nachdem wir wenige Kilometer gefahren waren, verschwand die Stadt in unserem Rückspiegel und es schloss sich eine vor kurzem neu entstandene Geschäftsstadt im Außenbezirk an. Diese Neuheit ohne Einkaufsatmosphäre, aber mit gigantischen Parkflächen und Überdachungen, sollte den Besuch der hübschen Innenstadt von Halifax ersetzen.

Joan bog zielstrebig auf einen langweilig geteerten Restaurantparkplatz ein. Die landesweite Restaurantkette, zu der ein Betonbau gehörte, stand nicht wie der Klassiker »Tim Hortons« für genießbares Essen zum günstigen Preis, sondern für massentaugliche Geschmacklosigkeit mit gepfefferten Preisen. Es war kein Ort unserer Wahl, aber wir folgten Joan ohne Murren auch hierhin. Wir genossen ihre Gesellschaft, egal wo es war.

Joan, Birte und ich stiegen aus dem Wagen und traten in einen überhitzten Restaurantbau. Die dunkle Wand- und Deckenvertäfelung ließ mit der Raumgröße auch gleich unsere ausgelassene Stimmung schrumpfen. Die gewollte Landhausidylle mit »german Gemütlichkeit« erstickte im morbiden Eichenholzimitat. Der zusätzliche, schwere Plüsch versprühte stattdessen eher den Charme einer Quartalssäuferbude in den Alpen, in der die verstaubten Jagdtrophäen von der Wand gefallen waren, genauso wie die letzten Gäste von ihren Barhockern. Miefiger Geruch durchsetzte den sauerstoffarmen Raum. Lange Neonröhren an der Decke schafften Helligkeit, die von kleinen, romantisch anmutenden Stehlämpchen auf einzelnen Tischen unterstützt wurde.

Eine oberflächlich freundliche Kellnerin wies uns einen Tisch zu und gab uns gnädige drei Minuten für die Auswahl aus der zwanzigseitigen Speisekarte. Dann stellte sie sich, mit einem handlichen funkvernetzten Bestellcomputer ausgerüstet, demonstrativ vor uns auf.

Unser Entscheidungsmarathon für ein einfaches Frühstück begann und wir hatten das Gefühl, dass ein gerannter Marathon hiergegen wie ein schweißloser Spaziergang ausfallen würde. In diesem Restaurant mussten Entscheidungen zügig gefällt werden. Gleichzeitig gab es eine erschlagende Anzahl an Optionen für identische Dinge, die jedoch alle anders verpackt waren. Das Frage-Antwort-Spiel mit der Kellnerin war voll im Gange und mutete absurd an. Aber für dieses Erlebnis musste man ja nicht mehr bis nach Kanada reisen. Die angebliche deutsche Servicewüste versucht eifrig ihr Image aufzupolieren und dem nordamerikanischen Beispiel zu folgen. Kritiklos wird vieles eins zu eins kopiert.

Als Birte dran war, sagte sie: »I would like to have an Earl Grey tea, please.«

»With one bag?«

Die Frage schien bei Birte Verwirrung zu stiften.

»Wieso zum Henker soll ich den Tee in einer Tüte nach Hause tragen wollen?, fragte sie mich verwirrt.

Bevor ich sie aufklären konnte, antwortete sie bereits: »I would like to drink it now, please.« Was so viel hieß, wie »Jetzt. Hier. Mehrweg«.

Das Grinsen der Kellnerin wirkte leicht arrogant, was sich durch das Hochziehen ihrer Nasenspitze verriet. Sie entgegnete Birte jedoch professionell mit einer, dieses Mal grammatikalisch korrekten Frage, ob sie den Tee mit einem oder zwei Teebeuteln trinken wollte.

Birte schlug sich lachend mit der flachen Hand gegen die Stirn und sagte zu mir auf Deutsch: »Ich deutscher Geschmacksbanause! Auf die Idee muss ich erst mal kommen. Die kleine Pfütze Wasser wird zwar an einer Überdosis Tee und Kundenservice bitter verrecken, aber möglicherweise auch den ekelhaften Chlorgeschmack des Leitungswassers übertünchen.«

»With one bag, please«, antwortete Birte kurz, trotz der unbestreitbaren Situationskomik.

Joan grinste uns an. Sie amüsierte sich königlich. So häufig war sie nicht mit Ausländern zusammen, die diese Art des sinnlosen Kundenservice mit ihrer erschlagenden Entscheidungsflut hinterfragten. Ihr war das so bisher noch gar nicht aufgefallen, aber nun empfand sie es als drollig.

Das Drama nahm seinen Lauf und ging mit meiner Bestellung in die nächste Runde. Die Kellnerin fragte mich, wie ich meine bestellten Eier gerne möchte.

»In diesem Kundenparadies gekrault«, flüsterte Birte mir wieder auf Deutsch über den Tisch zu.

Ich musste über beide Ohren grinsen. Als ich dann noch so romantisch verklärte Begriffe wie »sunny side up« oder »over easy« für die Beschreibung eines Spiegeleis hörte, machte ich mir beinahe in die Hose. Einige Dinge verloren auch nach tausendmaligem Hören nicht an Schrulligkeit. Würde ich mich vor Lachen nass machen, käme bestimmt die Frage der Kellnerin, ob ich meine Hose gereinigt, gebügelt oder geföhnt bekommen möchte.

Ich empfand diesen Entscheidungsirrsinn als bescheuert und den Unterschied zu den letzten Wochen auf Kuba als gigantisch. Zuhause fiel mir so ein Unsinn manchmal schon gar nicht mehr auf, nur dass ich mich in einigen Restaurants wohler als in anderen fühlte.

Das Essen kam im Eiltempo aus der Restaurantküche und wurde von der Kellnerin freundlich serviert. Wir aßen und mit dem letzten Bissen lag auch schon die computerausgedruckte Rechnung auf dem Tisch. Die Schnelligkeit lud nicht dazu ein, das begonnene Gesprächsthema noch in Ruhe zu beenden. Die drei abgezählten Bonbons auf dem Rechnungsteller hätte ich am liebsten gegen drei aufräumende Jägermeister eingetauscht, denn das Essen lag mir beim Verlassen des Restaurants, wahrscheinlich wegen der Massen an Künstlichkeiten & Co., tonnenschwer im Magen. Meine interne Biogasanlage lief bereits auf Hochtouren. Das Essen hatte zwar essbar ausgesehen, aber bekömmlich war es nicht.

Wir verließen das Restaurant, gingen zu Joans rotem Rennwagen, der einen Farbklecks in das Grau der Betonbauten zauberte, und stiegen ein. Sie fuhr auf dem Schnee zackig um die Ecken der dicht gedrängten Neubauten auf einen anderen geteerten Parkplatz, dieses Mal jedoch vor einen Supermarkt. Sie hätte auch wie ein fieser Taxifahrer zehnmal um den gleichen Block fahren und wieder vor dem Restaurant von eben stehen können: Den Unterschied hätten wir in der Gleichförmigkeit der Bebauung nicht erkennen können.

Mein Kopf drehte sich beim Gang in den Supermarkt ebenso reflexartig und schnell wie meine Augäpfel. Großformatige Werbeplakate,

Warnhinweise in beißenden Farben und andere unzählige Schilder und Blinkdisplays rahmten uns ein. Grell, schreiend, fies. Meine Pupillen flackerten unruhig beim Fokussieren der unterschiedlichen Objekte.

Die auf Kuba erfolgte Rekalibrierung meiner Sinnesorgane und Wahrnehmung löste sich im Wohlstandsgetümmel bereits wieder auf. Das was Kuba zu wenig oder gar nicht gehabt hatte, empfand ich jetzt in diesem riesigen Einkaufstempel als zu viel. Aber Wohlstand war ja leicht zu verteufeln, wenn man sich als Wohlstandskreatur darin suhlen und leben durfte. Und dennoch, was zu viel war, war zu viel!

Joan schnappte sich einen überdimensionalen Einkaufswagen. Mit einem »Bis gleich« verschwand sie zielstrebig zwischen den Regalen.

Wir griffen uns einen zweiten XXL-Einkaufswagen. Auf dem Boden aufgeklebte Produkthinweise markierten uns den Weg zu den Sonderangeboten. Gelbe Warnschilder »slippery when wet« oder im Weg stehende Produktpaletten mussten im Slalom umrundet werden.

Den Live-Musiker im Supermarkt störte das Getümmel wenig. Im feinen Anzug auf einem erhöhten Podest sitzend, schien er über allem zu schweben. Der Mann haute übertrieben in die Tasten seines schwarz glänzenden Flügels. Ruhe durfte hier scheinbar nicht herrschen. Er thronte zwischen Tonnen an Milchpulverdosen, Müsliverpackungen und Keksdosen wie der Esso-Tiger auf dem Dach einer Tankstelle. Aufgeblasen wie der Werbe-Tiger wirkte auch die künstlich aufgeblähte Angebotsvielfalt der vierzig verschiedenen Nudelsorten oder die gleiche Menge unterschiedlicher Kartoffelchips. Bis ich die Liste der Inhalte auf sämtlichen Verpackungen gelesen hätte, wären Stunden vergangen. Ich wusste genau, warum ich zuhause diese gigantischen Kaufhäuser mied. Hier erschien mir alles noch größer und unüberschaubarer.

Nachdem Birte und ich ein unendliches Regal langstreckenläuferisch umrundet hatten, stand ich hilflos vor einem lückenlosen Kühlregal. Unsere Einschätzung von Dimension und Maß verschwamm. Alles wirkte kilometerlang. Schaltete man seinen denkenden Kopf für eine Sekunde an, empfand man schlichtweg nur eins: absoluten Wahnsinn! Der mächtige Einfluss des dominierenden Nachbarn mit seinen Produkten war noch gewaltiger zu spüren, als bei uns in Deutschland.

»Verdammt, ich suche einen normalen Vanillejoghurt«, stieß ich ungeduldig aus und starrte dabei frustriert in die massenhaften Plastikverpackungen. »Schon wieder low fat. Ich will einen richtigen Joghurt mit Geschmack. Mit Fett.« Der nächste Becher prahlte mit der Aufschrift »No fat« und schien dabei auch noch stolz auf die ellenlange Beschreibung der künstlichen Inhalts- und Konservierungsstoffe, krebserregenden Zuckeraustauschstoffe und Geschmacksverstärker zu sein. Zumindest war er gekühlt noch bis zum Sanktnimmerleinstag haltbar.

Im Hintergrund floss das Surren der gigantischen Kühlaggregate mit dem Klavierspiel zusammen.

Am anderen Ende des kilometerlangen Regals hockte ein kleiner Verkäufer. Er steckte mit seinem Kopf im Regal und sortierte bunte Verpackungen. Ich steuerte nach erfolgloser Suche zielstrebig auf ihn zu. »Entschuldigen Sie bitte. Ich suche einen Vanillejoghurt.«

Der Verkäufer wedelte unkoordiniert mit dem erhobenen Finger ins Regal und dozierte dabei ungewöhnlich heftig mit seinen kalten Fingern über die Verpackungen.

»Nein«, antwortete ich, »ich möchte einen Joghurt mit Fett! MIT FETT!«

Unschlüssig schaute der Verkäufer sekundenlang in das Kühlregal, um den Kopf zu schütteln und sich geschlagen wieder seinen Kartons zuzudrehen.

Es gab in diesem Kühlregal scheinbar alles: klassisches Steinobst, sonnenverwöhnte Beeren, exotische Früchte in allen erdenklichen Farben und Geschmackssorten, mit Buttermilch, ohne Laktose, mit probiotischen oder schwindlig gedrehten Kulturen, aber keinen Joghurt mit läppischem drei Komma fünf Prozent Fettanteil. Und dies, wo doch in den nebenstehenden Kühlboxen die echten Kalorien- und Fettbomben in Form von Sahneeis schlummerten. Tonnenweise, ohne überhaupt den Fettgehalt auszuweisen. Was für eine Konsumentenverarschung, dachte ich.

Ich stand mit Birte in diesem kanadischen Supermarkt, dessen Regale sich wie Krater vor uns auftaten. Die Aussicht auf entspannten Einkaufsspaß war getrübt. In unserem Einkaufswagen herrschte gähnende Leere. Wir konnten uns nicht entscheiden und wollten nicht einfach irgendwelche Lebensmittel gedankenlos in uns hineinstopfen.

Reize, Entscheidungen, Angebote, alles prasselte auf uns ein. Mehr war eben doch nicht immer mehr. Gewusst hatten wir das schon lange, aber der rationale Gedanke hatte sich nicht verinnerlicht. Langsam erwachte auch das passende Gefühl dazu.

Dabei waren wir hier in Kanada wieder auf bekanntem Terrain, in einer westlichen Industrienation. Es fühlte sich nach vier Wochen Kuba jedoch anders an. Schon in den ersten Tagen hatte ich mich darüber gewundert, denn vier Wochen waren ja keine ungewöhnlich lange Zeit. Aber auf Kuba war mein Kopf von vielem befreit und meine Aufmerksamkeit geschärft worden. Oder erschien es mir nur so, weil ich mir das erste Mal Zeit nahm, das Erlebte zu verdauen? Ich erdrückte die Erlebnisse nicht sofort mit Alltag, Job und Routine. Ansonsten waren Birte und ich am ersten Tag in den Urlaub gefahren und am vorletzten Urlaubstag zurückgekommen. Einen Tag hatten wir nach einem langen Urlaub zum Wäschewaschen, Auspacken und Ankommen eingeplant, mehr nicht. Dieses Mal war es anders, denn wir hatten Zeit.

Plötzlich stupste mich von hinten etwas an. Ich drehte mich um. Joan strahlte uns über einen randvollen Einkaufswagen mit Lebensmitteln an. »Wollen wir gleich zuhause gemütlich einen Tee zusammen trinken?«, stellte sie uns eine ihrer rhetorischen Fragen.

Der Klavierspieler unterbrach sein Spiel für eine kurze Unterhaltungspause. Ich sehnte mich nach einer langen!

Ich freute mich über Joans Vorschlag und sah mich bereits mit einem Tee in der Hand zwischen Joans gemütlichen Sofakissen versinken. Mit einer Teetasse aus Porzellan, in der nur ein einsamer Teebeutel schwamm. Alles konnte doch so einfach sein.

# Ingo Bauchgefühl innere Stimme Arzttermin Alarmbereitschaft Adrenalin Keule Widerstände Pflichtbewusstsein Mallorca Leere Krankschreibung | iBurn-out Hamburg Frühling

Ich wartete auf Birte, die mich zum heutigen Arzttermin gedrängt hatte und mich begleiten wollte. Mein Bauchgefühl hatte mir schon seit langem die Notwendigkeit eines Arztbesuches signalisiert, die Birte gestern mit sanftem Druck in Worte gefasst hatte. Denn der Schwindel vor wenigen Wochen im Supermarkt war kein Einzelfall geblieben. Ich fühlte mich seitdem immer schlechter, einfach leer. AUSGEBRANNT.

Ich hatte bereits viele halbherzige Behandlungsmethoden, wie den Besuch einer Heilpraktikerin, Yogaübungen oder homöopathische Mittel, ausprobiert. Nichts versprach Besserung. Ich ertappte mich selbst bei dem Gedanken, dass wohl langsam der Zeitpunkt für einen Schulmediziner gekommen war.

Nun saß ich in meinem Wagen, um mich vor dem Arzttermin mit Birte zu treffen und guckte auf den Blankeneser Marktplatz. Er wirkte ohne die bunten Obst- und Gemüsestände so grau und trostlos wie meine momentane Stimmung. Ich kraulte meinen Dreitagebart und versuchte mich kurzfristig zur Musik zu entspannen. Völlig gehetzt hatte ich das Büro verlassen, weil immer noch etwas vermeintlich Wichtiges anstand, jemand eine dringende Frage an mich stellen musste oder das Telefon geklingelt hatte. Dies war die erste gefühlte Sekunde an diesem Tag, in der die Anspannung ein wenig von mir abfiel.

Ich musste an die vergangene turbulente Zeit zurückdenken. Der neue Vorstandsjob war mir vor wenigen Monaten wie auf einem Silbertablett serviert worden. Ich hatte ihn selbstverständlich angenommen und wechselte damit in der gleichen Firma als Prokurist und »Bereichsleiter für Marketing und Produktentwicklung« zum »Vorstand für den europäischen Vertrieb«. Nun war ich gemeinsam mit den Kollegen im Vorstand, mitverantwortlich für die circa achthundert Mitarbeiter des Unternehmens. Eine große Verantwortung.

Ich sollte mich mit den Strukturen, Systemen und Entscheidungen beschäftigen, die notwendig waren, um unsere Produkte für die europäischen Kunden verfügbar zu machen. In Ansätzen merkte ich jedoch von Beginn an, dass ich mich verbiegen musste, um diese neue Aufgabe ausfüllen zu können. Denn mit der Entscheidung in den Vertrieb zu wechseln, hatte ich mich von meiner bisherigen Kernkompetenz entfernt.

Mein Herz schlug für ganz andere Dinge, die auch mein Wesen ausmachten: Als Jugendlicher hatte ich bereits angefangen, mir selbst Klamotten zu nähen oder mir eigene Möbel und Lampen zu bauen. Ich fand schräge und unkonventionelle Gestaltungen interessant. Trotzdem studierte ich etwas Seriöses, Betriebswirtschaft, anstelle von Innenarchitektur oder Design. Mein konservatives Umfeld konnte ich zwar mit einigen Hobbyentwürfen aufrütteln, damit aber mein tägliches Brot zu verdienen, erschien mir zu abwegig.

Mit meinem bodenständigen betriebswirtschaftlichen Diplom in der Tasche lief mein Weg zufällig wieder in eine kreative Richtung: Ich war im Marketingbereich eines Markenherstellers gelandet, dessen Produkte sich über Gestaltung und Design positionierten. Kunst gehörte zur Firmenkultur und die Firma leistete sich künstlerische Imageprojekte, an denen ich mitwirken durfte. Meine berufliche Entwicklung begann mit meinem ganz persönlichen Traum. Ich, als junger Berufsanfänger, durfte mit internationalen Künstlern und Architekten zusammenarbeiten. Ein ungeplanter Zufall ließ mich mit dem Geld verdienen, worin meine tiefe Leidenschaft lag. Ich genoss große Freiheiten, die ich mit Rückendeckung meiner Chefs in den unterschiedlichsten Projekten ausleben durfte. Ich konnte eigenwillige Ideen umsetzten, Neues ausprobieren und an Konventionen rütteln. Meine Produktpräsentationen fanden zum Teil in Kunsthallen und Museen statt und nicht in biederen Sitzungs- oder Tagungsräumen. Ich war von interessanten Menschen umgeben, die mich durch ihre Persönlichkeit, ihre unbändige Energie und ihre unkonventionelle Denkweise formten. Ob sie erfolgreich waren, spielte dabei nicht die wichtigste Rolle. Ich mochte den Umgang mit Menschen, die liebten, was sie taten, egal ob Techniker, Buchhalter oder Künstler. Lauwarme Hingabe fand ich öde.

Meine vielen Geschäftsreisen brachten mich überall hin, auch in ferne Länder zu außergewöhnlichen Veranstaltungen. Ich nahm nichts als Selbstverständlichkeit hin, sondern genoss das Besondere im Rahmen meines Berufes. Dabei hieß »besonders« nicht zwangsläufig auch »teuer«. Ich fand mich in Situationen wieder, die ich mir selbst nie hätte ermöglichen können. Für wenige gab es Zutritt zu unvergleichlichen privaten Kunstsammlungen, aber durch meinen Job wurde es mir ermöglicht. Selbstverständlich genoss ich die extravaganten Menüs in angesagten Restaurants, wäre aber nie auf den Gedanken gekommen, in meiner Freizeit ebenfalls dorthin zu gehen. Mir war es nicht wichtig, welcher Prominente mein Tischnachbar war. Meistens erkannte ich die sowieso nicht. Das Essen an der einfachen Bude am Eck mit Fischbrötchen in der Hand und Fassbrause schmeckte mir genauso gut. Allerdings hatte ich durch meinen Job die Chance, etwas anderes kennenzulernen. Mein Leben hatte unterschiedliche Facetten. Mir wurde vieles im Beruf ermöglicht, wovon ich als Privatperson Ingo Schmitz nur hätte träumen können. Diese Rangfolge verwechselte und vergaß ich jedoch nie.

Der Marketingbereich mit dem Inhalt der Produktentwicklung, Markenbildung und strategischen Planung hatte sich als das Gebiet herauskristallisiert, in dem ich meine Talente und Persönlichkeit entfalten konnte. Ich brannte vor Engagement, dies blieb auch meinen Vorgesetzten nicht verborgen. Meine Jobs in verschiedenen Firmen umfassten stetig mehr Verantwortung für Projekte, Budgets und Mitarbeiter. Ich schätzte einen kollegialen Umgang, ohne Hierarchieklüngelei und distanziertem Chefgehabe. Meine familiären Wurzeln waren dafür viel zu sehr in der deutschen Mittelschicht verankert.

Ich mochte meine beruflichen Aufgaben sehr, aber trotzdem verbog ich mich nicht, um bestimmte Positionen zu bekommen. Das Tragen von Schlipsen fand ich nie passend für mich, egal in welcher Situation. Dieser kleine Stofffetzen konnte doch nicht ernsthaft darüber entscheiden, ob jemand passend oder stilsicher gekleidet war. Also trug ich keine und wenn der Job sich hauptsächlich über Krawatten definieren sollte, dann war ich nicht der Richtige dafür.

Auch als Vorstand trug ich keine Krawatte, dafür aber Dreitagebart. Ich fuhr weiterhin mit meiner alten Vespa zur Arbeit und fand, dass sich diese auf dem Parkplatz mit den unnötigen reservierten Vorstandsplätzen gut machte. Ich war Vorstand, also parkte ich auch meine Vespa dort. Es stand ja nicht »Chefparkplatz für Firmenwagen« auf dem Schild. Konflikte mit konservativen Gesetzmäßigkeiten, abseits der Normalität, hatte ich schon immer austragen müssen. Wieso sollte das nun als Vorstand anders sein? Die anderen Kollegen empfanden viele meiner Handlungen nicht »vorstandskonform«, wie sie mir mitteilten und mich spüren ließen. Das schloss auch die Vespa als Vorstandsfahrzeug mit ein.

Ich hatte mir mit dem neuen Job und der Position eine persönliche Last aufgebürdet. Ich redete mir jedoch hartnäckig ein, dass der fremde Aufgabenbereich eine großartige Chance war, um meine Grenzen neu zu verschieben.

Im Laufe der Zeit stellte ich mir jedoch häufiger die Frage, warum ich die Führungsposition angenommen hatte? War mir am Ende die Position doch wichtiger als der Inhalt geworden? Warum war die Wahl auf mich gefallen? Hatten ich mir die Seele abkaufen lassen?

Ich blinzelte mich zurück in die Realität und ließ mich von der beruhigenden Radiomusik in meinem Auto einfangen. Momentan konnte ich keine anderen Sender als solche mit klassischer Musik ertragen. Die Musik allein vielleicht noch, aber die Aneinanderreihung von Werbejingles für den eigenen Radiosender, endlose Gewinnspiele, das ewige Lustigsein und das hektische Reden gingen mir bei einigen Sendern schwer auf die Nerven. Ich konnte es kaum mehr ertragen.

Langsam holte mich die Müdigkeit ein. Die mich leider immer schlagartig überfiel, wenn ich nicht im Bett lag. Es war vielmehr eine in Watte eingehüllte, dumpfe Mattheit als eine gesunde Müdigkeit. Nicht dass ich nicht schlafen wollte. Ich sehnte mich nach Schlaf. Aber ich schaffte es nachts nicht mehr, mich von meinen Gedanken loszureißen. Wenn ich einschlief, dann wachte ich mitten in der Nacht immer wieder auf. Ich konnte mich seit langem an keine gedankenfreie Nacht erinnern, in der ich mich nicht bis zum Morgen unruhig im Bett gewälzt hatte. Es war, als steckten meine Finger in der Steckdose und mein Körper wurde elektrisiert. Meine inneren Alarmglocken standen auch nicht mehr still, klangen mir Tag und

Nacht in den Ohren. Mein Bauchgefühl wollte mir etwas mitteilen, aber ich hatte keine Ahnung was.

Es war nicht die viele Arbeit, die andere pauschal als Sündenbock für Druck und Anspannung verantwortlich machten; nicht der alltägliche Stress; auch nicht die ungewohnten Aufgaben meines neuen Jobs. Irgendwas stank zum Himmel. Ich konnte es riechen, aber nicht orten. Und weil ich es selbst nicht in Worte fassen konnte, lohnte es sich auch nicht, mit jemandem darüber zu reden. Wie sollte ich denn meine wirren Gedanken und Gefühle formulieren?

Sobald ich durch bestimmte Türen der Firma trat, erwachte mein evolutionsbasiertes Frühwarnsystem für Gefahr. Ich spürte meinen Körper, der von Adrenalin und Cortisol überschwemmt wurde. Mein körpereigenes Doping lief auf Hochtouren und das Herz schlug schneller. Ich ähnelte plötzlich einem Höhlenmenschen, der sich mit der imaginären Keule in der Hand zu verteidigen versuchte oder sich fluchtartig aus dem Staub machen musste. Es war, als erinnerten sich meine Zellen an die Urzeit, daran, dass sie von Jägern und Gejagten abstammten. Aber was hatte die Keule in meinem schicken Hamburger Büro zu suchen? Und warum versetzte mich mein evolutionsbiologisches Frühwarnsystem ständig in Alarmbereitschaft?

Ich wachte aus meinem Tagtraum auf, als Birte mit ihrem Wagen die Zufahrt zum Parkplatz erreichte. Sie parkte neben mir ein. Kurz schaute sie mich an, während sie ihr Handy ans Ohr nahm und mit jemandem in ruhiger Art sprach. Sie organisierte beruflich Veranstaltungen und ein Aufbau war mitten im Gange. Die Veranstaltung fand, quasi als Heimspiel, in der Nachbarschaft statt, in Hamburg-Flottbek.

Birtes Mobiltelefon klingelte erneut. Sie ließ immer noch keinen Hauch von Ungeduld oder Gereiztheit spüren, als ich sie durch die Seitenscheibe ansah. Sie mochte ihre Arbeit sehr. In solchen arbeitsreichen Momenten wurde sie nach außen immer ruhiger, doch ihrer Anspannung gab sie nachts freien Lauf und knirschte ihre Zahnschiene während mancher Veranstaltungen in Grund und Boden. Zum Glück besaß sie diesen metallverstärkten Sparringspartner, der in der Nacht herhalten musste. Ich blieb als Büßer zum Dampfablassen verschont.

Nach wenigen Minuten beendete sie ihr Gespräch, schloss ihre Wagentür ab, setzte sich auf meinen Beifahrersitz und gab mir einen flüchtigen Kuss. Ihr Handy klingelte erneut, als sie es mit einem entschlossenen Blick aufs Display ausschaltete. Ohne zu antworten. Ich merkte, dass nun etwas Wichtigeres als ihr Job anstand. Alles andere musste warten. Fünf Minuten blieben uns bis zum Arzttermin.

»Hallo«, grinste ich sie gequält an. »Läuft der Aufbau für die Veranstaltung?« Mein lässiger Tonfall machte ihr umso deutlicher klar, dass ich Heiterkeit vorgaukelte.

Birte antwortete mir nicht. Sie hatte mit dem Ausschalten ihres Handys ihren Job ausgeblendet und sah mich fragend an.

Ich sprach nun das aus, was mir der Bauch schon so lange mitzuteilen versuchte: »Ich pack das alles nicht mehr.« Eine unerträgliche Wärme stieg in mir auf. Selbst die Augen brannten vor Hitze und überzogen sich mit einem feuchten Tränenschleier. »Scheiße, so ein verfluchter Mist!«

Ich wollte weinen, aber nicht hier. Ich sehnte mich danach, meinen Kopf auf ihren Schoß zu legen und meine endlose Enttäuschung in Bächen von Tränen ersaufen zu sehen. Ich wollte solange weinen, bis die Haut von einer Salzkruste überzogen spannte und ich mich erlöst fühlten konnte. Aber nicht hier und nicht jetzt.

Birte nahm mich nicht in den Arm, sondern legte nur beruhigend ihre Hand auf meine. Die aufkommenden Emotionen hielt sie bewusst flach. Sie wollte sie nicht noch durch zusätzliche Berührungen anstacheln.

»Ich weiß.« Still gab sie mir ein sauberes Taschentuch, das sie immer aus einer ihrer tiefen Frauentaschen kramte und das ich nie dabei hatte.

Die fünf Minuten Galgenfrist bis zum anstehenden Arzttermin waren vorbei.

Die wenigen Fußschritte vom Blankeneser Marktplatz in die Praxis meines Hausarztes gingen wir Hand in Hand. Schnell, ohne zu sprechen.

Nachdem wir uns angemeldet hatten, empfing uns das leere Wartezimmer mit klassischer Musik. Wie passend. Entspannen konnte ich mich trotzdem nicht und starrte auf den Boden. Die Gedanken krabbelten wie kleine Ameisen schon wieder durch den kleinsten Spalt ins Bewusstsein. Sie liefen hektisch hin und her und durcheinander.

Das Verständnis für meinen eigenen Körper hatte ich seit langem verloren. Ich verstand mich nicht mehr, auch nicht die tiefe Traurigkeit, die ich sinnloserweise empfand. Es gab keinen triftigen Grund dafür. Keiner war gestorben, kaum einer war krank, nichts Schlimmes war passiert. Und nun genügte schon eine kleine emotionale Regung, ein leichtes Anpusten oder eine sentimentale Geste und der Weltschmerz überkam mich. Mein Gemüt glich dem eines zarten Seelchens.

Birte saß mir im Wartezimmer gegenüber und blätterte abwesend in einer Frauenzeitung. Die zum hundertsten Mal wieder aufgewärmte Frühlingsmode interessierte sie generell so wenig wie die offenbarte Liebesaffäre einer alten Popdiva mit ihrem bubenhaften Fitnesstrainer. Aber die bunten bedeutungslosen Bilder schienen sie aufzuheitern. Sie lenkte mich und sich ab, indem sie die Seiten kurz zusammenfasste und mir als Schlagzeile zuschmiss. »Drogensüchtige Schauspielerin kommt in den Knast. Aufgespritzte Lippen einer Medienerbin gleichen geplatztem Sofakissen.« Hier eine Affäre, dort ein Seitensprung. Und tatsächlich war ein C-Promi gestorben, dessen Namen ich nach dem Vorlesen bereits wieder vergessen hatte. Darüber verlor ich keine Träne.

Die Tür zum Wartezimmer öffnete sich. Eine gepflegte Arzthelferin nannte meinen Namen. »Herr Schmitz, kommen Sie bitte.«

Nicht nur ich stand auf, auch Birte ließ ebenso abrupt ihr buntes Frauenblättchen auf einen der Tische fallen und folgte mir wie selbstverständlich ins Behandlungszimmer.

Mein Hausarzt empfing uns lächelnd. Ein netter Mann, den ich irgendwann in der Vergangenheit als Arzt ausgewählt hatte, weil ich ein Rezept brauchte. Jeder brauchte irgendwann mal einen Mediziner – weil die Nase lief, die Lunge pfiff, der Magen sauer brannte oder irgendeine Impfung aufzufrischen war. Ich brauchte damals ein bedrucktes Blatt Papier, mit dem ich zur Apotheke gehen konnte. Mehr nicht. Ich war nie krank, zumindest nie so, dass ich im Bett liegenbleiben musste.

Birte bekam von meinem freundlichen Arzt einen Stuhl angeboten. Aus einer Ecke des Zimmers holte er einen weiteren hervor und stellte ihn mir höflich hin. Nach dem Stühlerücken legte sich eine Stille über den Raum.

Er begann unerwartet offen: »Ich erlebe es sehr selten, dass der Partner mit ins Behandlungszimmer kommt. Was kann ich für Sie beide tun?« Er schaute in die kleine Runde.

Der Kloß in meinem Hals schwoll an. Ich schluckte stark und bekam ihn trotzdem nicht runter. Birte sagte nichts, sondern schaute mich an. Die Hitze in meinen Augen nahm zu. »Ich kann seit langer Zeit nicht mehr schlafen. Mein Herz rast ständig, ich fühle mich manchmal schwindlig und habe Schweißausbrüche.« Ich unterdrückte meinen mittlerweile ständigen Kontrollzwang unter meine Achseln zu fassen. Stattdessen zog ich mein Sakko aus. Ich schwitzte schon wieder unnatürlich stark.

Ich dachte daran, wie lächerlich diese gesamte Situation wirken musste. Mein Arzt hatte sicherlich schwerkranke Patienten zu behandeln. Bei ihm suchten Menschen mit gebrochenen Knochen oder wuchernden Metastasen Hilfe. Und ich winselte ihm von meinen undefinierbaren Beschwerden vor. Ich fühlte mich plötzlich völlig fehl am Platz und wollte nur noch aufstehen und gehen. Scham stieg in mir auf. Seine kostbare Zeit sollte er nicht mit mir verplempern.

Er drehte seinen Kopf von mir weg und sah Birte an. »Was erwarten Sie von mir? Was soll ich Ihrer Meinung nach tun?«

Birte saß seelenruhig vor ihm. Eine Art der Verschwörung lag zwischen den beiden und sie schaute ihn bei der Antwort durchdringend an. »Dass Sie ihn sofort krankschreiben.«

Ich riss die Augen auf. Das hatte sie nicht wirklich gesagt? Eine Krankschreibung ging in meiner jetzigen Situation gar nicht. Bunte Pillen, die Energie spendeten, brauchte ich. Und welche zum Schlafen. Was auch immer das pharmazeutische Repertoire zu bieten hatte, würde ich akzeptieren. Aber eine Krankschreibung war eine Art Arbeitsverbot. Wie auferlegte Handschellen, die psychisch, physisch, aber auch rechtlich wirkten.

Morgen stand eine der wichtigsten Firmenveranstaltungen des

Jahres an. Flugzeuge würden am Morgen europaweit starten, um Hunderte von Mitarbeitern der Firma auf eine sonnenverwöhnte Insel im Mittelmeer zu bringen. Das Programm für die Leistungsträger bestand aus tagelanger Bespaßung auf einem exklusiven Niveau, kostenintensive und kreative Maßnahmen für die Besten. Es waren motivierte Mitarbeiter, die erwarten konnten, mit ihren Chefs einige Gläschen Wein in entspannter Atmosphäre zu trinken. Ich war einer der Chefs und musste anwesend sein, zumindest körperlich.

Das schlechte Gewissen wucherte in mir und bahnte sich seinen Weg an die Oberfläche. Leichte Panik stieg in mir auf und mein Verantwortungsgefühl meldete Alarm.

Aber Birte war noch nicht fertig und sprach weiter: »Ich habe große Angst, dass er jeden Moment zusammenbricht und dann nicht, wie nach einem kurzen Schwächeanfall, wieder aufsteht und sich schüttelt, als wäre nichts gewesen. Er ist am Ende seiner Kräfte«, beendete Birte ihren Satz.

Ihr kamen dabei keine Tränen, aber mir. Mein emotionales Riesenrad begann sich erneut zu drehen.

Mein Hausarzt nickte. »Ich verstehe.«

Als er mir in die Augen schaute, trafen sich unsere Blicke nur für Sekunden, bevor ich den Kopf senkte.

»Möchten Sie das auch, Herr Schmitz?«

Ich wollte, dass er seine kranken Patienten behandelte. Ihnen sollte er helfen und nicht mir, der doch eigentlich kerngesund vor ihm saß und nur ein wenig überarbeitet war. Der morgige Flug ging auf die frühlingshafte Insel Mallorca und würde sicherlich wie eine Verjüngungskur wirken. Eine frische Meeresbrise mit wärmenden Sonnenstrahlen würde automatisch Erholung bewirkten.

Zugegeben, es ging mir nicht gut, aber so schlecht, dass ich nicht arbeiten konnte, auch wieder nicht, oder? Ich kämpfte mit mir.

Mein Blick schweifte zu Birte, die mich traurig ansah. Ich merkte, dass ich das, was wir gemeinsam mit diesem Arzttermin begonnen hatten, nicht abbrechen durfte. Ich brauchte Hilfe und wollte dabei nicht nur auf sie, sondern auch auf mein Bauchgefühl hören. Meinem stillen Eingeständnis sollte ich folgen, das ich so lange schon verdrängt hatte. Ich fühlte mich leer und spürte keine Energie mehr, weder für mich, noch für Birte und schon gar nicht für meine Mitarbeiter. Ich konnte nicht, wie bei einem Duracell-Hoppelhäschen aus der Batteriewerbung, meine Energiespeicher austauschen, wenn sie erschöpft und leer waren. Motivierende Reden von der Bühne zu halten oder nächtliche Diskussionen an Hotelbars zu führen, waren Dinge, die ich jetzt nicht mehr schaffte. Selbst wenn ich es gewollt hätte, ich konnte nicht mehr. Das merkte ich nun.

»Ja. Ich glaube, ich brauche eine kurze Auszeit«, brachte ich über meine trockenen Lippen.

Die müde Erleichterung sprach Birte aus den Augen. Zu viel Energie hatte sie neben ihrem Job und dem Alltag mit mir in den letzten Monaten aufbringen müssen. Sie machte sich große Sorgen um mich.

»Ich pack das im Moment alles nicht mehr«, fasste ich meine jetzige Lage zusammen und erzählte auch von anderen Dingen, die mich bewegten. Die Worte platzten nun förmlich aus mir heraus.

Mein Gegenüber im weißen Kittel hörte verständnisvoll zu.

Eine wahnsinnige Erleichterung stieg in mir auf, jetzt, wo ich alles das erste Mal vor anderen ausgesprochen und offengelegt hatte. Ich spürte die nassen Schweißkränze unter den Armen. Mein Hemd war klitschnass.

»Haben Sie momentan akute Schmerzen?«

»Mein Ohr«, flüsterte ich leise. Diese Schmerzen hatte ich völlig vergessen und wieder mal als Lappalie verdrängt. Mit den jahrelangen Rückenschmerzen wollte ich ihm nicht auch noch in den Ohren liegen und sagte dazu gar nichts.

»Ich höre ganz schlecht auf dem einen Ohr. Manchmal schmerzt es so sehr, dass es auf die gesamte Kopfhälfte strahlt«, antwortete ich lauter.

Der Arzt fing an, mein Ohr eingehend zu untersuchen. Die eitrige Ohrentzündung, die nun diagnostiziert wurde, reichte für sich schon aus, um mich nicht am nächsten Tag in ein Flugzeug steigen zu lassen. Es folgten weitere Untersuchungen.

Nachdem unser Gespräch beendet war, überreichte mir mein Arzt eine Krankschreibung ohne Vermerk meines Leidens.

Puh, dachte ich erleichtert. Nicht über die generelle Tatsache der Krankschreibung war ich froh, sondern dass keine Diagnose darauf stand. Das Schreiben hielt mich für zwei Wochen fern von meiner Arbeit. Es war eine schriftliche Entschuldigung vom Arzt, ganz offiziell und noch nichts Dramatisches.

Nach dem Arzttermin stieg ich erschöpft in meinen Wagen. Es war zu spät, um einen Rückzieher zu machen. Birte fuhr in ihrem Auto vom Parkplatz und mit ihr meine Krankmeldung, die sie abgeben wollte. Ich hätte die Krankschreibung zerreißen können, bevor Birte sie mir aus der Hand genommen hatte, doch nun gab es kein Zurück mehr. Was wohl die Kollegen und Mitarbeiter in der Firma sagen werden?

Ich klappte die Sonnenblende in meinem Wagen herunter und schaute mich an. »Verdammt«, sagte ich laut. Die Augen leuchteten, durchzogen von roten Äderchen, und von tiefen dunklen Schatten eingerahmt. Meine Gesichtshaut wirkte aschgrau, fahl und faltig. Dabei hatte ich mir beim letzten Flugzwischenstopp schnell noch in einem Duty-free-Shop eine besonders gute Gesichtscreme gegönnt. Gut sollte sie sein, bei dem Preis. Die werbliche Verpackung versprach in wohlklingenden Hieroglyphen Kraft und Vitalität, speziell für die sensible Haut des Mannes im mittleren Alter, schon durch einmaliges Auftragen.

Vielleicht wirkte sie bloß als zentimeterdicke Maske, denn ich sah elendig aus. Oder hatte ich sie noch gar nicht benutzt? Ich wusste es nicht mehr. Genauso wenig wusste ich, ob heute die Sonne geschienen oder es geregnet hatte.

Ich fuhr nach Hause und schloss die Tür zur leeren Wohnung auf. Hilflos stand ich im Flur und stellte meine Tasche ab. Ich ging weiter in die Küche, wo unser benutztes Frühstücksgeschirr in der Spüle stand. Ich sah mich um und wusste nichts mit mir anzufangen. Was sollte ich nun in dieser Wohnung machen? Was bloß? Es gab in der Firma so viel Arbeit zu tun.

Zwei Wochen erlaubte mir die Krankmeldung, mich in meine eigenen vier Wände zurückzuziehen. Ich durfte mich offiziell in meiner Höhle verkriechen. Mein unsichtbares evolutionäres Frühwarnsystem meldete hier keinen Alarm. Ich konnte die Keule unberührt draußen vorm Höhleneingang stehen lassen.

Blöde Ohrenentzündung! Saudummer Zeitpunkt, den sich mein Ohr für eine Entzündung ausgesucht hatte, redete ich mir ein. Es war doch sonst alles in bester Ordnung.

Mein Bauchgefühl schwieg jedoch nicht. Es sagte mir in diesem Moment etwas ganz anderes, und das tat es schon seit langem.

Aber es sollte noch dauern, bis ich erkannte, dass ich mir selbst die größten Lügengeschichten erzählte.

Nichts war in Ordnung. Gar nichts!

Erst wenige Wochen war es her, dass wir an der Ostküste Kanadas in Halifax gelandet waren. Unseren Ford F250 Pick-up fanden Birte und ich unter einem riesigen Schneehaufen auf dem Hafengelände wieder, wohin er von Hamburg aus verschifft worden war. Unter den kanadischen Autos fiel unser hubraumstarker 4x4 Truck gar nicht mehr auf. Viele Arbeitsfahrzeuge nutzten die praktische, offene Ladefläche für Transporte. Manchmal kläffte auch nur ein großer Hund von der Pritsche und verteidigte sein Revier.

Auf unserer lag eine große, verschlossene Holzkiste, vollgepackt mit Ausstattungsgegenständen für die Reise. Bisher hatten wir noch keine Wohnkabine, die dann huckepack auf der Ladefläche unseres Pick-ups liegen sollte. Die wollten wir uns hier in Kanada suchen.

Bei erträglichen minus fünf Grad Celsius starteten wir von Halifax an der Ostküste unsere Tour. Zunächst fuhren wir auf dem Trans-Canada Highway immer weiter Richtung Westen. Unterwegs übernachteten wir in gemütlichen, privaten Pensionen, »bed & breakfast«.

Das Thermometer sank mit jedem gefahrenen Kilometer ins Landesinnere bedrohlich und die Schneemassen türmten sich zu schwindelerregenden Höhen auf. Bei einem Pinkelstopp im Freien bei minus vierzig Grad Celsius und starkem Wind fiel mir der Witz über den Eiswürfel pinkelnden Eskimo ein. Die knochentrockene Luft war klirrend kalt. Der Atem bildete dicke Wolken. Eiskristalle legten sich auf die feuchten Wimpern und ließen den Augenaufschlag schwer aussehen. Die Zähne schmerzten bei offen stehendem Mund und wirkten zerbrechlich wie Glas.

Wir legten unsere deutsche Naivität in Bezug auf Kälte in einer menschenleeren Umgebung genauso schnell ab wie wir uns Kerzen, Verpflegung, Rettungsausrüstung, warme Winterkleidung und dicke Schlafsäcke als Grundausstattung für das Auto bereit legten. Auch die Motorblockheizung, eine Art Tauchsieder für das Motoröl, entpuppte sich nicht mehr nur als unsinniges Spielzeug, sondern kam zum notwendigen Einsatz. Denn alles fror innerhalb weniger Stunden ein. Selbst Öl wurde zähflüssig.

Wir machten Bekanntschaft mit einer gnadenlosen Kälte, die das Leben aushauchen und die Technik schnell funktionslos machen konnte. Aber vielleicht gerade deswegen empfanden wir die Unendlichkeit der zugefrorenen kanadischen Seen und die Prärie im Landesinneren als atemberaubend schön. Das winterliche Kanada mit seinen extremen Temperaturen und gewaltigen Schneemassen flößte uns noch größeren Respekt vor der Natur ein als wir ohnehin schon besaßen.

Unterwegs von der Ostküste in den Westen Kanadas, kurz vor den Rocky Mountains, fanden wir unser neues Zuhause: Eine winterfeste Wohnkabine, die nun huckepack auf die Ladefläche unseres Pick-ups gehoben wurde. Wir verstauten unsere mitgebrachten Habseligkeiten bis die große Holzkiste leer war. Nachdem wir nach nur wenigen Tagen Renovierungsarbeit den Camper vom kanadischen Wohnmobilkitsch befreit und durch viel Farbe charakterlich angepasst hatten, empfanden wir die Fiberglashülle als unser Zuhause. Für die nächsten Jahre!

Dann war es endlich so weit. Birte und ich konnten auf den allerersten Tag im fertigen Camper anstoßen. Unsere Reise sollte – nun richtig – beginnen. Alles war geplant und gepackt. Zur Feier des Tages hatten wir uns in einer Hütte des kanadischen Bergvereins, dem »Alpine Club of Canada«, in der Nähe des Banff Nationalparks einquartiert. Nur die erste Nacht wollten wir unserem Camper untreu werden und ihn gegen ein Hüttenlager in den legendären Rocky Mountains eintauschen.

Der Tag empfing uns mit herrlichem Sonnenschein. Es war viel los auf den Straßen. Das lange Osterwochenende lockte die Menschen für einen sonnigen Tag oder einen Kurzurlaub in die Natur. Die Kanadier sehnten sich nach dem langen kalten Winter offensichtlich nach dem Licht der Frühlingssonne.

Vom Trans-Canada Highway bogen wir nach der Beschreibung des kanadischen Bergvereins auf eine kleine Schotterstraße ab. Der

Parkplatz für die Hütte und eine nahe liegenden Lodge befanden sich am Ende dieses Weges. Er lag so weit vom viel befahrenden Highway entfernt, dass die hohe Vegetation den Verkehrslärm schluckte. Vom ersten Moment an, als wir auf den Parkplatz einbogen, fühlte ich mich unwohl und äußerte dies auch laut: »Ich hab kein gutes Gefühl, den Wagen hier nachts stehen zu lassen.«

Birte stimmte mir zu. Es parkten hier viele Autos aus den unterschiedlichsten Provinzen. Trotz des schlechten Gefühls im Bauch gesellten wir uns zu ihnen, ließen unseren Camper nur schweren Herzens allein und begannen mit unserer mehrstündigen Wanderung durch eine winterliche Bilderbuchkulisse zur Berghütte, um dort die Nacht zu verbringen.

Wir waren am Nachmittag nach mehreren Stunden Wanderung auf der unbewirtschafteten Hütte angekommen. Mit einer weiteren kanadischen Familie, die mit uns dort übernachtete, verbrachten wir den Abend. Irgendwann waren wir dann müde in unsere Schlafsäcke, in einer kleineren Hütte in unmittelbarer Nähe des Hauptgebäudes, gekrochen.

Beim Aufwachen am nächsten Morgen öffnete ich meine Augen einen winzigen Spalt und ließ das Licht auf meine Netzhaut fallen. Es war noch sehr früh, aber die Helligkeit, die durch die kleinen Sprossenfenster schien war bereits so stark, dass sich Konturen abzeichneten. Ich öffnete meine Augen ganz. Dicke runde Baumstämme reihten sich übereinander, deren Ritzen mit Moos abgedichtet waren.

Ich steckte wie eine zufriedene Larve im Kokon bis zur Nasenspitze im warmen Schlafsack. Neben mir schlummerte Birte in einer gekrümmten Embryostellung. Hier in den Rocky Mountains hatte ich das Gefühl, im siebten Himmel zu schweben – und das nicht nur wegen des Hochbetts.

Die Lebensgeister regten sich langsam auch bei Birte. Eingekuschelt sprachen wir über die nächsten Tage, darüber, wohin wir wollten und wie unsere weiteren Pläne aussahen.

Irgendwann krabbelten wir aus unseren Schlafsäcken und stapften durch den tiefen Schnee zur Haupthütte. Unser kleines Blockhaus lag ein wenig abseits von der mit Tannen umrahmten Lichtung.

Obwohl es noch früh am Morgen war, sahen wir die kanadische Familie bereits ihren Rückweg antreten. An jeder Tannennadel hafteten Schneeflocken, die die grünen Bäume wie hinter einem weißen Schleier verhüllten und auch die netten Kanadier verschluckten. Ein Anstoßen der Zweige ließ die trockenen Eiskristalle wie Puder durch die Luft rieseln. Die Sonne wanderte langsam den eisblauen Himmel empor und färbte die Wipfel rötlich-gelb. Die hohen schroffen Berge der Rocky Mountains ringsherum wurden schon von den ersten Strahlen beschienen.

Beim Öffnen der Tür schlug uns eine angenehme Wärme entgegen. Im Ofen brannte ein kleines Feuer und schmolz bereits unser Teewasser. Der letzte Rest des Schneehaufens guckte über den Topfrand. Der erkaltete Rauch vom gemütlichen Vorabend hing noch in der Luft. Nun fiel auch die Morgensonne durch die kleinen Sprossenfenster, und wir begannen, unser Frühstück auf dem Tisch auszubreiten. Das frische Brot duftete neben der trockenen Salami und einem Stück Käse.

Als wir gerade in die dick belegten Brote bissen, trat draußen jemand kräftig den Schnee von seinen Schuhen ab. Eine warm eingemummelte Frau kam zu uns in die Hütte. Zwischen ihren Augen zeichnete sich eine tiefe Runzelfalte ab. Ihre kalte Nase darunter leuchtete rot wie ein Feuermelder.

»Hi. Habt ihr einen Wagen unten auf dem Parkplatz stehen?«, begann sie unser Gespräch und wischte sich mit dem Handrücken einen Tropfen von der Nase weg.

Der letzte Bissen Brot blieb mir bei dieser Frage trocken im Hals stecken und wollte partout nicht mehr in den Magen rutschen. Diese wenigen Worte konnten nur Ärger bedeuten. Birte schaute mich erschrocken von der Seite an.

»Wir parken mit unserem Camper dort unten«, gab ich zur Antwort und schaute die fremde Frau erwartungsvoll an. Unser Zuhause, schoss es mir in den Kopf.

»Heute Nacht haben sie alle Autos auf dem Parkplatz aufgebrochen.«

Das deutsches »SCHEISSE« kam wie im Chor aus unseren Kehlen, in jeweils unterschiedlichen Stimmlagen. »Scheiße!«

Sie schaute nicht mal verwirrt. Einige Wörter waren überall auf der Welt verständlich. Shit und Scheiße lagen nicht wie die Meile zum Kilometer weit auseinander.

»Ob die Polizei schon da war, weiß ich nicht. Ich würde euch aber raten, sofort aufzubrechen. Ich arbeite in der Lodge. Dort drüben«, sagte sie, während sie mit dem Finger in eine Richtung zeigte. »Ich habe es von anderen Gästen erfahren. Selbst war ich nicht unten. Ich dachte mir nur, dass ihr schnell Bescheid wissen solltet.«

Wir schoben noch einige hektische Fragen hinterher, aber sie hob nichts wissend ihre Hände in die Höhe. Das international gleiche Signal dafür, dass alles gesagt war. Wir bedankten uns höflich für die überbrachte schlechte Nachricht.

Unser romantisches Frühstück im Schnee der Rocky Mountains war beendet. Ohne Zeit zu verlieren, stopften wir hektisch alles in unsere Rucksäcke zurück und hetzten los.

Wenige Minuten später hörten wir einen Motor. Es war ein unpassendes Geräusch zwischen dem knirschenden Schnee unter unseren Wanderschuhen und dem leisen Zwitschern der Vögel. Ein wendiges Schneemobil hielt schwungvoll vor unseren Füßen an. Der Fahrer guckte mit seinem sonnengebräuntem Gesicht und langen, blonden Locken hinter seiner Skibrille auch nicht besonders glücklich.

»Habt ihr einen Wagen unten auf dem Parkplatz stehen?«, fragte er, wobei seine Stimme mitfühlend klang. Die gleiche Frage, die wir vor gar nicht langer Zeit schon einmal gehört hatten. Ein Echo.

»Ja, einen Camper mit deutschem Kennzeichen.»

Er schob seine Skibrille aus dem Gesicht und erweiterte seine Antwort um ein schockiertes »Ohhhhh!«

Es folgte eine Pause, in der wir ihn anstarrten. Denn immer, wenn ein Nordamerikaner seinen Satz mit »Oh!« begann, folgte auch nahezu immer ein »GREAT« oder »SHIT«. Wir schienen beides zu haben, nämlich »great shit«.

Er wollte uns etwas Aufmunterndes sagen und lächelte uns kumpelhaft bei seinen Worten an: »Ich habe die eingeschlagenen Scheiben mit Folien zugeklebt. Ich wusste nicht, ob es heute Morgen noch schneit.«

»Was ist passiert?«, forderte ich seine Antwort schnell und ungeschminkt heraus.

»Heute Nacht sind alle parkenden Fahrzeuge aufgebrochen worden. Die haben es sich leicht gemacht und einfach die Scheiben eingeschlagen. Bei euch haben sie eine Wagenscheibe und die hintere der Wohnkabine zertrümmert.«

Birte und ich schauten uns betroffen und geschockt an. Unser höfliches Dankeschön an den langhaarigen Sonnyboy hörte sich, wie schon bei der Frau in der Hütte, in unseren Ohren komisch an.

Wir zogen unser Tempo an und versuchten dadurch, den zwölf Kilometer langen Fußmarsch zeitlich zu verkürzen. An der Tatsache des Einbruchs konnten wir nichts mehr ändern. Der Drops war gelutscht, wie man so passend sagte.

Ich malte mir in Gedanken aus, wie wir unseren Camper vorfinden würden. Außerdem überlegte ich fieberhaft, was wir versteckt und was wir nur verstaut hatten. Konnten die Diebe so viel gestohlen haben, dass wir die Reise nicht mehr fortführen konnten? Mir schossen die schlimmsten Hirngespinste durch den Kopf.

»Was sie wohl alles geklaut haben?«, sprach Birte meine Gedanken als Erste aus. »Die hatten bestimmt schon so viel aus den anderen Autos geräumt, dass …« Birte beendete diesen Satz erst gar nicht. »Die Räuber haben bestimmt eine aus Deutschland ausgewanderte Oma, wie irgendwie alle hier. Es gibt hier sicherlich einen Ehrenkodex für Diebe: Deutsche Camper dürfen nicht ausgeraubt werden. Die haben unser deutsches Kennzeichen bloß zu spät erkannt.«

Eine rein weibliche Logik, deren komplexer Grad meine überstieg. Aber sie zeigte, dass Birte sich genauso große Sorgen machte, wie ich es still tat. »Bei dem hellen Vollmond gestern Nacht haben sie nichts erkannt, meinst du?«, hakte ich ernüchternd nach.

»Okay, dann brauchten sie wenigstens keine Lampe, um die anderen Autos zu entdecken. Der Wagen, mit dem die Einbrecher kamen, war bestimmt vollgestopft mit anderem Diebesgut. Lauter Taschen und so ein Zeugs. War bestimmt kein Platz mehr im Auto«, beendete Birte ihre bizarren Fantasien.

Ich sagte gar nichts dazu, schwieg lieber und ging gedankenversunken weiter. Sie hatte so nebenbei ein wichtiges Stichwort fallengelassen.

Wir hatten alle Taschen und wasserdichten Transportsäcke erst einmal unausgepackt verstaut. Alles war ordentlich nach Winter- und Sommerklamotten sortiert, für zwei Jahre in allen Klimazonen.

Es sollte schon mit dem Teufel zugehen, wenn am ersten richtigen Tag unserer Reise mit dem Camper etwas passieren sollte, hatten wir uns beim Parken vor der Wanderung lachend eingeredet. Der Tag war zu schön gewesen, um an etwas Negatives zu denken.

Von weitem schimmerte uns die weiße Plastikfolie an der Fahrertür entgegen. Es ging beim aufgebrochenen Camper nicht nur mit dem Teufel zu; der Teufel hatte anscheinend ein ausgiebiges Schwefelbad genommen. Dieses Mal knirschten beim Näherkommen nicht die feinen Schneekristalle unter unseren Stiefeln, sondern die kleinen Scherben des Sicherheitsglases.

Ich rannte als erstes an die rückseitig liegende Campertür, die ebenfalls zum »Tag der offenen Tür« einlud. Sie war offen und ihre Scheibe eingeschlagen. Mein Gesicht erstarrte, als ich nichts mehr auf dem Boden des Campers entdecken konnte. Der Wagen der Diebe war wirklich geräumig gewesen, denn alle unsere großen Taschen hatten scheinbar Platz gefunden. Auch die sperrigen Ski waren nicht zu lang und die helle Vollmondnacht nicht zu kurz gewesen. Jedes Stückchen Stoff, jedes noch so kleine Teil aus den Schränken war offensichtlich durch ihre Hände gewandert. Der Camper war nicht vollständig ausgeräumt, denn die Diebe gingen bei ihrer Auswahl wählerisch vor. Die Guten ins Töpfchen, die Schlechten ins Kröpfchen. Das Töpfchen war ihr Wagen und das Kröpfchen unser verwüsteter Camper. Sie hatten außerdem jede Abdeckung losgeschraubt und durchsucht. Trotzdem waren ihnen unsere wichtigsten Verstecke, die wir nach MacGyver-Vorbild in Deutschland ausgetüftelt und eingebaut hatten, verborgen geblieben.

Obwohl unser Camper nicht vollständig ausgeräumt war, empfanden wir ihn subjektiv trotzdem als leer. Das Fehlen vieler praktischer Klamotten, teurer Gegenstände und vor allem unserer Lieblingsdinge vermittelten den Eindruck von Leere: Es fehlte meine Filzmütze aus Norwegen, Birtes bunte Muschelkette vom Straßenmarkt in Kapstadt und der in Australien gekaufte Bikini. Es waren die vielen wertlosen Dinge mit Seele gewesen, die wir auf dieser langen Reise um uns scharren wollten. Wir verfluchten nun unsere Sentimentalität, und dass wir sie nicht im dunklen Lager in Hamburg gelassen hatten.

Mir schoss das Bild des Parkplatzes vom gestrigen Tag in den Kopf. Als wir ankamen, hatte ich bereits dieses komische Gefühl in der Magengegend gespürt. Wir hatten uns den Platz mit aus der Luft gegriffenen Argumenten sicher geredet. Die kanadischen Gefängnisse waren in unseren Vorstellungen nicht existent. Kanada empfanden wir sowieso als menschenleer, mit Ausnahme der Städte, und als friedlich allemal. In Deutschland leben im Vergleich zehnmal so viele Leute auf einem Fleckchen Erde. Unsere Paranoia über den Parkplatz hatten wir also als typisch deutsche Skepsis deklariert und uns damit beruhigt, dass unser Camper im Rudel anderer Metallkarossen schon beschützt stehen würde.

Warum ich den Platz in dieser wunderschönen Kulisse als unsicher empfunden hatte, konnte ich noch nicht einmal sagen. Letztendlich hatten die unzähligen rationalen Argumente aber über mein ungutes Gefühl gesiegt. Ich hatte nicht auf meine innere Stimme, mein Bauchgefühl, welchen Namen es auch immer trug, gehört. Das war fatal, wie sich jetzt herausstellte, denn die Evolution hatte offensichtlich nicht grundlos solch ein körpereigenes Frühwarnsystem entwickelt. Das schon seit Millionen von Jahren Gültigkeit besitzt.

Ich fühlte mich nicht nur elendig, sondern war auch wütend über mich selbst. Denn von simplen technischen Warngeräten ließ ich mich fremdbestimmen. Mehr noch, ich schätzte sie. Ich trampelte nicht auf meinem Feuermelder herum, versäumte nicht die Alarmanlage einzuschalten – wenn ich denn eine gehabt hätte – oder warf nicht mein Navigationsgerät in den Mülleimer. Mein uraltes Warnsystem der Evolution dagegen ignorierte ich störrisch, was dem Wurf in den Mülleimer gleichkam. Für meinen geistigen Horizont war dieses ausgereifte System der menschlichen Entwicklung nicht nachvollziehbar und damit nicht wirklich existent. In unserer modernen Welt musste alles auf rationale Formeln und Systeme heruntergebrochen und bewiesen werden. Ich hatte schlichtweg verlernt, auf die eigenen Signale und Warnzeichen zu achten.

»Ich habe irgendwie ein komisches Gefühl«, war auch meine einzige vage Empfindung gewesen, als mir damals der Chefjob in der Firma auf dem Silbertablett serviert worden war. »Ein komisches Gefühl«, das war alles, was ich mir an Zweifeln erlaubt hatte. Im hektischen Alltag und im Job war es leicht, diese irrealen Warnungen zu ignorieren. Sie ließen sich in keine To-Do-Liste auf Wiedervorlage schreiben und auch nicht als Email mit Wichtigkeitsfähnchen abspeichern.

Beim Jobangebot hatte ich beherzt und mit aller Kraft zugegriffen, bevor der Silberteller in der Runde gekreist war und jemand anderes mir die Stelle vor der Nase wegschnappen konnte. Ich war nicht so blöd gewesen, viele dumme Fragen zu stellen oder aufgrund eines komischen Gefühls das Angebot abzulehnen.

Aber der Silberteller hatte sich schnell als Porzellanteller entpuppt und war in meinen Händen in tausend Teile zersprungen.

Jetzt stand ich wieder vor einem Haufen Scherben. Ich verfluchte meinen rational denkenden Kopf. Wann würde ich endlich wieder lernen, mehr auf mein Bauchgefühl zu vertrauen, auf die innere Stimme zu hören oder dem sechsten Sinn zu folgen? Es war zumindest ein passender Tag, um endlich damit anzufangen!

Traurig und vollkommen niedergeschlagen fuhren Birte und ich vom Parkplatz zu einer dörflichen Polizeistation, die an diesem Karfreitag eine unmotivierte Bereitschaft stellte. Danach ging es weiter in ein kleines kanadisches Nest mit einem einzigen Textilgeschäft, um so banale Dinge wie Unterhosen und Socken zu kaufen und uns eine Unterkunft zu suchen.

Die Stunde des rationalen Handelns samt nüchterner Schadensbegrenzung hatte geschlagen. Wir begannen zu reparieren, Scheiben einzusetzen, zu improvisieren und unser verbliebenes Eigentum von den Spuren der Diebe zu reinigen. Endlose und haarklein aufgedröselte Listen mit unseren geklauten Sachen wurden für die Polizei geschrieben. Sorgsam – aber desillusioniert – katalogisierten wir alles, immer mit dem Bewusstsein, nur irgendwelche Aktenhaufen zu vergrößern, aber mit der Motivation, uns stumpf ablenken zu können. Dinge im Wert von mehreren Tausend Euro waren zwar weg, aber wir konnten trotzdem weiterreisen. Denn die essentiellen Dinge, wie unser Camper, die Pässe und Kreditkarten waren nicht gestohlen worden.

Nachdem wir alles innerhalb einer Woche wieder in Ordnung gebracht hatten, reisten wir weiter, fuhren Ski – mit denen, die sie nicht geklaut hatten – und versuchten den Diebstahl aus unseren Gedanken zu verbannen. Der Schreck saß tief. Wir fingen an, uns Parkplätze, Situationen und Menschen noch sorgfältiger anzuschauen und zogen damit persönliche Konsequenzen aus dem Raub. Eine bittere Erfahrung, so dachte ich, die uns aber für die weitere Reise nur helfen konnte.

Zwei Wochen nach dem Einbruch riefen uns die Beamten der legendäre »Royal Canadian Mounted Police« auf unserem Handy an und überbrachten uns die freudige Neuigkeit von der Festnahme der Diebe. Sie hatten unsere geklauten Sachen sichergestellt. Die Diebe waren so dreist gewesen, nach Wildwestmanier mit einem auffälligen und dazu noch geklauten Wagen der Marke HUMMER zu protzen. In Thunder Bay, im Bundesstaat Ontario, saß die Polizei nun vor einem riesigen Berg sichergestellter Taschen, Rucksäcke und anderer Dinge. Ich begann wieder an den Osterhasen zu glauben!

Birte hatte in ihrer grenzenlosen Freude beim Telefonat angeboten, die Sachen persönlich von der Polizeistation abzuholen, bis ihr der Polizist die kanadische Landkarte vor das geistige Auge gehalten hatte und sie wissen ließ, dass der Ort zweitausend Kilometer von uns entfernt lag, in Richtung Osten woher wir vor Wochen gekommen waren. Die Geschichte klang, als wäre eine Stecknadel im Heuhaufen gefunden worden.

Wir brauchten dringend eine feste Adresse. Für den Rücktransport des wiedergefundenen Diebesguts mussten wir einen Kurier beauftragen und das setzte wiederum ein funktionierendes Telefon und eine Internetverbindung voraus. Außerdem brauchten wir die Einkaufsmöglichkeiten einer Großstadt. Unsere technischen Geräte wie Notebook, Fotoapparat, Ladesysteme oder Handy hatten zwar den Raub im Safe und anderen Verstecken sicher überstanden, aber funktionierten nur mit dazu gehörigen Kabeln, die dummerweise alle geklaut worden waren.

»Wenn ihr Hilfe in Kanada braucht, dann ruft Yvonne an«, hallte es noch in meinen Ohren. Woher ein Hamburger Freund schon Monate im Voraus erahnen konnte, dass wir gerade in Kanada ausgeraubt werden würden? Zumindest fanden wir ihre Telefonnummer, auf einem Zettel notiert, im Einbruchschaos wieder.

Wir brauchten Hilfe und riefen die Nummer der Unbekannten im kanadischen Vancouver an, das nur noch wenige Hundert Kilometer entfernt von uns in Richtung Westen lag, also auf unserer geplanten Route.

Bereits am nächsten Tag fuhren Birte und ich an die Westküste Kanadas, denn Yvonne wollte uns helfen und ihre Mutter Ilse auch.

Eine Minute nach der Ankunft bei Ilse bewohnten wir schon ein gemütliches Zimmer mit eigenem Telefon. Nach fünf Minuten hing der Haustürschlüssel an meinem Schlüsselbund und nach einem Tag war sie für uns die liebenswürdige Oma Ilse. Sie war achtzig Jahre alt und hatte ihre Gesundheit vor Jahren schmerzhaft eingebüßt. Dennoch kämpfte sie eisern um ihre Selbstständigkeit. Jeden Tag schob sie ihre stützende Gehhilfe durch die Nachbarschaft. Sie nahm klaglos unzählige Medikamente mit heftigen Nebenwirkungen. Ihre krumme Körperhaltung verursachte Schmerzen und ließ sie klein wie ein Kind aussehen. Die Diskrepanz zwischen ihrem klaren Geist und ihrem dahin siechenden Körper war ernüchternd.

Neben unserem Zimmer wohnte eine andere Freundin von Ilse, die in einer kleinen Lebenskrise steckte, wie Ilse dies treffend beschrieb. Sie vervollständigte unsere Wohngemeinschaft. Die kleinen Nachrichten, die uns Ilse reglemäßig auf den Küchentisch legte, unterschrieb sie mit »Hostel Commander«. Ihre Wortwahl war immer scharfsinnig.

Nach zwei Wochen in unserem kanadischen Ersatzzuhause, war der Moment gekommen: Unsere wiederbeschafften Sachen kamen endlich zu uns zurück. Der kanadische Kurierdienst fand nach unzähligen Verwirrungen mit seinem Lieferwagen unsere momentane Wohngemeinschaft. Die gesamte Prozedur vom Verschwinden bis zum Wiederauftauchen des Diebesguts hatte vier lange Wochen gedauert. Wir konnten unser Glück kaum fassen, als wir die geschlossenen Taschen und Rucksäcke in unseren Händen hielten. Ich öffnete eine Tasche und griff unvorbereitet in eine vergilbte Männerunterhosen und andere ekelerregende Kleidungsstücke. Ein muffiger Geruch hing in den überdimensionalen Hosen, davon eine Trainingshose in XXXXL. Es gab Klamotten in allen erdenklichen Kleidergrößen. Die großen Taschen waren zwar unsere, aber deren Inhalt war es nicht mehr. Unsere Hoffnung fiel wie ein Kartenhaus zusammen. Das prickelnde Glücksgefühl wechselte nach einer Schrecksekunde in bodenlose Enttäuschung. Die wenigen, tatsächlich zurückgekehrten Teile, inmitten all des Krempels, milderten unseren Frust nur wenig. Keines unserer fehlenden Lieblingsstücke hatte zu uns zurückgefunden.

Wir verbuchten den Einbruch also notgedrungen als »neue (Lebens-) Erfahrungen«. Unsere deutschen Sachen mochten in der kanadischen Weite verschwunden sein, aber Oma Ilse und ihre Tochter Yvonne hatten wir durch den Einbruch gefunden.

Weitere Tage in unserer kleinen Wohngemeinschaft verstrichen, ohne dass sie von uns gezählt wurden. An einem sonnigen Frühlingstag, nachdem wir bereits drei Wochen bei Ilse wohnten, machten Ilse, Birte und ich einen Ausflug mit unserem Camper.

Die acht Zylinder des Trucks hämmerten rhythmisch vor sich hin. Ilse schmiegte sich, eingebettet in unzählige Kissen, an Birte, die sie zuvor auf den Arm genommen und federleicht in den hohen Wagen gehoben hatte. Ilse genoss unsere Fahrt sichtlich. Es weckte in ihr das Gefühl, wieder in ihrer Kindheit auf dem Bauernhof in Norddeutschland zu sein. »Ich fühle mich wie in einem Trecker. Als ich Kind war, durfte ich dort immer mitfahren.«

Es dämmerte bereits, als wir hungrig nach unserem langen Ausflug in der Natur in ein thailändisches Restaurant zum Essen gingen. So weltoffen Ilse im Kopf war, so experimentierfreudig war sie auch in Bezug auf die Kochkünste fremder Länder.

Wir betraten das Restaurant. Mit einer ergreifenden Mühe erklomm Ilse die Sitzbank. Sie schaute in Gedanken versunken auf die Holzstäbchen auf unserem Tisch. Ihre vorherige Freude über unser gemeinsames Abendessen wich einer stillen Konzentration. Ilse saß neben uns und sprach kein Wort.

Stattdessen schaute sie immer wieder zu einem Nachbartisch, an dem tibetische Mönche saßen. Ihre kahl geschorenen Köpfe schauten ebenso wie ihre nackten Arme aus langen rot-orangen Gewändern hervor. Eine traurige Ruhe lag über diesen Männern, die sich flüsternd unterhielten. Über welches Thema sie sprachen, konnten wir nur vermuten: Einige mutige Tibeter hatten den Fokus der ausländischen Medien wenige Monate vor den Olympischen Spielen in China für sich nutzen wollen. Ihre öffentlichen Proteste für Unabhängigkeit, die Rückkehr ihres Gottkönigs und die Einhaltung der Menschenrechte hatten mit Verhaftungen, Folter und Mord geendet. In dem friedvollen Tibet, auf dem »Dach der Welt«, war auch das Blut von Mönchen geflossen.

Plötzlich berührte Ilse Birte am Arm. »Entschuldige. Könntest du mich bitte wieder aufstehen lassen?«, fragte sie höflich mit ernstem Gesichtsausdruck. »Ich muss etwas tun«, sagte sie und schaute dabei an den Tisch der Tibeter. Sie mühte sich schmerzhaft wieder aus der Sitzbank heraus.

Langsam ging sie in ihrer gebeugten Haltung zum gegenüber liegenden Tisch. »Entschuldigen Sie bitte meine Störung«, sprach sie im ruhigen Ton und versuchte ihren krummen Rücken ein wenig zu strecken und an Größe zu gewinnen.

Die Mönche stellten ihre Reisschalen vor sich auf den Tisch und schauten sie an.

»Ich möchte ihnen unser großes Mitgefühl für ihr Volk aussprechen.«

Die sieben Tibeter standen stellvertretend für ihr Sechs-Millionen-Volk von den Stühlen auf. Ihre langen Mönchsgewänder fielen in sanften Wellen auf den Boden. Das leise Rascheln des Stoffes war der einzige Laut, der sie umgab. Sie legten ihre Hände mit den Handflächen aneinander, die Fingerspitzen dem Himmel entgegen und verbeugten sich vor dieser unbekannten Frau. Ilse, die ihnen körperlich nur bis zur Brust reichte, aber menschlich eine so unbeschreibliche Größe offenbarte, tat es ihnen nach. Sie standen sich schweigend gegenüber und zeigten sich gegenseitig ihr Mitgefühl, aber auch ihre Wertschätzung. Sie verbeugten sich tief voreinander, immer wieder.

Plötzlich drehten sich alle Mönche zu unserem Tisch um, lächelten Birte und mir zu und verbeugten sich auch vor uns.

Ich war bereits emotional so berührt, dass mir Tränen in die Augen schossen. Wir standen ebenfalls auf und erhoben unsere aneinander gelegten Hände. Ich schloss meine Augen und verbeugte mich vor den tibetischen Mönchen, aber vor allem vor Ilse.

Ilse kehrte wenige Sekunden später zu unserem Tisch zurück. Sie sah erlöst und gestärkt aus. Ihre Augen funkelten zufrieden. »Das musste ich unbedingt sagen. Manchmal sollte man sofort seiner inneren Stimme folgen und nicht immer warten, bis der richtige Zeitpunkt verpasst ist.«

Wir nickten ihr schweigend zu. Sie hatte mit so wenigen Worten alles gesagt.

Und dieses Mal wussten wir genau, was Ilse meinte: das Bauchgefühl, die innere Stimme, der sechste oder sogar siebte Sinn. Jeder hatte einen anderen Namen dafür. Aber es war egal, welchen es trug. Entscheidend war das Gefühl, dem wir in Zukunft mehr vertrauen wollten – unserem Gefühl.

Ingo Unsympath Tabu Seelenklempner Couch Scheinwelt
Unwohlsein fehlendes Mitgefühl leere Worthülsen
Schmachtfilm Urlaub letzter Patient | iBurn-out Hamburg Spätsommer

Im Frühjahr war ich das erste Mal von meinem Hausarzt krankgeschrieben worden. Der Befund einer Ohrenentzündung verhalf mir
damals zu einer kurzen Auszeit von zwei Wochen, ohne weitere
skeptische Nachfragen Dritter. Ich hatte ein bisschen mehr Schlaf in
meiner arbeitsfreien Zeit gefunden, aber konnte in der Kürze nichts
Grundlegendes verändern. Meine Umgebung mit den dazugehöri-
gen Menschen war unverändert geblieben, wie ich selbst auch.

Schleichend kam die energielose Leere zurück, die durch nichts
aufzufüllen war. Im Job konnte ich mich gut genug zusammenrei-
ßen, so dass niemandem eine Veränderung an mir auffiel, zumindest
sprach mich keiner persönlich an.

Aber sobald ich zu Hause war, zog vieles, ohne in mein Bewusstsein
vorzudringen, an mir vorbei. Ich wusste nicht, welches Wetter gerade
war. An mir ging der Jahreszeitenwechsel ohne jegliche Notiz vorbei, mein Zeitempfinden war weg. Nach dem Essen wusste ich kurze
Zeit später schon nicht mehr, was ich gegessen hatte und, ob es mir
besonders geschmeckt hatte. Die gewöhnlichsten Dinge verschwanden in der Banalität und Austauschbarkeit. Ich war teilnahmslos und
flachte emotional ab. Häufig war ich einfach unbeteiligt, lag weinend
auf dem Bett oder starrte Löcher in die Luft und spürte in jeder Zelle
des Körpers eine tiefe Erschöpfung. Ich konnte nicht mehr laut und
herzlich aus dem Bauch heraus lachen oder mich überschwänglich
freuen. Die positiven Empfindungen schienen in der Mittelmäßig-
keit zu gipfeln. Von dort rutschte ich immer häufiger in ein dunkles
emotionales Loch ab, in dem keiner und nichts mich mehr erreichte.
Ich schaute aus dem Loch nach oben und sah, wie mein Leben über
mich hinweg flog. Tagsüber herrschte der normale Wahnsinn im Job
und nachts reihten sich die schlaflosen Nächte aneinander. Tag für
Tag, Woche um Woche.

Die physische und psychische Erschöpfung hatte mich schnell
wieder eingenommen, trotz neuer Fluchtversuche in zusätzliche Ru-

hezonen. Sie waren gut gemeinte Versuche von Birte gewesen, aber blieben trotzdem bloß Augenwischerei. Auch wenn äußerlich Ruhe herrschte, fand ich sie innerlich nicht.

Vier Monate nach der ersten Krankschreibung kam dann der vorprogrammierte Rückschlag. Ich war jetzt wieder arbeitsunfähig und krankgeschrieben.

Aufgeschoben war eben nicht aufgehoben.

Nun war ich das erste Mal auf dem Weg zu einem Psychiater, zum Seelenklempner auf die Couch. Den Ursachen meiner Beschwerden sollte nicht von einem Allgemeinmediziner, sondern von einem psychologischen Fachmann auf den Grund gegangen werden. Und mittlerweile hatte mein Hausarzt der Krankheit auch einen Namen gegeben: Burn-out. Mit »ein bisschen Ausschlafen« oder »wie einen kleinen Schnupfen auskurieren«, wie es einige Außenstehende salopp formulierten, war es nicht mehr getan.

Nachdem mein Zustand einen offiziellen Krankheitsnamen erhalten hatte, begann ich selbst, meine Lage als tatsächliche Krankheit zu verstehen, die dringend behandelt werden musste. Meine Problemverdrängung oder Schönmalerei hatte mit der neuen Krankschreibung ein jähes Ende gefunden. Ein schriftliches Attest bescheinigte mir schwarz auf weiß die Ernsthaftigkeit meiner Situation. Ich war krank.

Eine Bekannte hatte mir den Kontakt für den Psychiater vermittelt. Sie war die einzige, die gerade heraus über ihre bestehende Therapie gesprochen hatte. Ich war über ihre offene Hilfe froh gewesen, denn nach einem Zahnarzt konnte ich ungeniert in großer Bekanntenrunde fragen, nach einem Urologen schon verlegen, aber nach einem Psychiater oder Psychologen hatte ich noch niemanden öffentlich reden gehört. Nur in Hollywood-Schmachtfilmen war es schick, einen zu haben. In unserem Land wurden zwar immer mehr dieser Fachärzte benötigt und auch konsultiert, aber kaum einer sprach darüber.

Ein nostalgisches Schellen hallte durch einen hohen Altbau, als ich die Klingel der Psychiaterpraxis drückte. Sie verursachte ein sanftes Echo im Flur. Ich trat wartend von einem Fuß auf den anderen, obwohl es bei den spätsommerlichen Temperaturen keine eisigen Füße zu wärmen gab. Ich war unruhig bei meinem ersten Gang auf die Couch, denn ich wusste wenig bis nichts über diesen Berufszweig oder über psychologische Therapien. Ich stand dem, was passieren sollte, trotzdem nicht ablehnend gegenüber. Dafür fühlte ich mich mittlerweile zu schlecht, um noch irgendetwas ablehnend unversucht zu lassen. Alles was Besserung für mich bedeuten konnte, wollte ich annehmen. Bei der geringsten Erkrankung suchten wir doch auch selbstverständlich einen Arzt auf. Nur das, was in uns verborgen lag und vor sich hin kränkelte, was als Seele und Geist tituliert wurde, musste nach der allgemeinen Meinung ausnahmslos selbstheilend sein. Was für eine verquere menschliche Logik.

Der Klang der Praxisklingel war verhallt. Ich erkannte durch die geschliffenen Gläser der hohen Eichentür eine männliche Gestalt schemenhaft auf mich zu kommen. Diese umfasste die massig geschwungene Klinke und öffnete die Tür.

»Herr Schmitz, nehme ich an.«

»Ja, das bin ich. Guten Tag«, erwiderte ich. Ich wollte ihn nicht anstarren, tat es aber trotzdem. Ein rothaariger Mann mit einem fuchsroten Bart stand in der offenen Tür, reichte mir seine schlaffe Hand und senkte sofort den Blick nach unten, um meinem Augenkontakt zu entkommen. RASPUTIN, schoss es mir in den Kopf. So stellte ich mir die von Boney M. im Lied Rasputin besungene Figur vor. Seine Hand fühlte sich so weich wie ein frisch gekneteter Hefeteig an. Ohne Muskulatur, Sehnen oder Knochen, geschweige denn Schwielen von Hornhaut. Am liebsten hätte ich sie fallen gelassen. Außerdem hasste ich es zurzeit, Leuten die Hand zu geben. Meine Handflächen umschloss neuerdings eine unangenehme Feuchtigkeit. Für andere war es kaum auffällig, aber mich störte es gewaltig.

Mein Psychiater Rasputin schritt vor mir durch einen langen Flur. Er füllte seinen schwarzen Designeranzug nicht aus. Dieser wippte bei jedem Schritt mit und verlieh dem statischen Besitzer eine winzige Prise Dynamik. Die einzige Farbe, neben einer prahlerischen Armbanduhr, war ein roter Seidenschal. Der feminine Schal wirkte farblich auf sein rotkrauses Haar abgestimmt. Er versteckte dezent, zweimal um seinen Hals geschlungen, die alternde Haut. Rasputin wirkte widersprüchlich in seiner Erscheinung. Der zerfurchte

**73**

fuchsrote Bart unterstrich das. Er wuchs löchrig und nicht zu einer gewünschten Dichte. Zumindest erreichte der Bart keine Fülle, hinter der er sich hätte verstecken oder darin verschwinden können. Rasputin wirkte, als würde er das aber am Liebsten tun.

Ra-Ra-Rasputin, hallte der bescheuerte Ohrwurm in meinem Kopf und wollte nicht wieder verschwinden. Das Bild von verstaubten Boney M. Schallplatten meiner Eltern und das Selbstporträt vom rothaarigen Vincent van Gogh mit abgeschnittenem Ohr auch nicht.

Am Ende des Flurs stand eine Tür weit offen, die in einen großen Raum führte. Er zeigte im Zimmer wortlos auf einen Sessel, auf den ich mich wohl setzen sollte. »Darf ich Ihnen Tee oder Kaffee anbieten?«, fragte Rasputin monoton und verschwand bereits in den angrenzenden Raum.

»Ich trinke gerne Tee, egal welchen«, rief ich hinterher. Bevor er die Tür hinter sich schloss, konnte ich einen kurzen Blick in die schneeweiße Küche erhaschen. Diese erstrahlte penibel steril in einer Klavierlackbeschichtung. Ich konnte mir nicht vorstellen, dass sie jemals in Benutzung gewesen war. Die Markennamen auf den Geräten demonstrierten die anspruchsvolle Qualität deutscher Hersteller. Nichts stand in seiner originalen schnöden Plastikverpackung auf den Regalen. Es reihten sich verchromte Dosen, hohe Aufbewahrungsgläser und Aluminiumkästen exakt aneinander. Jeder Abstand mit dem Maßband ausgemessen und wie im Spind der Bundeswehr, mit den Kanten abschließend, ausgerichtet. Auf dem schwarzen Granitboden vor einem Küchenschrank standen drei gepackte Trolleys einer Designreihe. Sie waren korrekt aufgereiht und wie die Orgelpfeifen nach Größe sortiert.

»Sie fahren in den Urlaub?«, fragte ich etwas verwirrt, als er in den Raum zurückkam. Ich erinnerte mich nicht daran, dass er bei der telefonischen Terminabsprache so etwas erwähnt hatte.

»Sie sind mein letzter Patient. Ich fliege heute Abend in den Urlaub«, hauchte er beiläufig in meine Richtung und verschwand damit wieder.

Ich wunderte mich über die Praxis, die wie ein perfekt gestaltetes

Ambiente aus »Schöner Wohnen« wirkte. Ich hatte mir vorher keine Gedanken darüber gemacht, wie die Räumlichkeiten dieser Fachärzte aussehen würden. Es gab nichts von dem, was ich aus normalen medizinischen Praxen kannte. Wozu auch, denn hier wurde das Innere des Menschen schließlich nicht durch Skalpelle offengelegt, sondern durch Worte.

Wartend saß ich aufrecht in dem Designersessel aus der Art-Déco-Zeit. In allen Schmachtfilmen Hollywoods lagen die Patienten auf einer Couch und der Herr Doktor saß. Die Rollen schienen hier vertauscht.

Ich schaute mich neugierig um. In dem minimalistisch eingerichteten Raum waren jedoch alle Details schnell entdeckt. Normalerweise ließen wenige Möbel und unnötiger Krempel genügend Platz zum Atmen, aber in diesem Raum fiel das entspannte Durchatmen trotzdem schwer. Die Dinge der reduzierten Einrichtung standen perfekt arrangiert auf ihrem Fleckchen Eichenparkett. Nichts lag ungeplant oder zufällig herum. Nicht einmal eine verirrte Büroklammer, kein Post-it, nichts. Die Stifte waren parallel zur ledernen Schreibtischunterlage angeordnet. Entweder nahm er das Art-Déco-typische Prinzip der fehlenden Natürlichkeit zu wörtlich oder das Fehlen von natürlicher Unordnung uferte in seinen ganz persönlichen Wahn aus, dachte ich verwirrt.

Ich fühlte mich nicht wirklich wohl und fröstelte ein bisschen. Obwohl ich bis jetzt nur wenige Worte mit ihm hatte wechseln können, stieg ein mulmiges Gefühl in mir auf. Ich tadelte mich still, um mein vorurteilsbehaftetes Verhalten wieder im Keim zu ersticken.

Mein Blick schweifte weiter durch den Raum. Der aufgeräumte Schreibtisch sah leer und abgearbeitet aus. Zwei Kabel führten aus einer Steckdose im Boden auf den Schreibtisch, ohne in einem Computer zu enden. Der stand bereits für die Reise verpackt in einer Notebook-Tasche daneben. Rasputin hatte sicherlich alle offenen Rechnungen an seine Patienten geschrieben. Geldsorgen plagten meinen Psychiater bestimmt nicht. Schließlich gab es genug Leute, die es wie ich mit den Nerven hatten. Das Aussterben seines Berufstandes war ausgeschlossen. Im Gegenteil, die Nachfrage war größer als das Angebot an Fachleuten, hatte ich aus der Zeitung erfahren.

Seine Hamburger Praxis lag in der Nähe des Chilehauses, einem Kontorgebäude aus Backstein. Außerdem befand sie sich in guter Nachbarschaft zum traditionellen Jungfernstieg und der schnell wachsenden Hafencity, die den Wandel vom alten Hafen mit charmantem Schmuddelambiente zum trendgerechten Viertel im Edellook verkörperte.

Viele internationale Unternehmen verlegten bereits ihre deutschen Firmenzentralen in die neuen Gebäude der Hafencity. Keiner wollte sich das erkämpfte Image durch einen unzeitgemäßen Firmenbau ruinieren. Aber auch kleinere Agenturen und private Personen wollten den Pulsschlag in neuen Büros und schicken Lofts im modernen Herzen Hamburgs spüren. Nichts verpassen, dabei sein und das Besondere erleben. Neue Bewohner und Firmenansiedlungen bevölkerten das Viertel und mit ihnen die potentiellen Patienten meines Psychiaters. Sie konnten in der Mittagspause, vor oder nach Feierabend oder zwischen zwei Terminen auf seine Couch springen, mal so eben schnell zwischendurch. Entsprechend unserem Zeitgeist.

Rasputin unterbrach meine kleine Spinnerei über seine anderen Patienten, als er einen dampfenden Kräutertee in einem großen Porzellanbecher servierte.

Ich trank vorsichtig einen heißen Schluck. Der Tee beruhigte meine angespannten Nerven und wärmte mich von innen.

Der Psychiater setzte sich in einen zweiten, mir gegenüber stehenden Sessel. »Ich will mir erst einmal einen groben Überblick über ihr Krankheitsbild verschaffen. Bei ihnen wurde ein Burn-out diagnostiziert?« Rasputin sah mich etwas verhuscht an. Unserem kurzen Blickkontakt konnte er nicht standhalten und wandte sich wieder seinem leeren Schreibblock zu.

Ich antwortete: »Ja. Ein Burn-out ist von meinem Hausarzt diagnostiziert worden. Obwohl ich gar nicht wirklich weiß, was Burn-out bedeutet.«

»Darauf kommen wir später zu sprechen. Welche körperlichen Symptome äußern sich bei Ihnen?«

Meine Beschreibungen von plötzlichem Schwindel, Panikattacken, innerlicher Ruhelosigkeit, Herzschmerzen und -rasen, permanenten Schlafstörungen, tiefer Erschöpfung, Schweißausbrüchen und grundloser Traurigkeit ließen ihn unbeeindruckt und prallten an ihm ab. Sie irrten durch den Raum, ohne von ihm eingefangen zu werden. Es schien für ihn ein emotionsloser Alltag mit der immer gleichen Leier zu sein. Ich erwartete beinahe, dass er gleich zu gähnen anfing oder seine Nachrichten auf dem iPhone las. Er verkörperte für mich keinen Fachmann mit beruflicher Routine, sondern eine abgestumpfte Person mit einem vorgeheuchelten Persönlichkeitsprofil. Mir kam es vor, als folgte er meiner Krankengeschichte nur mit halbem Ohr. Warum hatte er diesen Beruf wohl gewählt?, fragte ich mich. Ich hegte immer noch die naive Vorstellung, dass Ärzte mit der Berufswahl auch ihrer persönlichen Berufung nachgingen: der individuellen Bestimmung, Menschen zu helfen, die Hilfe benötigten.

Während meiner Schilderungen sagte er nichts, was mich noch mehr verunsicherte. Stattdessen nickte er ab und zu zustimmend und untermalte es mit einem genuschelten »Hmmm«. Versunken kritzelte er kleine und große Kreise auf seinen ansonsten weißen Schreibblock. Als er sich ertappt fühlte, schlug er das Blatt schnell um.

Ihm fehlte definitiv eine Couch, wo seine Patienten drauf lagen, die Augen schlossen und ihn nicht mehr sehen konnten.

»Wir werden Ihre Symptome zunächst medikamentös behandeln.« Dabei schaute er mir das erste Mal direkt in die Augen. »In Hypothalamus und Hypophyse laufen die vegetativen Informationen zusammen. BLABLABLA. Der Hypothalamus produziert CR-Hormone, die wiederum in der Hypophyse bei einer Stressreaktion zur Ausschüttung von ACT-Hormone führen. Dieses stimuliert dann die Nebenniere im Körper dazu, die Stresshormone Adrenalin und Cortisol zu produzieren. BLABLABLA. Die Stresshormone hemmen gleichzeitig auch die Produktion. Diese Bremse wird bei Ihnen gestört sein. Sie sind in dauernder Alarmbereitschaft. BLABLABLA.« Mit seiner roten Zunge fuhr er sich über die schmalen Lippen.

Ich folgte dem monotonen Gerede meines Psychiaters nur widerwillig, schaute dabei aber interessiert. Er wollte keine Resonanz und sprach auch nicht mit mir, sondern nur vor mir. Ich kam mir vor, als sei ich sein passives Auditorium, vor dem er seine Darbietung abhielt.

Die Chemie zwischen uns passte überhaupt nicht, auch wenn er über Chemie eine Menge zu wissen schien. Seine gesamte Person war mir unsympathisch, was ich allerdings nicht auf seinen Beruf zurückführte. Als Autoverkäufer wäre er genauso. Geradezu unecht wirkte er. Er war nicht das, was er vorgab zu sein und er erzeugte durch seine Art ein unangenehmes Gefühl in mir.

Die Dreiviertelstunde verflog, ohne dass er meine aktive Teilnahme einforderte. Das Ende der Sitzung signalisierte er mit dem Aufstehen aus dem Sessel. »Das kriegen wir schon wieder hin.«

Für mich waren das mitfühlende Worthülsen, denen der winzige, aber entscheidende emotionale Unterton fehlte. Von Floskeln wie »Schlaf dich mal richtig aus«, »Ist doch nur halb so schlimm« oder »Stell dich mal nicht so an« hatte ich in der letzten Zeit genug gehört. Er sollte es durch seinen beruflichen Hintergrund besser wissen. Empathie war offenbar ein Fremdwort in seiner Praxis. Meine verzweifelte Stimmung hatte sich scheinbar nicht auf ihn übertragen. Rasputin konnte meine Situation wohl auch nicht nachempfinden oder nachfühlend verstehen.

»Die werden Ihnen helfen, bis wir uns in sechs Wochen wiedersehen.«

Er drückte mir zwei Medikamentenpackungen in die Hand.

Psychopharmaka. Jetzt war ich doch noch in meinem Hollywood-Schmachtfilm gelandet, dachte ich. Zwei Musterpackungen eines Pharmareferenten mit dem Aufdruck »unverkäufliches Muster«. Wenn der eigene Stoffwechsel verrückt spielte, dann musste synthetisch nachgeholfen werden. Dafür brauchte ich nicht mehr in einer glamourösen Scheinwelt wie Hollywood zu leben. »Upper and Downer«, morgens die Pillen zum Anschieben und abends die zum Abstoppen.

»Aber was mache ich in den nächsten sechs Wochen? Ich dachte, Sie würden mit mir eine Gesprächstherapie beginnen. Sechs Wochen sind eine verdammt lange Zeit«, platzten meine Sorgen in panischer Stimmlage hervor. Ich wollte ihm nicht sein Recht auf Urlaub absprechen oder ihm seine Urlaubsstimmung vermiesen. Aber in seiner Situation und besonders in meiner, hätte er mich beim ersten Telefonat auf einen anderen Kollegen verweisen müssen. Stattdessen hatte ich in der letzten Minute vor seinem Urlaub noch einen Termin erhalten. Das hier ergab überhaupt keinen Sinn. Es ging mir wirklich sehr schlecht. Akut schlecht! Musste mir erst noch Schlimmeres passieren, um ernst genommen zu werden?

»Die Medikamente werden Ihnen fürs Erste helfen. Tiefer einsteigen können wir nach meinem Urlaub«, beendete er zügig meine erste Sitzung. Gedanklich saß er sicherlich schon im Taxi auf dem Weg zum Flughafen Fuhlsbüttel.

Die schwere Eichentür fiel hinter mir ins Schloss, als ich die Praxis verließ. Ich stand unglücklich vor der Tür und konnte mich nicht vom Fleck bewegen, wie einbetoniert hefteten sich meine Füße am Untergrund fest. Mein erster Psychiaterbesuch war so ganz anders abgelaufen, als ich ihn mir vorher ausgemalt hatte. Rasputin hatte mir in den letzten fünfundvierzig Minuten, leicht debil grinsend, wirre Stoffwechselprozesse erklärt. Meine Krankengeschichte würde sich innerhalb der nächsten Wochen sicherlich auf den tiefsten Grund seiner Erinnerung legen. Aber außer seiner hässlichen roten Zunge, die sich wie ein intervallgeschalteter Scheibenwischer über die Lippen bewegt hatte, brachte er in unserem Gespräch nichts Brauchbares hervor. Kein Rat und auch keine Beruhigung waren über seine Lippen gekommen. Ich wusste nur, wo sein Feriendomizil stand, in dem er sechs Wochen Urlaub verbringen würde. Im Gegenzug hielt ich nun zwei Medikamente in meinen Händen.

Ich erkannte ziemlich klar nach diesem ersten Treffen, dass Rasputin einen gewaltigen Sprung in seiner eigenen Schüssel hatte. Ich war nicht befangen gegenüber seinem Berufsstand, sondern empfand ihn persönlich als Unsympath. Ich spürte, dass er mir nicht gut tat. Wie konnte ich zu diesem Mann Vertrauen finden, der selbst nicht das war, was er vorgab zu sein und gegen den ich eine innere Abneigung empfand? Außerdem schien er seinen medizinischen Schwerpunkt auf die medikamentöse Behandlung zu beschränken. Von einer Gesprächstherapie waren wir weit entfernt. Worin lag eigentlich der Unterschied zwischen einem Psychiater und einem Psychologen? Und was war dann der Nervenarzt? Ich hatte mich vor meinem Termin überhaupt nicht damit beschäftigt, sondern war kopflos zum

Erstbesten gegangen.

Die bedrückende Stille, die vorher im Altbau geherrscht hatte, wurde schlagartig vom Hamburger Verkehrslärm abgelöst. Mich trennte eine Häuserzeile vom zähen Feierabendverkehr auf der Willy-Brandt-Allee. Die Motoren anfahrender Autos heulten laut auf. Ein Rettungswagen versuchte sich mit Unterstützung der Sirenen eine Schneise durch die Blechlawine zu bahnen. Noch lag ich selbst nicht in so einem Rettungswagen, aber viel fehlte nicht mehr, dachte ich hilflos.

Ich stand immer noch draußen vor dem Haus meines Arztes und schaute auf die Gehwegplatten unter meinen Füßen. Dort auf den grauen Platten klebten platt getretene Kaugummis. Ihre Farben hatten vom leuchtenden Rosa oder Weiß ins schmuddelige Grau gewechselt. Ich fühlte mich nach diesem Termin auch wie ein gekautes Kaugummi.

Mein unsympathischer Psychiater war einer dieser Menschen, denen es egal war, wie sich sein Gegenüber fühlte. Oder lag das Problem nicht bei ihm, sondern nur bei mir? Hatte ich die falsche Einstellung? Machte ich letztlich aus einer Mücke einen Elefanten? Vielleicht musste ein Psychiater auch nicht zwangsläufig fürs Gelingen einer Behandlung sympathisch sein, dachte ich verwirrt, obwohl mir meine innere Stimme etwas anderes sagte.

Ich zwang mich, meinen Blick von den zertrampelten Kaugummis auf dem Gehweg wegzureißen und ging noch beunruhigter, als ich es ohnehin schon vor dem Termin war, nach Hause.

# Ingo Physiker unbehaglich

Unsympath **Denali-Highway** Einsamkeit deutsches
Wohnmobil Wilde verbale Schlachten **Monolog**
Veränderungen | Zeit fürs Wesentliche Alaska Frühsommer

**W**ir waren in den vergangenen Monaten immer weiter Richtung Norden gefahren. Die Natur war im Verlauf unserer Reise aus dem Winterschlaf erwacht und der kanadische Schnee wurde durch die Sonne aufgetaut. Unsere Aktivitäten wechselten mit den Jahreszeiten und anstatt Ski zu fahren, gingen wir nun in der Natur wandern. Dabei konnten wir Muttertiere, wie Braun- und Schwarzbären oder Elche mit ihren neugeborenen Jungen beobachten.

Zum Sommeranfang waren wir schließlich dort angekommen, wovon so viele Menschen sehnsüchtig träumten: Alaska! Die meisten bekamen beim bloßen Aussprechen oder Hören des Wortes diesen verklärten, in die Ferne schweifenden Blick. Eine unergründliche Ehrfurcht ergriff uns menschliche Kreaturen vor der endlosen Natur und der gewaltigen Wildnis. Alaska, der nördlichste Bundesstaat der Vereinigten Staaten, stand in den Köpfen der meisten Leute als Symbol dafür. Und inmitten dieser Landschaft ragte der Mount McKinley beziehungsweise Denali aus der Gebirgskette hervor, sechstausendeinhundertvierundneunzig Meter in den Himmel. Beim ersten Blick auf den Berg hatten wir ihn in nicht erwarteten Höhen entdeckt. Er wirkte mit seiner gewaltigen Masse wie eine unwirkliche Luftspiegelung, die man kaum erfassen konnte.

Der weiße Gipfel des Denali oder »The High One«, wie ihn die Athabascan Ureinwohner passend nannten, lag bereits einige Kilometer hinter uns, als wir an dem Dorf Cantwell vorbeifuhren. Die Häuseransammlung glich einem Fliegendreck auf der Landkarte, hatte aber durch die Kinoverfilmung »Into The Wild« traurige Bekanntheit erlangt. Ein junger Städter war dem Ruf der Wildnis ehrfürchtig gefolgt, aber durch seine Unkenntnis tödlich an ihr gescheitert, in der Nähe von Cantwell.

Wir bogen auf den alten Denali-Highway ab: zweihundertachtzehn Kilometer Schotterpiste auf dem Rücken einer höher liegenden

Moräne. Er erstreckte sich menschenleer entlang der Südhänge der Alaskakette, die vor ewiger Zeit von Gletschern geformt worden war. Es war ein schroffes Gebirge, das mit feinem Schnee gepudert und von einer subarktischen Vegetation ringsherum umgeben war.

Neben der Natur faszinierten uns auch die wenigen, bewohnten Gebiete entlang des Highways. Es tauchten keine Ortschaften auf, nicht einmal Häuseransammlungen, sondern nur einzelne Gebäude, an denen wir immer wieder anhielten. Darunter war zum Beispiel ein skurriles Café mit plüschiger Dekoration und einer mittig stehenden Bar, an der wir mit Reisenden aus den unterschiedlichsten Nationen plaudernd unseren Kaffee tranken. Ein anderer Haltepunkt zog uns magisch durch massenhafte bunte Plastikblumen im Vorgarten an. Ein völlig überdrehter Farbklecks, nicht blumig duftend, aber schrill.

In einem weiteren Haus bot eine ältere Frau in bestickter Schürze Kuchen zum Verkauf an – mit großer Wahrscheinlichkeit eine Fertigbackmischung, die mit cholesterinfreiem Eigelb in der Mikrowelle fabriziert worden war. Wir gaben uns trotzdem der Illusion eines frisch gebackenen Kuchens hin und nahmen die kulinarische Verirrung in Kauf.

Ein Stück weiter entlang des Highways umringten uns dicht bepelzte Huskys mit ihren eisblauen Augen. Ihr Besitzer lud uns zu einer Besichtigung auf sein Grundstück ein und die Hunde begrüßten uns mit ohrenbetäubendem Gejaule. Inmitten dieser lauten Hunde fühlten wir uns innerlich unendlich ruhig. Wir befanden uns in einer Umgebung, an der die Zeit für uns still stand. Es war kein Moment, den wir vorher hätten planen können, sondern ein Zufall, der sich uns, wie vieles andere auch, unerwartet präsentierte.

Langsam waren wir den Highway entlang gefahren, hatten immer wieder angehalten, aber trotzdem uns dem Ende der Piste angenähert. Wir waren beinahe wehmütig, als sich die Route dem Ende näherte. Es war einer dieser Tage gewesen, der zu schön war, um ihn enden zu lassen. Wir freuten uns jetzt schon auf unsere Fotos, die auf dem Speicherchip schlummerten. Die kleinen Gedankenstützen, die später den eigenen Film im Kopf starten würden.

Die Dämmerung hing schon in der Luft, als wir uns einen Platz für die Nacht suchten. Mein Blick blieb unerwartet an einem alten Wohnmobil mit Pinneberger Kennzeichen hängen. Wir waren nun schon viele Monate gereist, ohne irgendwelche Landsleute getroffen zu haben, zumindest keine Urlauber mit eigenem Fahrzeug. Die meisten starteten ihre Tour erst im Frühling auf diesem Kontinent, und nicht wie wir im Winter.

Pinneberg war nicht ganz Hamburg, aber schon so dicht dran, dass ein nordisches Heimatgefühl aufkam. Beim Wort Pinneberg musste ich zwangsläufig an die breite Mundart mit lang gezogenen Wörtern denken. Aber auch an Helgoland, die einzige deutsche Hochseeinsel in der Nordsee, die zum Kreis Pinneberg zählte. Zwischen Hamburgern und Pinnebergern bestand immer eine Art von Rivalität. Die Hamburger urteilten die Pinneberger als Dorfdeppen ab und umgekehrt galten die Großstädter als hochnäsige Hanseaten. Uns hatte diese Witzelei immer wenig berührt, denn wir waren ja schließlich keine gebürtigen Hamburger. Aber nun, hier in Alaska, mussten wir das erste Mal an diese Buhlerei denken.

Birte und ich parkten unseren Wagen und gingen zielstrebig auf das Wohnmobil zu. Vom Anblick eines deutschen Kennzeichens beschwingt, klopften wir an den Camper. Uns war es egal, ob Pinneberger oder Hamburger. Wir freuten uns auf ein Treffen mit hoffentlich netten Landleuten.

Die Tür schwang auf. Ein älteres Paar im Rentenalter blickte uns aus trüben Augen an und bat uns nach einem kurzen Gespräch herein.

Ein kleiner Raum empfing uns, in dem der unterschwellige Gestank des entsorgten Klos und zu langsam getrockneter Frottee-Handtücher in unsere von Frischluft verwöhnten Nasen strömten. Dazu mischte sich in den Gelsenkirchener Barock der abgestandene Mief von menschlichen Ausdünstungen. Die Wohn-Geruchskombination wurde mit zuvor gebratenem Fisch in viel Butter gesteigert.

Vielleicht erwartete uns ein interessanter Abend mit sympathischen Landsleuten trotz stickiger Luft, dachte ich gespannt. Es war außerdem zu spät, um jetzt noch einen Rückzieher zu machen.

Die grobe Hand des Mannes fuhr über die Sitzecke und stopfte alles Hinderliche an den Rand der Bank. Eine gemusterte und lauwarm vorgesessene Polstergarnitur kam zum Vorschein, die fadenscheinig die gelbe Schaumstofffüllung offenbarte. Wir setzten uns in die vorgeformten Furzmulden.

»Trinkt ihr Tee oder Kaffee«, wurde von der Frau höflich in die Runde gefragt.

»Ich trinke gerne einen Tee«, antwortete Birte.

»Da schließe ich mich an. Danke.« Aber nur in einer Tasse mit motivierenden Sprüchen wie » Bester Chef« oder » Bitte nicht stören, hier wird gearbeitet«, dachte ich weiter. Irgendwie erwartete ich in so einer Campingkulisse diese Art von Trinkbecher.

Der Mann räumte noch störende Dinge in den hinteren Teil des Wohnmobils. Während Birte ein Gespräch mit der Frau begann, schaute ich mich um. Der alte Kessel, der wohl schon jahrelang neben der verbrutzelten Bratpfanne stand, hatte, von der Fettkruste zu urteilen, bereits unzählige Bratorgien hinter sich. Das heiße Teewasser pfiff im Wasserkessel, glücklicherweise hermetisch nach außen hin abgeschirmt.

Der Pinneberger kam zum Tisch zurück und setzte sich uns gegenüber. Mein Blick fiel in den weiten Ausschnitt des Mannes. Das Hemd des unbekannten Deutschen war weit aufgeknöpft und ließ einen gewollten Blick auf seine haarlose Brust zu, die, ebenso wie seine kraftlosen Arme, unmuskulös und eingefallen wirkte. Die konturlosen Streichholzbeine verbarg er unter dem Wohnmobiltisch. Mein kurzer Blick war auch auf seine Shorts gefallen, bevor er sie verstecken konnte. Sie war übersät von undefinierbaren Flecken, die von den letzten missglückten Toilettengängen, ebenso wie vom Speiseplan berichtete. Dreck war nicht gleich Dreck, wie wahr! Er ahnte das, denn die Schnelligkeit mit der er sich in seiner Sitzbank versteckte, erschien unnatürlich.

»So, so, aus Hamburg kommt ihr«, nickte der Mann wissend. Die unterschwellige Rivalität zwischen dem provinziellen Pinneberg und dem großstädtischen Hamburg schwang leicht mit. Mit dieser Anspielung war er jedoch bei mir an die falsche Person geraten, denn ich kam ursprünglich aus Nordrhein-Westfalen.

Er stellte uns Fragen und wir mussten uns erklären: woher wir kamen, wie lange wir unterwegs waren, wieso wir in unserem Alter schon so eine Reise machen konnten. Erklärungen mussten her, wie immer wenn Deutsche auf Deutsche trafen. Im Ausland waren Erklärungen noch notwendiger, weil Neuigkeiten rar waren und die Wissbegier dadurch noch mehr wuchs. Außerdem gab es wenige Hinweise für die gesellschaftliche Einordnung, wie Haus, Auto, Job oder Familie. Diese Lücken mussten durch Fragen und Antworten gestopft werden.

Die Frau aus Pinneberg blieb still im Hintergrund und verfolgte unser Gespräch aus sicherer Entfernung. Mit ihren haselnussbraunen Haaren, im geschätzten Alter von sechzig Jahren, war sie eine attraktive Frau. Allerdings besaß sie eine zerbrechliche Schönheit, die zu ihrem Mann im krassen Widerspruch stand. Sie war uns im Gegensatz zu ihrem Mann auf Anhieb sympathisch.

Nachdem wir unsere Reise kurz umrissen und ihnen den wahren Anstoß zur Tour, nämlich Ingos Burn-out, nicht erzählt hatten, sprudelte es ungezügelt aus ihm heraus. Er war Physiker. Physiker, also, wirklich Physiker. Er kokettierte mehrere Male in wenigen Sätzen mit seiner Ausbildung und lachte zwischen den Sätzen. Er gehörte zu den Personen, die zu den eigenen Scherzen das Lachen gleich mitlieferte.

Unser Gesprächsgeplänkel über die gemeinsame Heimat endete in dem Moment abrupt, als ich von den nordamerikanischen Ureinwohnern zu sprechen begann. Die schneidende Stimme des Physikers durchfuhr den Raum. »Indianer taugen alle nichts. Das sind lediglich primitive Wilde, die nichts erfunden haben.«

Sprachlos schauten Birte und ich den vermeintlich gebildeten Physiker an. Auf solch einen emotionalen und plumpen Gefühlsausbruch waren wir nicht vorbereitet gewesen.

Schnell schoss er nach: »Haben die was erfunden, von dem ich nichts weiß?« Eine rhetorische Frage, die keine abweichende Antwort zuließ. Nicht von uns, schon gar nicht von seiner schweigsamen Frau und augenscheinlich von niemandem ließ er eine andere Meinung zu.

Musste man die weltliche Daseinsberechtigung durch eine Erfindung untermauern oder war es wirklich so simpel, andere Lebensformen daran zu messen, ob sie etwas Produktives, also Messbares erschaffen hatten? Wir holten gerade Luft zum Antworten, als er noch vehementer wurde. »Nicht mal eine ordinäre Schrift konnten sie«, legte er mit sachlicher Miene nach. Der Mann meinte etwas zu wissen!

Ich hielt dagegen: »Sie hatten zwar keine schriftlichen Überlieferungen und somit auch keine Bücher. Aber sie saßen zusammen und vermittelten ihre Kenntnisse verbal. Auge in Auge am Lagerfeuer...«

Der Physiker unterbrach mich ruppig im Satz und konterte: »Und mit saufen. Sich mit billigem Fusel den winzigen Verstand aus dem Kopf saufen, das können sie heute immer noch. Holzen ab und schießen alles über den Haufen, was ihnen vor die Flinte kommt«, hörten wir ihn poltern. Dabei vergaß er nicht, alles mit dem Zusatz »ich als Physiker« zu untermauern, womit er seine Glaubwürdigkeit und sein Wissen zu unterstreichen versuchte. Seine Meinung war unumstößlich.

Ich stöhnte innerlich auf. Manche Dinge wusste ich todsicher, bevor sie passierten. Der Griff in warm und weich schien hier vorprogrammiert, wobei das assoziierte Häufchen dadurch auch nicht charmanter oder gar berechenbarer wurde. Wir befanden uns nicht in einem netten Gespräch zwischen Landsleuten, sondern in einem intoleranten Monolog. Wir sprachen zwar dieselbe Sprache, aber irgendwie auch nicht. Auch wenn nur wenige Kilometer Pinneberg von Hamburg trennten, taten sich hier in diesem kleinen Wohnmobil unüberbrückbare Abgründe auf. Birte und ich rückten betreten auf unseren Sitzpolstern herum, während er ohne Punkt und Komma weitersprach.

Im Eifer lösten sich kleine Speicheltropfen aus dem Mund des Physikers. Gewehrfeuerartig. Der Speichel wurde durch den wortgewaltigen Schwall aus seinem Mund zu weißem Schaum geschlagen und haftete sich verkrustet an seine Mundwinkel.

Birte und ich unternahmen mehrere Versuche der Gegenwehr in dieser kulturellen Schlacht, aber ein Durchkommen war nicht möglich. Wir befanden uns in einem Gefecht, das ein Pinneberger gegen die Ureinwohner dieses Kontinents schlug und die wir zusammen mit ihnen verloren. Seine Argumentation war nicht einmal im Ansatz stimmig, dafür aber impulsiv und vor allem laut. Immer wieder lud unser Landsmann seine verbalen Waffen nach. Eine Salve folgte der nächsten. Wir fühlten uns in seiner Nähe immer unwohler. Ständig folgte die Erklärung »ich als Physiker«. Eine Berufsbezeichnung und zugleich Berufung, die nichts im Unklaren lassen sollte, seine Fähigkeiten ebenso wenig wie seinen Stellenwert in der Gesellschaft, den er seit seinem Hochschulabschluss vor vierzig Jahren einforderte.

»Wer ist eigentlich Deutscher Meister im Fußball geworden?«, seufzte ich mit meinem Blick zum Physiker gerichtet. Fußballergebnisse interessierten mich momentan überhaupt nicht, aber erfüllten hoffentlich ihren Zweck des verbalen Ablenkungsmanövers, denn desertieren war in unserer jetzigen Situation undenkbar.

»Was für eine dumme Frage!«, zeterte der Physiker skrupellos. Er hatte sich auf uns eingeschossen. Seine Frau schaute verlegen zur Seite. Kein einziges Wort hatte es bis jetzt über ihre zusammen gekniffenen Lippen geschafft.

»Die Bayern sind schon wieder Deutscher Meister geworden. Zum einundzwanzigsten Mal halten sie die Meisterschale in den Händen. Der fette Hoeneß. Unsympathischer Haufen, die Bayern. Aber Fußballspielen können sie, dass muss ich ihnen lassen«, antwortete der Physiker gönnerhaft, obwohl er das schlechte Ergebnis seines norddeutschen Vereins mit der blauen Raute als persönliche Niederlage vor Augen sah.

»Ach ja, die Bayern«, ächzte ich mittlerweile abwesend vor mich hin.

Die einseitige Wortschlacht ging weiter. Jetzt nicht mehr über die faulen Wilden auf dem nordamerikanischen Kontinent, sondern über die Bayern. Die seien ja auch so eine Art Wilde. Sie standen zwar oben auf dem Fußballtreppchen, aber auf der Landkarte abgebildet lag Bayern immer noch unten.

»Ja, die Deppen aus dem Süden«, sagte der Physiker plump. Für ihn schlug oben offensichtlich immer unten.

»Unten sind sie, stimmts?«

»Wie unten? Tabellenführer, sagte ich doch.«

Der Redefluss des Physikers glich der einer Endlosschleife, aber selbst die versiegte im Laufe des späten Abends. Irgendwann war es mit dem Monolog genug und wir konnten das Wohnmobil verlassen.

Birte und ich inhalierten die frische Abendluft und hielten uns schweigend an den Händen, als wir zu unserem Camper zurückgin-

**87**

gen. Nur das leichte Geräusch des tiefen Einatmens durchschnitt die Stille.

»Was war das denn?«, entsprang der erste kleinlaute Gedanke aus meiner Kehle.

»Verblendeter Rotzlöffel«, spottete Birte.

Das Bild meines Hamburger Psychiaters schoss mir ins Gedächtnis. Rasputin hatte ich ihn damals getauft. Das Aussehen meines rothaarigen Arztes ähnelte zwar optisch nicht dem Pinneberger Physiker, aber sie glichen sich trotzdem. Exemplarisch standen sie beide für eine Art von Mensch, dem es egal war, wie sich sein Gegenüber fühlte oder welche Meinung er beziehungsweise sie vertrat. Sie gaben außerdem äußerlich etwas vor, was sie in Wirklichkeit nicht waren. Und das Augenscheinlichste war, dass sie mir persönlich nicht gut taten. Der Kontakt mit ihnen erzeugte ein unangenehmes Gefühl. Bei anderen Leuten mochte das Empfinden unterschiedlich sein, aber ich persönlich fühlte mich unwohl in ihrer Gegenwart. Jeder war mir auf seine Art zutiefst unsympathisch.

Leider ließ sich die Begegnungen mit solchen Unsympathen nicht immer vermeiden, weder im Job noch im Alltag. Warum ging ich aber noch höflich mit ihnen um? Sie taten es doch auch nicht mit mir, ärgerte ich mich kurz.

»Ändere die Situation oder die Einstellung« lautet ein Sprichwort. Im Fall des unsympathischen Physikers wäre ich frei gewesen zu gehen. Die Scheiß-egal-Einstellung – linkes Ohr rein, rechtes wieder raus – wäre auch eine machbare Alternative gewesen. Ich hatte mich aber stattdessen auf das Spiel des Physikers eingelassen und mich aufgerieben, emotional eingebracht und provozieren lassen. Am Ende hatte ich nichts gewonnen, aber mich wieder einmal schlecht gefühlt.

Dabei hielt ich beide Optionen des Sprichwortes in meinen Händen. Nur das richtige Zuordnen und in die Tat umsetzen, das musste ich noch lernen: die Situation zu ändern oder eben doch nur meine persönliche Einstellung.

Ich war es leid, mich an solchen Menschen sinnlos aufzureiben, mir unnötige Gedanken über sie zu machen oder einfach meine Zeit mit ihnen zu verplempern. Sie raubten mir die Kraft und Aufmerksamkeit, die ich brauchte, um mich auf Wesentliches konzentrieren zu können. Außerdem lenkten sie mich von dem ab, was sich tatsächlich lohnte, ausgetragen oder vorangebracht zu werden. In Zukunft wollte ich den Spielraum, in dem sie sich in meinem Leben bewegen durften, mitbestimmen.

Ich schüttelte ungläubig den Kopf. Was für ein Rotzlöffel.

Ingo hatte seinen ersten Termin beim Psychiater gehabt. Nach seiner
Rückkehr erzählte er mir völlig aufgebracht von seinem schrägen Arzt,
den er Rasputin getauft hatte, und der seine Beschwerden hauptsächlich medikamentös zu beheben versuchte. Es war auch keine Rede
von einer Gesprächstherapie gewesen. Ingo hatte sich in Gegenwart
des Arztes unwohl gefühlt, berichtete er aufgebracht und verwirrt. Es
schien so, als ging es ihm nach dem Temin noch schlechter als vorher.

Uns beschlich das Gefühl, dass die Wahl eines Psychiaters vielleicht nicht die richtige gewesen war. Wäre ein Psychologe in Ingos
Fall der bessere Ansprechpartner für die Behandlung eines Burn-
out gewesen? Wir wussten es nicht, kannten noch nicht einmal den
Unterschied zwischen den Fachrichtungen. Kopflos war er zum Psychiater gegangen, aber auch nur, weil jemand anderes ihm den Arzt
empfohlen hatte. Seine eigene überlegte Wahl war es nicht gewesen.

Ingos Psychiater war nach dem ersten Termin mit Ingo in einen
sechswöchigen Urlaub verschwunden und meine Angst kehrte wieder zurück, dass die Situation außer Kontrolle geraten könnte.

Wieder tauchte in meinem Kopf dieser eine Abend auf, der sich als
Schlüsselszene für Ingos Krankheit herausgestellt hatte: Ich sah ihn
eines Abends auf unserem Bett liegen. Die kleine Lampe auf seiner
Seite des Bettes schien über sein nasses Gesicht. Dieses Mal weinte er
keine lautlosen Tränen oder hielt sie kämpferisch zurück, sondern er
schluchzte herzzerreißend laut. Sein gesamter Körper schüttelte sich
heftig unter den Weinkrämpfen. Dabei war ihm sein abnehmender
Energiepegel ins Gesicht geschrieben. Die sonst immer neugierigen, glücklich aussehenden Augen hatten ihren Glanz verloren. Sie
wirkten matt und müde, umschattet von tiefen Augenringen und
Tränensäcken. Seine graue Hautfarbe glich der eines alten Mannes,
der seit langem keinen einzigen Sonnenstrahl auf der Haut gespürt
hatte. Ingo, als großer Liebhaber des Essens, hatte an Gewicht verlo-

ren. Sein Äußeres war das Spiegelbild seines Inneren. Er lag weinend auf dem Bett und wirkte, obwohl ich bei ihm war, völlig alleine. Ich konnte ihn nicht mehr erreichen.

Bei diesem Anblick zog sich mein Magen zusammen. Seit langem hatte ich nicht mehr eine solch tief sitzende Angst gespürt. Ich fühlte mich völlig hilflos. Mein eigenes Leben war schon von Notlagen gestreift worden, aber es war immer beängstigend, wenn eine Situation zum ersten Mal auftrat. Das neue Muster lag in meinem Kopf nicht abgespeichert vor. Ich stand nun wie eine Statistin hilflos neben dem Geschehen und wusste nicht, was zu tun war.

Mich beschäftigten plötzlich Gedanken und Ängste, die ich nicht aus der Luft griff oder hochstilisierte. Sie waren mittlerweile sehr wahrscheinlich geworden: Würde Ingo den Tag ohne körperlichen Zusammenbruch überstehen? Könnte er plötzlich in der Nacht mit starken Schmerzen in der Brust aufwachen oder leise im Schlaf sterben? Eine nicht abschätzbare Bedrohung hing über ihm. Der Körper war schlau genug, um ein Ventil zum »Dampfablassen« zu finden. Wie lange konnte sein Körper dem Druck noch standhalten? Wir selbst kannten bereits Personen, die einen Herzinfarkt oder Schlaganfall erlitten hatten, mit Vierzig und damit in Ingos Alter.

Obwohl die Endlichkeit des Lebens soweit von unserem scheinbar gesunden und jungen Leben entfernt war, schlich sie sich in diesem Moment in meine Gedanken.

Mit dem heutigen, erfolglosen Termin beim Psychiater schienen wir wieder am Anfang zu stehen. Die Gefahr war offensichtlich nicht gebannt. Sein Hausarzt hatte ihn zwar krankgeschrieben, aber die Symptome des Burn-out wurden noch nicht behandelt, geschweige denn den Ursachen auf den Grund gegangen. Ingo und ich diskutierten stundenlang, was wir tun sollten und drehten uns am Ende nur noch im Kreis, ohne wirklich eine sinnvolle Lösung gefunden zu haben.

Es war mittlerweile schon weit nach Mitternacht. Ich legte mich erschöpft schlafen. Am nächsten Morgen würde ich wieder einigermaßen erholt arbeiten müssen. Die letzten Monate hatten einer rasanten Achterbahnfahrt geglichen, die auch an mir nicht spurlos vorbei gegangen war. Ich hörte Ingo noch leise in der Küche herumpoltern, bevor ich innerhalb von Sekunden eingeschlafen war.

Irgendetwas riss mich ruppig aus dem Schlaf. Lange konnte ich noch nicht geschlafen haben, zumindest fühlte ich mich aus meiner Tiefschlafphase aufgeweckt. Ich musste kurz meine Gedanken sortieren, um zu wissen, wo ich war: Ich lag nicht in meinem vertrauten Bett im Schlafzimmer, sondern auf einer Matratze am Boden. Das Schlafzimmer lag am anderen Ende des Flurs und war, wie die Hälfte unserer Wohnung, zurzeit eine Großbaustelle. Unsere Mietwohnung war durchsetzt von Hausschwamm und musste grundsaniert werden. Der Putz wurde von allen Wänden abgeschlagen und von Schwamm durchfressenes Holz wurde herausgerissen. Im Boden klafften große Löcher, die den Blick in die untere Wohnung zuließen. Obwohl alles abgeklebt war und wir uns durch herunterhängende Plastikfolien den Weg durch die Wohnung bahnten, lag auf allen Gegenständen ein feiner grauer Staubfilm. Ingo setzte mit seinem Burn-out inmitten dieses Chaos dem Ganzen gewissermaßen das Krönchen auf.

Ich richtete mich von der Matratze auf. Aus dem anliegenden zweiten Wohnraum schien Licht. Die Deckenlampe war angeschaltet und erhellte den Raum. Ingo stand an der offenen Balkontür und schaute in die Nacht. Allerdings nicht mit der gewohnten Ruhe, mit der er ansonsten auf die Elbe oder auf die vorbeifahrenden Schiffe schaute.

»Der spinnt doch. Tickt der nicht mehr richtig?«, schimpfte er laut vor sich hin. Dabei gestikulierte er wild mit den Armen.

Als ich auf ihn zutrat, knarrte der alte Holzboden unter meinen nackten Füßen. Er richtete seinen Blick auf mich, hielt mir einen weißen Zettel vor das Gesicht und fluchte: »Der kann mir doch nicht so einen Mist geben.« Ingo fuhr sich mit der Hand durch das kurze Haar. Immer und immer wieder, so als wollte er böse Geister aus seinem Kopf vertreiben. Tiefe Falten zerfurchten sein müdes Gesicht. Der Ausdruck glich einer Karikatur seiner selbst.

Verwundert sah ich mich in unserem Wohnzimmer um, aber konnte nichts Außergewöhnliches entdecken. »Was ist das?« Ich nahm ihm den Beipackzettel eines Medikaments aus der Hand und fing an zu lesen.

»Das kann er doch nicht machen. Das geht doch nicht.« Wie ein Mantra wiederholte Ingo beharrlich und unablässig die gleichen Sätze. »Das kann er doch nicht machen. Das kann er doch nicht mit mir machen.«

Vor meinen Augen verschwamm das Kleingedruckte auf dem Beipackzettel. Ich setzte die einzelnen Buchstaben zu Wörtern zusammen, aber sie ergaben keinen Sinn. Der entrissene Schlaf umnebelte noch meine Augen und das klare Denkvermögen. Ich las einen Firmennamen, den ich nicht kannte und den Namen eines Medikaments, der mir ebenfalls nichts sagte. Der Wirkstoffname war lang und reichte von der linken bis zur rechten Seite des Zettels. Ich konnte das jetzt nicht alles lesen und verstehen schon gar nicht. »Was ist das?«, gähnte ich müde.

Ingo fing an, in Unterhose und T-Shirt unbestimmt durch den Raum zu hetzen. Nach einigen Metern wechselte er die Seite, wie ein klaustrophobisches Tier in einem Käfig.

Meine Frage an ihn schien gar nicht bis in sein Bewusstsein vorgedrungen zu sein. Also stellte ich sie noch mal. »Ingo, was ist mit dir los?«

Keine Antwort.

Plötzlich war ich hellwach. Ich legte den Beipackzettel auf unseren großen Tisch. Erst jetzt sah ich, dass zwei Medikamentenpackungen aufgerissen darauf lagen. Im durchsichtigen Plastik steckten reihenweise farbige Tabletten. Einige waren durch die Aluminiumschicht heraus gedrückt worden, hier fehlte die Farbe der Pillen. Ein weiterer Beipackzettel lag zerknüllt und achtlos weggeworfen daneben.

Ich bewegte mich langsam auf Ingo zu, der immer noch in kleinen Runden durch das Wohnzimmer hetzte. Es sah nicht so aus, als würde er jemals wieder anhalten wollen. Deshalb ergriff ich seine Hände. Er ließ sich widerstandslos festhalten und schaute hoch. Er starrte mich mit weit aufgerissenen Augen und riesigen Pupillen an. Ein kalter Schauer lief mir über den Rücken, weil die Augen so nichtssagend und fremd wirkten. Ich konnte mir nur erklären, dass die Medikamente ihnen das Aussehen gegeben hatten.

»Rasputin, mein Psychiater, hat mir nach meiner Sitzung diese

Medikamente gegeben.« Dabei erhob Ingo seinen Zeigefinger und wies auf die Medikamentenpackungen. »Er hat mir dazu nur erklärt, dass ich jeweils eine Tablette vorm Schlafengehen nehmen soll. Also habe ich vorhin die Dosierungsanleitung gelesen und sie beide entsprechend eingenommen.«

Ich verstand überhaupt nichts mehr. »Aber das ist doch gut. Warum bist du denn so aufgeregt?«

»Wegen dieser komischen Dinger hier. Ich habe jetzt alles auf dem Beipackzettel gelesen.« Er zeigte wieder auf die Pillen. »Das will ich nicht. Ich wollte doch nur wieder schlafen. Ich bin nicht antriebslos, ganz im Gegenteil. Ich wollte endlich wieder schlafen.«

Irgendwie kam ich nicht weiter. Etwas verängstigte ihn und machte ihn fast hysterisch. So hatte ich ihn noch nie erlebt. Langsam steigerte sich meine Angst. Ich hielt ihn immer noch an den Händen fest. Hinter ihm stand die Balkontür weit offen. Es drang frische Nachtluft herein, aber irgendwie wollte ich sie so schnell wie möglich schließen. Ich ließ Ingos Hände los, ging um ihn herum und schloss energisch die beiden Glastüren gegeneinander.

Ingo setzte seinen Marsch durch das Wohnzimmer fort.

Fassungslos stand ich daneben. High and Fly, dachte ich erschüttert. Ich musste mir die Ernsthaftigkeit ins Gedächtnis rufen, denn die Situation mutete wirklich skurril an. Ich sah einen völlig abwesenden Menschen zwischen aufgestapelten Bananen-Kartons, inmitten von Taschen und Koffern, provisorisch aufgebauten Kleiderständern und Bergen von Klamotten umherirren. Alle Gegenstände waren wegen der Bauarbeiten in unserer Wohnung in diesem einen Zimmer bis zur Decke hochgestapelt worden. Und inmitten dieses grenzenlosen Chaos veranstaltete Ingo heute Nacht einen kleinen Feldversuch mit seinen neuen Psychopharmaka.

Ich verstand nicht, warum sein Psychiater ihm zwei unterschiedliche Medikamente mitgegeben hatte, die er gleichzeitig einnehmen sollte. Im Umgang mit dieser Art von Medikamenten war Ingo bis dato völlig unbefleckt gewesen.

Einen »Upper«, um morgens synthetisch in den Arsch getreten und einen »Downer«, um abends wieder gezügelt zu werden, leuchteten mir irgendwie ein. Für weltweit ausgebrannte Manager war ja das

Frühstück mit einer Pille »Prozac« bereits salonfähig und zu einem medizinischen Verkaufsschlager geworden.

»Doppelt hält besser«, funktionierte bei Ingo jedoch gar nicht. Er zeigte mit seinem Burn-out nicht die häufig erkennbaren Depressionsmerkmale von Antriebslosigkeit. Ihn noch mehr anzutreiben war, wie ich es gerade miterleben konnte, verhängnisvoll. Anstatt dass er mit Hilfe der Pillen beruhigt wurde, knallte er nun mitten in der Nacht wie eine doppelt gezündete Rakete durch unsere Zimmerdecke.

Ich kannte mich nicht aus, wusste nicht, welche Nerven mit den Medikamenten beeinflusst werden sollten. Aber ich ahnte, dass die jetzige Wirkung nicht brauchbar war. Ingos Psychiater Rasputin hatte wohl das medizinische Standardprogramm für Depressionen abgespult, bevor er sich in seinen unbeschwerten Sechs-Wochen-Urlaub verflüchtigt hatte. An unsere kommenden sechs Wochen dachte ich mit Grauen.

Ich schob Ingo sanft ins andere Zimmer auf unsere Matratzen und legte mich ganz dicht neben ihm. Das Licht traute ich mich nicht auszumachen. Denn nun wanderten nicht mehr nur seine Beine, sondern auch seine Augen ziellos durch den Raum, ohne etwas Bestimmtes zu fokussieren. Er war so überreizt und aufgedreht, dass ich ihn kaum im Arm halten konnte. Die Arme und Beine wühlten sich unruhig ins Bettlaken. Andauernd drehte er sich von der einen auf die andere Körperseite, drückte sein Kissen unter den Kopf, um es danach wieder wegzuschupsen.

Ich startete hilflos mit dem Aufsagen meines Mantras: »Alles wird gut, Ingo.« Immer wieder beruhigte ich ihn und mich selbst. Dabei streichelte ich ihm über seinen heißen Kopf. Sein Körper glühte vor Aufregung und Anspannung.

»Ingo, versuch doch zu schlafen«, redete ich ihm ruhig ein. »Mach deine Augen zu. Alles wird gut.«

»Das versuche ich doch schon die ganze Zeit.« Er betrachtete mich mit aufgerissenen Augen, bis sich seine oberen Lider langsam senkten und auf die unteren legten. Für einen kurzen Moment atmete ich erleichtert auf. Es hieß doch immer »sich gesund schlafen«.

Plötzlich riss Ingo seine Augen ruckartig wieder auf. Die zurückgeschlagenen Lider versenkten sich vollständig in die Augenhöhlen.

Seine Augen hatten die doppelte Größe des Normalzustands eingenommen. Gut, dass die Kugeln an irgendwelchen Bändern hingen und mir nicht mit Überdruck entgegen springen konnten. Er blinzelte nicht und starrte mich an. »Das versuche ich ja schon seit Stunden. Aber die Augen gehen immer wieder auf.«

Seine Augen glichen den Glasaugen einer Puppe, die sich beim Heben und Senken des Puppenkörpers öffneten und schlossen. Nur lag neben mir keine handliche Puppe, deren gelenkige Gliedmaßen ich spielerisch verbiegen konnte. Und seine Augen öffneten sich, auch ohne dass er aufstand oder hoch gehoben wurde.

»Die gehen wieder auf. Die gehen einfach immer wieder auf«, beschrieb mir Ingo seine Augenfunktion.

Die Nacht war lang. Stunden über Stunden spielten wir das Augen-auf-Augen-zu-Spiel. Sein Körper lag in meinen Armen und wurde mit jeder Stunde ruhiger. Die Angst flaute in mir ab. Die Wirkstoffe der Psychopharmaka wurden allmählich abgebaut. Seine Augen blieben länger geschlossen, bis er sie gar nicht mehr aufriss. Er war eingeschlafen und die geisterbahntaugliche Showeinlage für diese Nacht beendet.

Ich wünschte mir auch eine kleine Mütze Schlaf, bevor die Sonne aufging und zumindest ich zur Arbeit gehen musste. Aber meine Gedanken geisterten noch zu sehr herum, als dass der erholsame Schlaf mich einfangen konnte.

Ich war fest entschlossen, jetzt dringend die Hilfe eines anderen Fachmanns in Anspruch zu nehmen. Ingo musste einen Menschen finden, dem er vertraute, dem er sich öffnen konnte und bei dem die zwischenmenschliche Chemie stimmte. Diese Person hatte er mit seinem Psychiater Rasputin offensichtlich nicht gefunden. Wir durften jetzt nicht den Fehler begehen am Erstbesten festzuhalten, sondern mussten uns aktiv auf die Suche begeben.

Aber uns fehlte einfach die Erfahrung im Bereich der psychologischen Behandlungen. Und Ingo hatte seinen Hausarzt dazu auch noch nicht befragt. Wir wussten niemanden in Hamburg, der uns brauchbare Tipps für die Auswahl eines Arztes und die Vorgehensweise bei einer Behandlung geben konnte. Niemand, den wir kannten, schien wegen eines Burn-out in psychologischer Behandlung zu sein.

Wahrscheinlich lag es aber auch an uns selbst, dass keiner mit uns darüber sprach. In der Anfangsphase waren wir selbst nicht offen mit dem Thema umgegangen. Wir hatten den stillen Wunsch gehegt, dass alles bald wieder besser und »normal« werden würde.

In den nächsten Tagen, nahm ich mir fest vor, würden wir uns erst einmal über die Möglichkeiten der verschiedenen Behandlungsformen informieren und herausfinden, wo der grundliegende Unterschied zwischen einem Psychiater und einem Psychologen bestand. Das hätten wir schon viel früher tun sollen. Ingo hatte genug 0815-Behandlungen, bittere Kräutertees, teure Vitaminpräparate, dilettantische Hausfrauenweisheiten und psychedelische Erfahrungen erlebt.

Und mein Bedarf an angstvollen Nächten und sorgenreichen Tagen war auch gedeckt. Ich wollte nicht mehr wie ein Hase in der Ecke sitzen und gelähmt abwarten, bis Hilfe vom Himmel fiel. Beim Gedanken an den unendlichen Himmel und was aus ihm herausfallen könnte, musste ich an die Comicfiguren Asterix und Obelix denken. Über ihre Angst, dass ihnen der »Himmel auf den Kopf fallen« könnte, konnte ich in unserer Situation nur lächeln. Diese Furcht würde ich in Kauf nehmen. Aber alle anderen wollte ich nicht mehr zulassen oder einfach hinnehmen! Es gab unverrückbare Umstände und Krankheiten, aber Ingos zählte ich nicht dazu. Noch lange nicht.

Mit dem Bild der unerschrockenen Comichelden schlief ich endlich ein.

**Birte** Angst **Besorgnis** Einschüchterung **Kollektivangst**
**Vergnügungspark** Kontrollen **Grenzstadt**
Scheinwerfer **Waffen** Informationen **WilderWesten** | freigelassen USA Spätsommer

**M**eile um Meile hatten wir uns aus dem hohen Norden kommend entlang der Westküste dem südlichen Ende der USA genähert. Wir hatten südlich von Los Angeles einen Abstecher ins Landesinnere in die Wüsten gemacht und waren nun auf dem Weg zurück zum Pazifik und zur mexikanischen Grenze.

Ingo und ich fuhren auf einer dieser kurvenlosen Straßen ohne Verkehr, die sich hervorragend eigneten, um die eigenen Gedanken schweifen zu lassen. Ich ließ die letzten Monate in den Vereinigten Staaten von Amerika Revue passieren: Wir mochten die Vielfältigkeit und die unterschiedlichen Landschaften der USA, ebenso wie die vegetationslosen Wüsten, die weiten Strände und die üppigen Wälder. Wir hatten wunderschöne Momente in der Natur erlebt und die Städte größtenteils umfahren. Interessante Städte hatten wir in Europa reichlich.

Besonders in der Natur war uns die Disharmonie und Widersprüchlichkeit der Vereinigten Staaten aufgefallen. Auf der einen Seite bestand eine besondere Nähe zur Natur, schon aufgrund der Weite des Landes. Aber auf der anderen Seite lebten die Bewohner in ihren zivilisatorischen Lebensräumen in ausnahmslos künstlicher Atmosphäre. Die Gegensätze prallten augenscheinlich aufeinander. Viele Einheimische hatten sich vollständig von der Natur abgegrenzt, was für uns unverständliche Verhaltensweisen hervorbrachten. So führten geteerte Straßen in den Nationalparks direkt bis zu den natürlichen Besonderheiten, wie Felsformationen, Wasserfälle oder Mammutbäume. Dort parkten dann die Autos so nah an der Sehenswürdigkeit, dass die Besucher aus ihren Autos heraus die Natur fotografieren und dann ohne jegliche Berührung weiterfahren konnten. Vorher überschlugen sie sich jedoch mit Ausdrücken wie »gorgeous, terrific, excellent« in allen Stimmlagen, die eine menschliche Kehle hervorbringen konnte.

Für unseren Geschmack war das Pathos der Amis, ihre theatralische Artikulation, in vielen Situationen eine Nummer zu dick aufgetragen.

Insgesamt fühlten wir uns in den USA von den Einheimischen willkommen. Es gab viele Gründe, warum besonders wir positiv betrachtet wurden: Die Amis schätzten deutsche Dinge, ob es sich nun um deutsche Technik handelte, um Kultur oder so etwas Banalem wie die »german Autobahnen« und vor allem die »german Gemütlichkeit«. Viele kannten unsere Heimat aus ihrer eigenen Stationierungszeit auf Militärstützpunkten. Sie fingen entzückt zu quietschen an, wenn sie sich an die deutschen Fachwerkhäuser oder einen Besuch im traditionellen Biergarten erinnerten. Außerdem steckten die Wurzeln vieler US-Amerikaner in Deutschland oder Europa. Beim kräftigen Schütteln der Stammbäume fiel immer irgendetwas Brauchbares heraus, auch wenn es nur der Name Muller ohne Pünktchen war. Wenn wir ihnen von unserer Tour erzählten, ernteten wir häufig gönnend ein »good for you«. Diese motivierende Bestätigung hatten wir selbst in Deutschland kaum gehört.

Für Ingo und mich, als Touristen, fühlten sich die USA wie ein übergroßer Vergnügungspark mit dreihundertzehn Millionen Besuchern an. Aus allem, vom raubeinigen Alaska bis ins sonnenverwöhnte Kalifornien, wurde, auch wenn es nichts Aufregendes gab, eine Attraktion gemacht. Im ganzen Land sollte sorgenfreier Zeitvertreib mit Frohsinn, Belustigung und Zerstreuung herrschen. Die Sehenswürdigkeiten vermittelten das Größte und Beste der Welt zu sein. Die Wegführungen und Beschilderungen leiteten die Besucher idiotensicher durch diese Sehenswürdigkeiten, so dass das Nachdenken überflüssig wurde. Das Fast-Food und die braune Rülpsbrause fuhren noch stundenlang im Magen weiter Karussell, selbst wenn die Gäste schon längst den Tummelplatz verlassen hatten. Alles sollte GREAT sein, fast immer und überall. Der Song »The show must go on« brannte sich uns, beim Gedanken an dieses Land, unvergesslich ein. In Sachen Show und Auftritt waren die US-Amerikaner unschlagbar. Sie hatten es einfach drauf, nicht nur auf der Bühne. Ich fragte mich immer wieder, ob die Show hauptsächlich für uns Ausländer aufgefahren wurde oder doch für die Einheimischen selbst?

Denn kratzten wir an der Oberfläche aus Spektakel und Vergnügen, dann offenbarte sich gleichzeitig ein latentes Gefühl von Besorgnis bei den Einheimischen. Sie waren nicht so unbeschwert, wie es scheinen sollte. Es gab für sie immer einen Grund ein energisches »Vorsicht!« oder »Achtung!« auf den Lippen zu hegen, in den banalsten Situationen ebenso wie in wichtigen. Sie warnten uns vor Dingen wie vor steilen Bergpässen, die wir selbst mit einem alten VW-Käfer bewältigt hätten. Sie warnten uns vorm Verdursten in der Wüste und vorm Stolpern in der unwegsamen Natur. Als ich einen Scherz über ihren Präsidenten machte, verstummte ein älteres Paar und flüsterte uns zu, wir sollten vor der Homeland-Security, ihrem Heimatschutzministerium, aufpassen. Die würden keinen Spaß verstehen, wenn es um den Schutz der US-amerikanischen Bevölkerung und des Staatsgebiets vor terroristischen Bedrohungen ging. Ich war eingeschüchtert, denn ich hatte doch nur einen harmlosen Witz machen wollen. Ich machte deshalb auch keinen mehr darüber, dass uns wie im Comic Asterix und Obelix der »Himmel auf den Kopf fallen« könnte. Denn dann hätten sie sich sicherlich in ihren Häusern mit einer Tonne an Vorräten verbarrikadiert.

Hielten wir beim Essen die Gabel in der einen Hand und das Messer in der anderen, aßen die Einheimischen einhändig. Wir witzelten mit einem US-amerikanischen Freund darüber, der uns das einhändige Essen so erklärte, dass der imaginäre Colt lässig auf dem Oberschenkel im Anschlag unterm Tisch lag, während die andere Hand mit der Gabel im Essen stochern konnte. Die Entstehungsgeschichte aus der Zeit des Wilden Westens – eine raue Zeit – leuchtete uns ein. Vielleicht wollte er uns mit dieser kuriosen Geschichte aber auch nur veräppeln und uns unsere eigenen Vorurteile unter die Nase reiben.

Hatten wir vielleicht nur zu viele kindliche Flausen im Kopf, wohingegen die Amis die Ernsthaftigkeit des Lebens längst verstanden hatten?

Wohl kaum. Die Besorgnis gehörte im Kleinen wie im Großen zur Tagesordnung. Die Machtinhaber des Landes trichterten ihren Einwohnern das unterschwellige Angstgefühl systematisch ein, indem sie ihnen eine Dauerbedrohung suggerierten. Wir selbst spürten die durch extreme Kontrollen bei den Grenzübertritten und selbst bei Fährfahrten. Die Präsenz an bewaffneten Uniformierten war immens. Es wurde das subtile Gefühl vermittelt, dass irgendein ausländischer Bösewicht, sprich Terrorist, etwas Schlimmes im Schilde führte. Wenn nicht in einer konkreten Situation, dann doch an einem anderen Ort und bestimmt in der nahen Zukunft. Die umfangreichen Kontrollmechanismen stellte deshalb auch kaum einer mehr in Frage.

Die Bewohner sollten ständig auf der Hut sein, was Präsident George W. Bush in seinen Reden an die Bevölkerung wie bei einer Drehorgel unablässig herunterleierte. Sprachen die Mächtigen des Landes vielleicht pauschal so viele Warnungen aus, weil sie wussten, wie viel Dreck sie am Stecken hatten?

Dabei ging es in den Warnungen nicht darum, eine gesunde Angst vor Gefahren zu entwickeln. Diese Mahnrufe schüchterten statt dessen ein und machten gefügig. Die Einwohner sollten sich vor absurden Hirngespinsten ängstigen, deren statistische Wahrscheinlichkeit gering war. Die greifbaren realen Quellen für Angst traten hinter die unkonkreten.

Trauten wir den nüchternen Zahlen der Kriminalstatistik, dann fuhren wir tatsächlich über ein heißes Pflaster: Die USA sind in vielen Dingen Spitze, auch in der Anzahl ihrer Millionen Gefängnisinsassen, Freigänger, Kriminellen und Vorbestraften. Auch der Gedanke, dass jeder Erwachsene mindestens eine Pistole oder ein Gewehr unter seinem Kopfkissen oder im Handschuhfach liegen haben könnte, schüchterte ein. Wir machten uns deshalb eher Gedanken über Unberechenbare mit einer Waffe in der Hand als über terroristische Bomben in irgendwelchen Rucksäcken. Die Statistik gab uns Recht. Aber die schnörkellosen Fakten schienen ansonsten niemanden zu interessieren.

Nach unserem Abstecher ins Landesinnere waren wir nun in einer der südlichsten Grenzstädte am Pazifik angekommen. Von diesem Nachbarort San Diegos konnten wir bereits die mexikanische Stadt Tijuana mit ihrer gigantischen, im Wind flatternden Nationalflagge erblicken. Wir wollten nur noch einige Tage in den Vereinigten

Staaten verbringen und dann in den lateinamerikanischen Teil des Kontinents eintauchen.

An einem Morgen schlenderten wir durch den US-amerikanischen Grenzort, als wir das Schild einer kleinen Touristeninformation entdeckten. Wir betraten das Büro und prallten dabei gegen eine Wand aus klimatisierter Kälte und Frauenparfüm. Eine gepflegte Mitarbeiterin mittleren Alters, im eleganten Hosenanzug und leicht toupierten Haaren begrüßte uns überschwänglich mit »Hiiiiiii. How are you?«

Unsere Frage nach einer Internetmöglichkeit und der Wäscherei in der Stadt, beantwortete sie, indem sie einen Plan hervorzog und die staatliche Bibliothek für die Internetbenutzung und den Waschsalon darauf markierte.

»Wir suchen außerdem eine Straßenkarte vom Norden Mexikos. Kann ich die bei Ihnen bekommen?«, fragte ich sie freundlich. Ingo stand bereits vor den anderen Prospektständern und schüttelte den Kopf, weil er bei der Suche nach einer Straßenkarte nicht fündig geworden war.

Auf meine Frage verschlug es der Frau regelrecht die Sprache. Ich überlegte schnell, welche bösen Wörter ich in meinem kurzen Satz benutzt hatte. Die langen, rot lackierten Fingernägel hatten aufgehört, freudig mit den harten Nagelspitzen auf den Tresen zu tippen. Ihre zuvor verschwenderischen Gesten wirkten eingefroren, ebenso wie ihre Miene. Dabei hatte ich die goldenen Benimmregeln für die USA, nicht über Religion, Sex oder Politik zu sprechen, nicht mal ansatzweise gestreift. Ich war verwirrt.

»Was möchten Sie haben?«, fragte sie zurück.

Ich hatte das Gefühl, dass meine banale Frage eine kleine Erklärung gebrauchen könnte und holte aus: »Wir werden in ein paar Tagen mit unserem Camper über die Grenze nach Mexiko reisen. Wir besitzen nur eine sehr oberflächliche Karte. Und wir dachten, weil wir uns ja schon fast in Mexiko befinden, dass wir in einer Touristeninformation bestimmt eine brauchbare Straßenkarte von Mexiko finden würden.«

»Sind Sie verrückt geworden?«, schlug es mir im höflichen Ton um die Ohren. »Mexiko ist extrem, extrem gefährlich. Sie sollten auf gar keinen Fall dorthin fahren.« Bei dem Wort EXTREM schlug sie demonstrativ ihre dickgetuschten Wimpern nach unten, um die

Wirkung zu verstärken.

Nach einer kleinen Pause sagte Ingo freundlich zu ihr: »Durch die Grenzstadt Tijuana werden wir auch nicht fahren. Wir wollen uns erst einmal an der Grenze in Richtung Osten bewegen, um dann den nächsten entspannten Grenzübergang zu nehmen«. Er guckte mich von der Seite an. Das war ja nicht das erste Mal, dass uns Angst eingejagt werden sollte. Irgendeiner dieser vielen Millionen Einwohner reagierte immer etwas über. Bei der Informationspolitik war das auch nicht verwunderlich. Die moralisch eingefärbten Parolen wie »Kampf dem Terrorismus« oder »Kampf den Drogen« hingen ständig und überall in der Luft. Irgendwann hatten sich diese Floskeln auch als Gedankenachse im Kopf jedes einzelnen Bürgers fest einbetoniert und schienen unverrückbar geworden zu sein.

Bei Privatpersonen konnten wir die Angstmache noch nachvollziehen. Aber unsere Touristenfachfrau verkörperte eine offizielle Stelle, in der sie nicht ihre persönliche Meinung kundtun sollte. Zumindest sahen wir das so, da sie schließlich mit ihrer Äußerung über hundertdreizehn Millionen Mexikaner urteilte!

Ich präzisierte unsere Reiseroute. »Wir werden mit unserem Camper bis nach Patagonien in Südamerika fahren.« Dabei lächelte ich sie zuckersüß an, um die Stimmung nicht kippen zu lassen.

Ihr rot umrandeter Mund stand offen. Der amerikanische Kontinent schien für sie auf dieser Seite der Grenze zu enden. »Sie werden sicherlich überfallen – und Sie«, dabei drehte sie ihren Kopf noch weiter zu mir, »werden vergewaltigt. In ganz Mexiko herrscht ein erbitterter Drogenkrieg. Es ist absoluter Wahnsinn, überhaupt nach Mexiko zu fahren.«

Ich musste an einen Artikel denken, den ich gelesen hatte. Darin wurde berichtet, dass die US-Regierung besonders in der US-amerikanischen Grenzregion zu Mexiko die Parole »Kampf den Drogen« zusätzlich hochstilisiert wurde. Das Hauptaugenmerk lag jedoch auf dem Kampf gegen die Bezugsquellen in den Anbaugebieten der mittel- und südamerikanischen Länder und nicht auf den Beweggründen der Konsumenten im eigenen Land. Bedingte das Drogenangebot die Nachfrage oder war die Nachfrage der Konsumenten der Grund für das Angebot? Ich hielt lieber den Mund und fing darüber keine

Diskussion an.

»Sie haben also keine Straßenkarte von Mexiko?«, stellte ich meine Frage immer noch freundlich in Richtung rot lackierter Parfümwolke. Ihre Antwort lautete: »Nein, natürlich nicht.« Ihre persönliche Mission, uns von Mexiko fernzuhalten, gab sie jedoch nicht so schnell auf. Sie erzählte uns daraufhin von allen Verwandten und Freunden von Verwandten, denen bereits etwas Schlimmes in Mexiko widerfahren war. Ihr selbst nicht, aber allen anderen.

Wir besänftigten sie mit unserem Wissen über die Bandenkämpfe im Drogenmilieu, die viele Todesopfer forderten. Die waren unserer Meinung nach allerdings so weit von uns entfernt wie unsere Touristenfachfrau selbst von eigenen Erfahrungen in Mexiko. Wir wollten einen großen Bogen um alles Gefährliche, besonders in den Grenzstädten, machen, was ich ihr auch sagte. Die Kriminalitätsrate in Grenznähe war unbestritten hoch. Nachts hatten wir bereits die Patrouillenboote und Polizeihubschrauber gesehen, die mit Scheinwerfern den Pazifik nach Flüchtlingen oder Schmugglern absuchten. Das Missverhältnis zwischen arm und reich, Hoffnung und Enttäuschung, Industriestaat und Schwellen- bzw. Entwicklungsland wurde durch die hellen Strahlen der Suchscheinwerfer noch deutlicher. Allerdings wollte sie von den heiklen Themen wie Geld-, Drogen- und Menschenschmuggel nichts hören. Auch nichts davon, dass wir uns inmitten der kalifornischen Gemüsefelder zwischen spanisch sprechenden Arbeitern sowieso schon wie jenseits der Grenze gefühlt hatten.

Ich nahm nach wenigen Minuten den Stadtplan vom Tresen und dankte der Frau für ihre Hilfe. Mit dem Zusammenfalten und Verstauen des Zettels in meiner Bauchtasche signalisierte ich das Ende des Gesprächs.

Die Frau wünschte uns daraufhin breit lächelnd: »Eine schöne Reise.«

Wir traten auf den Bürgersteig. Die Strahlen der kalifornischen Sonne wärmten meine Haut, auf der sich eine fröstelnde Gänsehaut abzeichnete. In meiner kurzen Hose und im T-Shirt war ich im klimatisierten Raum bis auf die Knochen ausgekühlt. Ich schlotterte vor Kälte und stellte mich in die pralle Sonne zum Auftauen. Die künstliche Eiseskälte war nur eines von vielem, dass die US-Amerikaner anscheinend ungefiltert und gedankenlos hinnahmen, dachte ich.

Wir gingen zu unserem Camper zurück und machten einige Besorgungen. Unser Fahrzeug mit deutschem Kennzeichen fiel auf und dementsprechend kommunikativ verhielten sich die Leute, die uns auf der Straße ansprachen. Aber sobald wir unser Reiseziel Mexiko nur widerwillig erwähnten, folgten bereits ungefragt Warnungen.

Als bei einem solchen Gespräch wieder die Wörter »Überfall, Mord und Terror« mit unserem nächsten Reiseland Mexiko in Verbindung gebracht wurden, wandten wir eine neue Strategie an: »Waren Sie denn selbst schon mal in Mexiko?«, stellte ich höflich die Frage an den Angestellten des Waschsalons, in dem wir unsere schmutzige Wäsche abgaben.

Es entstand eine kleine Pause zum Nachdenken.

»Ich selbst nicht, aber ich habe schon viele Geschichten gehört«, antwortete er ein wenig zögerlich.

Da war es wieder: Das Gefühl des Einzelnen, das sich nicht durch ihre eigenen Erfahrungen, sondern ausschließlich durch Instruktionen Anderer gebildet hatte. Es gab keinen greifbaren Ursprung für die gelernten Gefahrensignale und deren Folgen. In ihren Köpfen hatte sich ein fatales Angstmuster lediglich »vom Hörensagen« oder »auf Anweisungen« gebildet.

Der einzige weitere Kunde im Laden untermauerte die Worte des Angestellten: »Ich war einmal in Cancún im Urlaub. Das ist allerdings schon ein paar Jahre her.« Dabei drehte er beim Sprechen einen goldenen Siegelring am Finger. Der Weißkopfadler, das US-amerikanische Wappentier, war deutlich erkennbar, und stand wohl für irgendetwas Militärisches.

Ich fasste unser Gespräch noch einmal zusammen: »Sie beide kennen Mexiko also nicht wirklich. Und die Stadt Cancún, eine auf dem Reißbrett geplante und entstandene Touristenenklave am Karibischen Meer, kann wohl nicht für das gesamte Land stehen.«

Sie sagten nichts mehr, aber ihr Schweigen war Antwort genug. Dafür lächelnden sie uns still an und nickten zustimmend.

Einen letzten Tipp gaben die Männer in der Wäscherei Ingo noch mit auf den Weg: »Sie sollten sich auf jeden Fall bewaffnen, bevor

Sie nach Mexiko fahren. Ein Gewehrschuss zur richtigen Zeit kann nicht schaden«, fügte der Siegelringträger so salopp hinzu, als hätte er Ingo gerade eine neue Sehenswürdigkeit verraten. Das durchdringende Lächeln unterstrich den kumpelhaften, aber durchaus ernst gemeinten Ratschlag.

Ingo knuffte den Mann nach Cowboyart leicht gegen den Oberarm, lächelte ebenso freundschaftlich zurück, aber sagte nichts dazu. Amüsiert verabschiedeten wir uns und verließen den Waschsalon.

Wir gestanden uns allerdings gegenseitig ein, dass sich unsere Vorfreude auf Mexiko im Laufe des Tages durch die negativen Äußerungen ein wenig eingetrübt hatte. War uns etwas Wichtiges entgangen? Hatten wir vielleicht das Weltgeschehen und die Sicherheitslage in Mexiko in den Medien zu sehr vernachlässigt?

Die aufsteigenden Befürchtungen versuchten wir abzuschütteln, indem wir umgehend die öffentliche und hochmoderne Bibliothek ansteuerten, die geradezu vor Wissen, aber nicht vor Besuchern strotzte. Wir setzten uns mit unserem Notebook an einen Tisch und loggten uns in das globale World Wide Web mit seinem unschätzbaren Wert an Meinungs- und Informationsvielfalt ein.

Die Homepage des Auswärtigen Amtes mit dem bundesdeutschen Adler lud schnell hoch. Nicht, dass wir in den letzten Monaten alles aus dieser offiziellen Beratungsstelle gedankenlos hingenommen hatten. Wir wussten, dass es keinen pauschalen Schutz gab, aber die Tendenz der Sicherheitslage ließ sich doch ablesen. Zum Vergleich konnten wir noch die Seiten der Schweizer, Briten, Australier, anderer Staaten, unabhängiger Organisationen oder renommierter Tageszeitungen heranziehen.

Nachdem wir verschiedene Seiten im Netz aufgerufen hatten, flaute unsere vage Besorgnis vor Mexiko wieder ab. Sicherheitsrisiken wurden in Mexiko-City mit seinen fünfundzwanzig Millionen Einwohnern genannt, außerdem in einigen Grenzstädten, unter anderem Tijuana, die wir sowieso umfahren wollten. Es wurde von Kämpfen zwischen Drogenkartellen, korrupten Polizisten und Toten im Drogenmilieu berichtet. Es stand allerdings nicht mehr in den Empfehlungen als wir sowieso schon wussten oder uns der gesunde Menschenverstand sagte. Und wer, wie wir, in Länder reiste, in denen das materielle Wohlstandsgefälle gravierend war, hatte sich mit gewissen Verhaltensweisen, Zuständen oder Sicherheitsrisiken sowieso schon vor der Reise beschäftigt.

Ingo und ich konnten uns nun durch umfassende und überwiegend objektive Informationen eine eigene Meinung bildet. Unser deutsches Selbstbewusstsein kehrte mit der informellen Entwarnung zurück. Wir hatten gelernt, dass Angst so viel Raum einnahm, wie wir ihr selbst dafür ließen. Wir wollten ihr keinen Spielraum geben, zumindest nicht der unbegründeten Angst. Mit der Menge an realen Bedrohungen auf der Welt oder im eigenen Leben hatten wir genug zu bewältigen. Die behielten wir im Hinterkopf, aber sie standen nicht im Vordergrund. Wir freuten uns auf das, was vor uns lag: auf die aufregenden, fremden Kulturen und die jeweiligen Besonderheiten der lateinamerikanischen Länder und ihrer Menschen. Das positive Gefühl sollte auf unserer Reise überwiegen, nicht die Sorgen oder gar Ängste vor Eventualitäten. Eine gesunde Angst war gut und hilfreich, alles andere nicht. Und wenn wir konkret vor irgendetwas Furcht bekommen sollten, dann mussten wir aktiv Handeln, um das negative Gefühl wieder los zu werden.

Wieder kamen mir die Comichelden Asterix und Obelix in den Sinn. Ich flüsterte leise zu Ingo: »Die spinnen, die Amis.« Er grinste zurück.

Wenige Tage später fuhr wir über die Grenze nach Mexiko. Viva México!

**Ingo** Gesellschaft **Gartenzäune** Gardinen **Hundepipi**
**Krankschreibung** volle Hose **Stigma** Nuss
**Pinguinpfleger** Tiefgang Engagement | iBurn-out Hamburg Herbst

Ich saß mit einem aufgeschlagenen Buch in der Hand auf einer Parkbank an der Elbe. Wärmend waren die herbstlichen Sonnenstrahlen zwar nicht, aber ich konnte zumindest bei dem Wetter draußen an der frischen Luft sein. Mir fiel manchmal zu Hause regelrecht die Decke auf den Kopf. Versunken hing ich meinen Gedanken nach, ohne überhaupt eine Zeile zu lesen. Ich dachte an die letzten Wochen meiner Krankheit zurück.

Meine erste Krankschreibung im Frühling war bei vielen unbemerkt durchgerutscht. Krank war schließlich jeder mal, obwohl zwei Wochen in meinem Fall schon eine lange Zeit gewesen waren. Wenn ich in der Firma im Vorbeigehen gefragt wurde »Was fehlte Ihnen denn, waren Sie nicht krank?«, dann leierte ich die Diagnose Ohrenentzündung herunter und schwenkte schnell zu einem unverfänglichen Thema um. Ich fühlte mich mit dem, was ich sagte, aber zum Glück auch nicht als Lügner. Mein Ohr war ja tatsächlich entzündet gewesen.

Dann war der Herbst gekommen und die jetzige Runde meiner Krankheit wurde eingeläutet. Es hatte lange bis zum offensichtlichen Burn-out gedauert, bis zum konkreten Moment, an dem nichts mehr ging. Ich wusste meine Verfassung nur damit zu beschreiben, dass ich nicht mehr funktionierte. Selbst mein fester Wille konnte mich nicht mehr aus dem Bett heben. Die gesamte Lebensenergie war aus mir gewichen. Ich wusste nicht, ob die körperliche Erschöpfung die geistige Ermüdung bedingte, oder umgekehrt. Ich fiel in mich zusammen und hatte nicht mal mehr die Kraft, um auf den eigenen Beinen zu stehen. Ich fühlte mich vollkommen LEER. Nur die Tränensäcke waren voll mit Flüssigkeit gefüllt. Die schoss als Springflut aus Schmerzen, Enttäuschungen, Erschöpfung, Traurigkeit, Angst und vor allem Hilflosigkeit nach draußen.

Ich stand nicht wie beim ersten Mal angezählt nach kurzer Zeit wieder auf, sondern blieb liegen: Tage dehnten sich nun schon zu mehreren Wochen aus, in denen mich mein Arzt krankschreiben musste. Ich war nicht arbeitsfähig. Mal so eben schnell wieder gesund werden, gelang mir nicht. Es war, als würde mein Körper eine persönliche Rache für all den Raubbau, den ich die letzten Jahre an ihm betrieben hatte, ausleben.

Nach Rasputin hatte ich ziemlich schnell eine Psychologin konsultiert, zu der ich auf Anhieb einen Draht gefunden hatte. Von ihrer Person und ihrem Engagement war sie ein krasser Unterschied zum ersten Psychiater gewesen. Bei ihr fühlte ich mich richtig aufgehoben. Sie hob mich durch unsere Gespräche – im wahrsten Sinne des Wortes – wieder auf. Meine Psychologin machte mir den Vorschlag, den kürzeren Zeitraum vor meinem Burn-out zu analysieren und aufzuarbeiten. Ich stand als Vierzigjähriger im Leben. Sie wollte nicht in meiner Kindheit und frühen Jugend graben, wo, wann, wie und mit wem etwas schief gelaufen war. Ich stellte die Person dar, die ich nun einmal mit Vierzig war. Irgendetwas musste sich in der näheren Vergangenheit gravierend verändert und die Initialzündung für mein Burn-out gegeben haben. Das herauszufinden und aufzuarbeiten war das kurzfristige Ziel meiner Therapie.

Analysieren war das, was ich im Beruf ständig machen musste. Zwar waren es dort wirtschaftliche Fakten, Trendentwicklungen, Strategien und Marktdaten, eben handfeste Dinge gewesen, aber es half mir nun in der Behandlung. Ich wandte die Analyse auf mich persönlich an. Mein gesamtes Leben pflückte ich in Einzelteilen auseinander, um sie dann zu bewerten und neu zusammenzusetzen. Distanziert sah ich aus der Vogelperspektive auf mich selbst und mein Umfeld. Emotionale Enttäuschungen, gefühlsmäßige Verflechtungen und psychische Abhängigkeiten wurden offenkundig, die ich vorher nicht gesehen hatte. Es kristallisierten sich Personen heraus, die mir nicht gut taten und mir Energie raubten. Sie hatten viel Raum in meinem Leben eingenommen. Es gab Menschen, sowohl im beruflichen wie auch im privaten Umfeld, die immer bewusst versucht hatten, mich »klein« zu halten, um sich selbst in eine stärkere Position zu bringen. Obwohl ich viele Dinge erreicht hatte, erhielt ich von diesen Menschen keine klare Anerkennung, nach der ich aber häufig gestrebt hatte. »Zuckerbrot und Peitsche« war ihr funktionierender Umgang mit mir gewesen. Meine Schattenkämpfe machten plötzlich Sinn, wie auch der unterschwellige Druck, den ich in der unmittelbaren Vergangenheit permanent gespürt hatte. Die Glorifizierung einiger Personen und die damit verbundene Selbsttäuschung fand in vielen Gesprächen mit meiner Psychologin ein jähes Ende. Ich erarbeitete mir auf vielen vollgekritzelten Zetteln, die ich zwischen den Therapiesitzungen zu Hause erstellte, neue Zusammenhänge.

Ich analysierte und meine Psychologin half mir dabei. Sie stellte Fragen, die mir Antworten auf die Lippen legten. In jeder Stunde der Gesprächstherapie tat sich etwas bei mir. Danach fühlte ich mich physisch und psychisch wie ein beanspruchter Muskelstrang nach einem Marathonlauf, der nach einer Ruhepause japste. Mir wurde dadurch wieder klar, wie sehr sich Körper, Geist und Seele als gleichwertige Partner gegenseitig bedingten und wie fest sie miteinander verflochten waren. Mein Körper konnte solange nicht gesund werden, wie mein Geist und meine Seele es auch nicht waren.

Die Therapie war wie harte Arbeit: anstrengend, traurig, ernüchternd, enttäuschend und teilweise schockierend. Sie war keine wohltuende Behandlung, wie eine sanfte Massage, sondern glich eher einer Wurzelresektion beim Zahnarzt, bei dem der Schmerz vor der Besserung kam.

Eine laute Brandung riss mich aus meinen Gedanken. Das Buch auf meinem Schoss war zur Seite gerutscht, ohne dass ich es bemerkt hatte. Ein mächtiges Containerschiff glitt durch die Elbe. Die Bugwellen kräuselten sich sanft, um dann überraschend heftig auf den Strand zu brechen. Die Parkbank fühlte sich unter mir kalt an. Ich stand trotzdem nicht auf.

Der Begriff Burn-out war bisher nicht offiziell in der Firma gefallen, dachte ich über meine Jobsituation nach. Langsam sickerten zwar Gerüchte durch, dass ich, wie der Volksmund es ausdrückte, »psychisch angeknackst« wäre, aber eben nur in Form von unbestätigten Gerüchten. Die Struktur einer Großstadt gewährte mir eine gewisse, anonyme Verschwiegenheit. Es gab wenige Orte außerhalb der Arbeit, an denen ich mich anderen gegenüber rechtfertigen musste. Und die wenigen, die es gab, mied ich. »Was sollen denn die Nachbarn denken« war nach meinem Verständnis eher in kleinen und überschaubareren Wohngefügen verwurzelt, eher in Strukturen vorhanden, wo Leute hinter den Gardinen nach draußen zum Nachbarn schauten, weil das Leben der anderen ihre Langeweile unterbrach. Oder sie guckten, weil sie nichts Sinnvolles taten oder tun konnten, was ihre Aufmerksamkeit fesselte. Manche schauten auch aus dem Fenster, weil sie zu allem ihren Kommentar abgeben mussten. Manchmal dachte man auch nur, die Gardinen würden sich bewegen, dabei hatte jeder mit seinem eigenen Kram genug zu tun.

Wir, als Bewohner einer Großstadt, fanden unsere kleine Nachbarschaft eher im Job wieder. Für uns war die Firma mit den Kollegen, Geschäftspartnern und dem beruflichen Umfeld das zusammengewürfelte Dorf. Hier vereinten sich viele soziale Schichten, unterschiedliche Interessen, Charaktere, Berufsfelder und Altersstrukturen. Die Flure der Firma waren wie die Gartenzäune eines Dorfes, über die Neuigkeiten ausgetauscht wurden und ihre Runde machten. Wenn überhaupt, dann war es in der Firma, wo ich mich rechtfertigen und meine Krankheit positionieren müsste. Aber da ich nicht wusste, wie es mit mir weitergehen würde, ging ich mit meinem Burn-out nicht hausieren. Ich wollte mich keiner Diskussion, Rechtfertigung oder Beurteilung aussetzen. Und offen stehende Türen sollten nicht unnötig zugeschlagen werden. Ich wusste, dass eine anhaftende Krankheit ein generelles Stigma in unserer Gesellschaft war, und eine psychische klebte besonders hartnäckig, selbst nach vollständiger Genesung. Die Leistungsfähigkeit sank während der Krankheit, egal wie sie aussah. Und wer nichts leistete, gewissermaßen den kollektiven Beitrag nicht erbrachte, war in den Augen der urteilenden Masse irgendwann kaum tragbar. Da war es unwichtig, wie viel und wie gut man vorher gearbeitet hatte. Einige Ausnahmen bestätigten die Regel, diese schleppte eine soziale Gesellschaft zähneknirschend mit durch.

Ich machte mir Gedanken darüber, wie lange ich wohl noch für die Firma tragbar war.

Als ich auf meiner Bank saß und in das aufgeschlagene Buch starrte, erschrak ich beim »Hallo, guten Morgen«, das mir entgegen schallte. Ich blickte überrascht in die Richtung der Stimme. Gedanklich war ich ganz woanders gewesen, zumindest nicht beim Buch.

Eine Bekannte, die ich um hundert Ecken irgendwann einmal kennengelernt hatte, stand mit ihrem kleinen Hund vor mir. Sie trug ein schwarzes zweiteiliges Sportdress und strahlend weiße Turnschuhe. Ihre langen Haare wippten in einem Pferdeschwanz am Kopf. Sie wirkte sportlich, auch ohne die Anzeichen eines einzigen Schweißtropfens auf der Stirn.

»Hallo«, erwiderte ich freundlich.

Sie war vor mir stehengeblieben. Ihr Hund schnüffelte an meiner Hose und pinkelte, unbehelligt von seiner Besitzerin, an das Bein der Parkbank.

Sie ignorierten den gelben Fleck ihres Hundes. »Das sieht aber gemütlich aus«, sagte sie und machte eine Pause. Ihre schwarze undurchsichtige Brille schaute in meine Richtung.

Ich wusste nicht, was sie meinte. Das Hundepipi konnte sie wohl kaum meinen, deshalb schaute ich mich in meiner Umgebung um. Und tatsächlich musste die Szenerie um mich herum, gemütlich auf sie wirken: faul auf einer Parkbank in die Ferne glotzen zu können und ab und zu wissbegierig die Seiten eines Buches umzuschlagen. Ich gab für Außenstehende sicherlich einen Anblick ab, nach dem sich viele auf dem Weg zur Arbeit sehnten. In der Luft, die mich umgab, lag der Anschein von Urlaub. Die Bank stand wenige Meter vom weißen Elbstrand entfernt, eingerahmt durch alte Bäume, in dessen Kronen kleine Spatzen aufgeregt zwitscherten. Dazu strahlte mir die herbstliche Morgensonne ins Gesicht.

»Stimmt«, sagte ich zu ihr, »das sieht wohl wirklich gemütlich aus.« Vorher war mir diese morgendliche Schönheit gar nicht aufgefallen. Ich kam mir plötzlich wie ein ertappter Schlafwandler vor, der sich zwar mit offenen Augen bewegt hatte, sich aber an nichts erinnern konnte.

»Hast du Urlaub?«

»Eine Art Zwangsurlaub.«

»Wie? Musst du Überstunden abfeiern?«

Sie stellte mir eine typische Blankeneser Frage, denn in diesem

Hamburger Stadtteil wurde standardmäßig gearbeitet. Die Frage lautete hier also nicht, ob jemand arbeitete, sondern wo und wie viel. Und wer hier nicht arbeitete, der wollte nicht oder, viel wichtiger, musste nicht. Mit voller Hose ließ sich bekanntlich gut stinken. Dabei spielte es auch keine Rolle, ob es die Hosen der Eltern oder die eigenen waren.

»Ich bin krank geschrieben«, gab ich als Antwort. Ich hatte unüberlegt von Krankschreibung gesprochen. Unbewusst schob ich damit meinem Arzt die Schuld in die Schuhe. Wäre ich aufrichtig gewesen, hätte ich wohl mühelos sagen können, dass ich krank bin.

Es geht mir schlecht, dachte ich bei mir, aber das konnte ich noch nicht einmal sagen. Dieses Bekenntnis offenbarte man nur seinen engsten Vertrauten. Und dann auch nur im passenden Moment. In den meisten Situationen stimmte der Augenblick selbst bei Freunden nicht. Man knallte seine Empfindungen, Sorgen und Nöte anderen nicht einfach vor die Füße.

»Was fehlt dir denn?« Sie wartete ungeduldig auf meine Antwort, denn ihr Hund zog nervös an der Leine und fiepte in hohen Tönen.

»Ich habe eine Ohrenentzündung.« Ich rang mir ein lässiges Lächeln ab. Mit Freunden und guten Bekannten gingen Birte und ich mittlerweile offen mit meinem Burn-out um, bei allen anderen verschwiegen wir die Krankheit. Ich wollte sie erst einmal selbst begreifen.

»Och, es gibt Schlimmeres. Damit kann man auch in der Sonne sitzen und faulenzen. Du solltest dir besser eine Mütze wegen der Ohren aufsetzen«, lachte sie zurück. »Tschüss und viel Spaß noch.«

Ihr kleiner Hund zog für seine winzige Größe kräftig an der Leine und sie hetzte in seiner Geschwindigkeit hinterher.

Ich schaute ihr nach und war wieder allein auf meiner Parkbank. Ich schlug nochmals das Buch auf und las einen Abschnitt. Am Ende des Kapitels ertappte ich mich dabei, dass ich den Inhalt nicht wiedergeben konnte. Ich las das gerade Gelesene noch einmal. Es war ein seichter Kriminalroman, nichts Anspruchsvolles, reine Unterhaltung. Aber mein Kopf hatte auf Durchgang gestellt und nichts blieb in ihm haften.

In den letzten Monaten war ich ständig versunken und gedanklich abwesend gewesen, erinnerte ich mich. Birte hatte mich irgendwann darauf aufmerksam gemacht. In vielen Gesprächsrunden war ich zwar körperlich anwesend, aber ich beteiligte mich nicht an der Unterhaltung. Ich dümpelte in meiner eigenen Welt. Birte warf mir in solchen Situationen einen Rettungsring zu. Sie versuchte, mich durch Fragen in die Konversation zurückzuholen. Besonders bei Leuten, die ich kaum kannte, war ihr mein Verhalten unangenehm. Sie wertete es zu Beginn als blankes Desinteresse gegenüber diesen Personen. Das war jedoch falsch. Die Königin von England wäre ebenso von mir ignoriert worden wie die Fleischfachverkäuferin ums Eck. Sie waren für mich beliebig austauschbar. Ich konnte in solchen Momenten an meinem Zustand nichts ändern.

Ich schlug das Buch nun endgültig zu. Die Tür in meinem Kopf stand sperrangelweit offen und hatte auf Durchzug geschaltet. Alles wirbelte durcheinander und fügte sich nicht passend zusammen.

Beim Blick in den strahlend blauen Himmel überkam mich das Gefühl von Grenzenlosigkeit. Die endlos erscheinende Weite.

Ich hatte als Kind die naive Vorstellung gehabt, dass mein Leben auch unbegrenzte Möglichkeiten für mich bereithielt. Mein Leben hatte mit dem Privileg begonnen, in eine deutsche Wiege gelegt worden zu sein. Die Teller der gutbürgerlichen Küche waren immer randvoll gewesen. Es gab Nachschlag, auch ohne zu fragen oder zu wollen. Als ich heranwuchs verschwand jedoch die kindliche Naivität, denn plötzlich taten sich immer mehr unsichtbare Barrieren auf. Die Plattform meiner Gesellschaft gab zwar theoretisch vieles her, aber es gab immer andere Personen, die bestimmen wollten, ob, wie und was ich erreichen sollte.

Sie wollten nicht nur bestimmen, sondern mich auch noch nach ihren Vorstellungen formen. Dafür bewerteten sie mich zunächst nach den Kriterien einer stinknormalen Nuss: ob sie schön aussah, so wie alle anderen und ob sie hart war. Die Auslegung des Satzes »Sie müssen sich mal eine härtere Schale zulegen« war für mich eindeutig. Kritiker im Job spielten mit solchen Empfehlungen nicht auf meine positiven Eigenschaften an, sondern auf meine angeblichen Schwächen. Sie wiesen mich darauf hin, häufiger mal härter, sprich rücksichtsloser, zu handeln. Und ich sollte nicht alles an mich herankommenlassen.

Aber das war meine ganz persönliche Entscheidung gewesen. Ich wollte keine Machtgelüste durch die mir verliehene Position stillen. Warum sollte ich mich verbiegen, um so zu sein, wie ich gar nicht selbst sein wollte? Was war daran schlecht, sich emotional einzubringen oder gefühlsmäßig involviert zu sein?

Ich war mir außerdem bewusst, dass es im Job viele Konsequenzen gab, die den Mitarbeiter ganz individuell treffen und belasten konnten. Deshalb versuchte ich mit Bedacht, die persönlichen Komponenten anderer Menschen zu berücksichtigen. Was mir nicht immer gleich gut gelang, weil ich nicht alle Personen gleichermaßen schätzte. Aber mein Anspruch und Bemühen waren zumindest da. Man konnte nicht mit der Axt durch den Wald gehen und sich nachher über den Kahlschlag wundern.

Sind deshalb mitfühlende, engagierte, sensible und soziale Menschen häufig nur noch theoretisch in unserer Gesellschaft gewollt, weil sie in der Handhabung nicht praktikabel sind? Wollen wir stattdessen lieber eine Gesellschaft von abgestumpften, ignoranten, oberflächlichen und gleichgültigen Bürger, die ansonsten im Leben und im Job nicht bestehen können?, stellte ich mir die Frage, als ich immer noch versunken auf die Elbe schaute. Wie spitz mussten die Ellenbogen sein, um unbeschadet oder vorteilhaft durchs Leben zu kommen?

Die Kälte der Parkbank kroch in jede Muskelfaser, aber ich wollte nicht zurück in die Wohnung gehen. Ich sträubte mich gegen das Frieren und blieb beharrlich sitzen.

Auch wenn ich mir keine härtere Schale zulegen wollte, war ich selbst die meiste Zeit zufrieden mit mir gewesen, dachte ich. Was machen Sie beruflich?, war eine Frage, die ich immer ehrlich beantworten konnte.

»Ich arbeite im Marketing-Bereich«, kam die schnörkellose Tätigkeit über meine Lippen. Marketing umschrieb sowieso alles und nichts. Ältere Leute oder solche, die nicht direkt mit diesem Aufgabenfeld zu tun hatten, wussten nichts damit anzufangen. In der alten Zeit hieß es noch Reklame- oder Werbeabteilung und war ein beliebter Bürojob. Aber die Komplexität war für Außenstehende mittlerweile undurchschaubar und verworren geworden, wie mittlerweile jeder andere Job auch. Deshalb beschrieben sich viele selbst in privaten Gesprächsrunden nicht mehr nur als Buchhalter oder Logistiker, sondern als Abteilungsleiter oder Geschäftsführer. Nicht die Tätigkeit mit den Händen oder mit dem Kopf galt, sondern die Position im beruflichen Kastensystem.

»Bei welcher Firma?«, schoben einige Neugierige noch nach.

Große Firmen, große Gehälter. Kleine Firmen, kleine Lichter?

Aus der Kombination aus Ausbildung, Tätigkeit und Firmenname ließ sich, so schien es zumindest, alles erkennen oder hinein interpretieren. Wie in einen türkischen Kaffeesatz. Die Reputation erfolgte anhand dieser Merkmale, woraus sich wiederum der Stellenwert in der Gesellschaft ergab.

Einmal rutschte einer Fragenden auf einer privaten Geburtstagsfeier auch der Versprecher heraus: »Und was bist du?« Dieser Satz zeigte für mich die grundlegende Entwicklung unserer modernen Gesellschaft, die sich hauptsächlich an materiellen und äußeren Werten orientierte und dabei den inneren Werten oder charakterlichen Besonderheiten eines Menschen kaum mehr Beachtung schenkte. Sie hätte mir auch eine banale Frage nach Interessen, Freizeitbeschäftigungen, Bücher- oder Musikvorlieben stellen können, tat es aber nicht einmal im Ansatz. Diese Fragen schienen aus dem allgemeinen Katalog der Konversation verschwunden zu sein. Zumindest in Gesprächen unter Leuten, die sich zum ersten Mal trafen.

Ab und zu antwortete ich selbstbewusst auf die Frage »Was sind Sie?«, dass ich Pinguinpfleger in Hagenbecks Tierpark war. Dabei zauberte die Erwähnung dieses Berufs immer ein ungläubiges Lächeln auf die Gesichter der Fragenden, was der Begriff Marketing nicht tat. Den Pinguinpfleger brachte ich gerne in privaten Gesprächssituationen, wo ich in den ersten Minuten nach Checkpunkten, wie nach meinem Beruf, eventuellen Immobilien oder anderen Prestigeobjekten gescannt werden sollte.

Ich konnte mir die Freiheit der sympathischen Lüge des Pinguinpflegers herausnehmen. Denn mit dem, was ich ausbildungsmäßig und beruflich auf die Beine gestellt hatte, musste ich nicht mehr um einen möglichst »hohen und anständigen Platz« in der Gesellschaft kämpfen. Ich konnte, wenn ich wollte, mit einem Frage-Antwort-Spiel glänzen oder in der glanzlosen Masse untergehen. Aber, wie mein Burn-out zeigte, war der erkämpfte Platz auch schnell wieder verloren, zumindest wenn ich die allgemeinen Maßstäbe der Gesellschaft anlegte.

Ich stand frierend von der Parkbank auf und konnte nicht einschätzen, wie lange ich hier überhaupt gesessen hatte. Eine Stunde, vielleicht auch zwei.

»Und was sind Sie?« Dieser Satz schwirrte mir im Kopf herum. Ich war der, der ich war. Egal, ob ich einen Job im Marketing hatte, als Pinguinpfleger in Hagenbecks Tierpark arbeitete oder krank mit einem Burn-out auf der Parkbank saß.

Hätte mich in diesem Moment jemand gefragt »Und, was sind Sie?«, hätte ich meine Gegenfrage gewusst.

»Jetzt gerade, generell, meistens oder im Allgemeinen?«

**B**irte und ich hatten das Grenzgebiet der Vereinigten Staaten und Mexiko schnell verlassen, um uns in der mexikanischen »Baja California« an den lateinamerikanischen Teil des Kontinents zu gewöhnen. Die Sprache hatte von Englisch auf Spanisch gewechselt und wir waren von einer Industrienation in ein Schwellenland übergetreten. Theoretisch klang der Sachverhalt nüchtern, praktisch bedeutete es eine teilweise völlig unterschiedliche Lebensweise. Nicht überall, aber immer wieder sahen wir Eselkarren statt Maschinen auf den Feldern und Wellblechhütten ohne Wasser- und Stromversorgung. Mexiko zählt jedoch zu den »Next Eleven«, also zu einem einwohnerreichen Land, dem eine hohe wirtschaftliche Wachstumsfähigkeit für die Zukunft bescheinigt wird. Was auch immer diese Definition für den einzelnen Mexikaner zu bedeuten hat.

Die erste mexikanische Region, durch die wir reisten, war die Baja California, eine Art Wurmfortsatz am Pazifik, quasi die Verlängerung Kaliforniens. Sie war dünn besiedelt, hatte kleine charmante Orte und offenbarte wunderschöne Landstriche mit meterhohen Kakteen und traumhaften Stränden. Wir verfielen der mexikanischen Küche, die durch frische Zutaten und reiche Vielfalt bestach. Die Mexikaner liebten ihr Essen und bereiteten es auch für andere stets mit liebevoller Sorgfalt zu. Kulinarisch war es ein Paradies und von der US-amerikanischen Variante des Tex-Mex meilenweit entfernt.

Birte und ich genossen es immer mehr, uns einfach in einer fremden Kultur treiben und einzulassen. Ohne Erwartungen und klaren Vorstellungen. Langsam kamen wir in eine selbstgetaktete Reisegeschwindigkeit. Das erste bewusste Mal nach zehn Monaten! Wir legten es ab, von unsichtbaren Händen irgendwohin gedrängt zu werden, wie beispielsweise zu Sehenswürdigkeiten, die ALLE Touristen besuchten.

Es legte sich auch regelrecht ein Schalter in unseren Köpfen um. Als wäre das Gehirn total ausgeruht aus einem Tiefschlaf erwacht. Unsere Aufmerksamkeit schärfte sich und wir nahmen wieder intensiver Situationen, Landschaften und Menschen wahr. Alte Erinnerungen sprudelten regelrecht an die Oberfläche, an die wir seit Jahrzehnten nicht mehr gedacht hatten. Dazu gehörte beispielsweise mein erstes Baumhaus, dass ich mit meiner Sandkastenfreundin aus längst vergessenen Zeit gebaut hatte. Birte erinnerte sich wieder daran, wie sie mit ihrem Opa Schwarzer Peter gespielt hatte. Der Verlierer bekam die Nasen und Wangen mit Kohle aus dem Ofen geschwärzt. Wir brauchten manchmal gar keine Bücher zu lesen, sondern erzählten uns die eigenen Geschichten. Erlebte Erinnerungen, die für einen selbst überraschend neu schienen.

Neue Gedankengänge offenbarten sich, indem wir selbst Ideen und Meinungen entwickelten. Keine, die wir zuvor gehört oder gelesen hatten, sondern eigene. Denn wir hingen nicht mehr am täglichen Nabel der Medien, wo uns diverse Meinungen mundgerecht vorgekaut wurden und wir eine unter vielen auswählen konnten.

Von der Baja California setzten Birte und ich mit einer alten Fähre über die Cortes-See auf das mexikanische Festland über. Wir landeten zufällig in dem Ort »El Fuerte« und parkten unseren Camper sicher auf einem Bauernhof, der von zwei großen deutschen Schäferhunden namens Hillary und Hitler bewacht wurde. Deren mexikanischen Besitzer hatten uns dazu eingeladen, denn wir wollten ein Stück mit dem Zug weiterreisen, um einige Tage in den Kupferschluchten im nordwestlichen Teil Mexikos, in der Bergregion Chihuahua, zu verbringen.

Wir hatten uns generell entschieden, nicht alle Strecken auf der Reise mit dem eigenen Fahrzeug zu fahren. Es gab viele interessante Alternativen: auf Ladeflachen von Pick-ups oder Lastwagen mitgenommen zu werden, in Reisebussen mit Schafen auf dem Dach zu reisen, sich in kleine Privatbusse zu zwängen, auf dem Eselkarren mitzufahren oder einfach zu Fuß Strecken zu bewältigen. Es gab vieles, was zur Fortbewegung taugte und alles war auf seine Weise interessant.

Wir fuhren mit dem Zug, kurz CHEPE genannt, dem »Ferrocarril de Chihuahua al Pacifico«, acht Stunden bis zu dem einsamen Bahnzwischenstopp »Divisadero«, wo wir ausgestiegen. Ein gigantisches Schluchtensystem tat sich vor uns auf. Es war eine Landschaft, die vor Millionen Jahren aus Lava- und Aschemassen entstanden und durch Erdbeben gefaltet worden war. Wasser hatte bis zu zwei Kilometer tiefe Täler geschliffen. Und das kupferfarbene Gestein gab diesem größten System Nordamerikas den passenden Namen: Barranca del Cobre, Copper Canyon oder Kupferschlucht. Nahezu jeder kannte theoretisch den Grand Canyon des nördlichen Nachbarn, doch diese wunderschönen Canyons kannte kaum einer, obwohl sie um ein vielfaches größer waren.

Wir schauten in eine nicht enden wollende Weite von Tälern. Wenn Touristen sich in dieses abgelegene Gebiet verirrten, dann hauptsächlich wegen dieses Blickes. Die farbigen Erdschichten zeichneten mit der grünen Vegetation aus Sträuchern, Kakteen und Bäumen zarte Konturen, die ineinander flossen. Die weißen, aufgequollenen Wolken lagen wie eine schützende Hand auf den oberen Rändern der Schluchten. Sie erschienen uns zum Greifen nah. Darüber schloss sich in unendlicher Weite der stechend blaue Himmel an.

Die Haltestelle des Zuges bestand aus Souvenirständen und Kochstellen, die unter einfach zusammengenagelten Verschlägen standen. Die Glut rauchte in halbierten Metalltonnen, auf denen Fleisch auf Drahtzaunkonstruktionen brutzelte. Große Töpfe mit Suppen oder gefüllten Maistaschen, die im heißen Wasserbad kochten, standen auf gusseisernen Öfen. In Pfannen wurden Füllungen für die Tortillas, den warmen Maisfladen, gebraten. Zusätzliche Gewürze, wie rote und grüne Salsas mit Chili, standen in kleinen Schüsseln bereit. Der Geruch von frisch zubereitetem Essen lag in der Luft. Wer nicht die Aussicht genoss, hielt eine der vielen köstlichen Leckereien in den Händen.

In der überschaubaren Menschenansammlung fielen uns sofort die Tarahumara-Frauen auf. Sie zählen zu einer ethnischen Minderheit von zirka fünfzigtausend, die ein gewaltiges historisches Erbe aus Verfolgung, Ausbeutung, Unterdrückung und Vertreibung trägt. Nach der »Entdeckung des Kontinents« wurden sie vielfach von den Spaniern getötet oder zur Minenarbeit gezwungen, von katholischen Priestern zwangsmissioniert oder von Großgrundbesitzern und

Landarbeitern in die trostlosen Kupferschluchten vertrieben. Trotzdem konnten sie nie vollständig unterworfen werden, so hatten wir es zumindest gelesen.

Die Sommermonate verbrachten viele Frauen mit ihren Kindern hier, in den Orten oberhalb der Schluchten, um Handarbeiten an die wenigen Touristen zu verkaufen. Im Winter wohnten sie in Hütten oder Höhlenwohnungen in den Schluchten. Sie selbst nannten sich Rarámuri. Übersetzt bedeutete es Läufer oder »Jene, die schnell laufen«, was sie bei der Jagd oder den Wettbewerben zwischen Langstreckenläufern bewiesen.

Mehrere Frauen der Tarahumara hatten zwischen den Kochstellen und einer Aussichtsplattform ihre Handarbeiten zum Verkauf auf den Boden gelegt: Gefäße aus Ton, geschnitzte Holzmasken, aus Gras geflochtene Körbe, handgewebte Tücher und Decken. Alles aus Materialien, die ihnen die Natur gratis lieferte. Still und freundlich, aber distanziert traten sie in den Hintergrund. Sie waren Personen der leisen Töne. Sie wollten nicht auffallen, taten es aber durch ihre farbenfrohe Kleidung trotzdem. Ihre voluminösen Faltenröcke zierten bunte Säume, anders farbige Absätze und große Stoffmuster. Um ihre nackten Füße war eine Art Sandale mit verschlungenen Lederriemen gebunden. Ihre Köpfe schützten sie mit bunten Tüchern vor der Sonne.

Das angeborene Misstrauen vor Fremden war ihnen deutlich anzumerken. Scheu antworteten sie auf unsere Frage nach den Preisen ihrer schönen Handarbeit. Wir beobachteten, wie sich die Frauen untereinander in ihrer eigenen Sprache, die ebenfalls Tarahumara hieß, unterhielten. Sie taten das nur, wenn kein fremdes Ohr mithörte. Die Frauen und Kinder waren zwar anwesend, aber wirklich präsent wirkten sie auf uns nicht. Sie hatte ihre überlebenswichtige Skepsis und Vorsicht gegenüber anderen Menschen über viele Generationen beibehalten.

Birte und ich suchten uns in der Nähe der Bahnstation bei einem älteren Ehepaar eine einfache Unterkunft. Sie gehörten ebenfalls zu der ethnischen Minderheit der Tarahumara und konnten eine kleine Hütte ihr Eigentum nennen, ebenso wie zwei einfache Gartenlauben mit Holzöfen zur Vermietung an Touristen. Sie hatten damit der herrschenden Armut in den Schluchten den Rücken gekehrt.

Am nächsten Morgen wanderten wir früh von dort los. Erst entlang des Canyonrands, um dann runter in die zwei Kilometer tief liegenden Täler zu gehen. Unser Gastvater hatte uns vorher den groben Weg hinunter in die Schluchten erklärt. Es gab nur schmale unwegsame Trampelpfade, denen wir folgen sollten, keine offiziellen Wege und schon gar keine Straße.

Aus der Vogelperspektive zu Beginn der Wanderung sah die Wegführung zwischen den Felsspalten, über Gräben und durch tiefe Einschnitte anspruchsvoll, aber machbar aus. Nach dem kalten Morgenfrost stieg die Temperatur auf unserem Weg nach unten mit jeder Stunde an. Wir begegneten niemandem in dieser bizarren Landschaft und folgten über Lavagestein und Geröllbrocken dem steilen, unsichtbaren Pfad nach unten. Irgendwann, nach drei Stunden Wanderung, hatten wir den Weg gänzlich verloren. Die Vegetation versperrte uns zusätzlich die Sicht zur Orientierung. Von weitem sahen wir überraschend eine einsame Holzhütte stehen. Die einfache Holzkonstruktion wirkte verträumt auf der Lichtung. Sie war von den grandiosen Farben der Schluchten, weißer Quellwolken, dem blauen Himmel und der grünen Vegetation eingerahmt. Je näher wir zur Hütte kamen, umso merkwürdiger erschien uns jedoch die Kulisse. Irgendwas stimmte an diesem perfekten Bild nicht.

In dem Moment bellte von einem Felsvorsprung über uns ein Hund und eine Person gab einen schrillen Pfeiflaut von sich.

»Hast du das gehört, Birte?« Ich blieb mit versteinertem Gesicht stehen und wollte den Laut ausmachen, konnte aber durch die Bäume und das Gestrüpp nichts erkennen.

»Das hörte sich wie ein Warnpfiff an.«

Danach folgte ein zweiter lauter Pfeifton.

»Siehst du die Hütte da? Wir müssen dorthin und nach dem Pfad fragen. Wir sind schon viel zu weit gegangen, um jetzt umzukehren.«

Wir gingen auf das Gebäude zu. Laute Hip-Hop-Musik haute uns aus Lautsprechern auf die Ohren, je näher wir kamen. Sie wirkte in dieser menschenleeren Landschaft unpassend und durfte hier im Nirgendwo ohne Strom überhaupt nicht existieren.

Ich schaute Birte verschwitzt an. »So ein verdammter Mist«, flüsterte ich ihr zu. »Hier gibt es doch eigentlich gar keinen Strom und schon gar nicht für Musik.« Wir wussten beide, was das zu bedeuten hatte, ohne dass einer es aussprach. Schlafmohn und Cannabispflanzen wuchsen in den verschlungenen und abseits gelegenen Tälern der Kupferschluchten hervorragend und wurden als zum Teil fertig verarbeitete Drogen auf dem nahen US-amerikanischen Absatzmarkt verkauft. Luftlinie zur Grenze nur vierhundert Kilometer. Wir waren vor der Gefahr in den Gebieten des Drogenanbaus gewarnt worden, dennoch standen wir nun mittendrin. Die generelle Warnung war für ein Gebiet von fünfundzwanzigtausend Quadratkilometern ausgesprochen worden. Nicht besonders konkret. Doch für uns war es gerade sehr konkret geworden. Wir waren da, wo wir besser nicht sein sollten, denn wir traten offenbar mit unserer Anwesenheit irgendwelchen Leuten beim Geldverdienen kräftig auf die Füße.

Wir blieben stehen, als plötzlich die Musik verstummte und das Surren eines Generators zu hören war. Mit einem kräftigen und lauten RUMS schlugen die zuvor offen stehenden Holztüren zu.

Die Stille der Hütte wirkte nun bedrohlich.

Mir lief der Schweiß nicht nur wegen der Hitze und Anstrengung von der Stirn. Spürbar hatte sich mein Blutdruck erhöht. Mein Körper machte sich für den Kampf oder die Flucht bereit. Ich steckte mir hastig die Metalldose an die Außenseite meines Rucksackgurts. Unser Verteidigungsspray, das wir ursprünglich für die Abwehr von Bären auf dem nordamerikanischen Kontinent gekauft hatten, haute nicht nur massige Bären von ihren Pfoten, sondern auch andere Geschöpfe von den Füßen. Auch Birte nahm ihre Aluminiumdose mit Reizgas in die Hand.

Mein Blick ging hektisch zur Hütte. »Verflucht! Wir können nicht mehr umdrehen. Sie haben uns gesehen.« Ich schluckte stark. Dann fing ich lauthals an, in meinem holprigen Spanisch zu rufen: »Hallo, wir sind Touristen, wir suchen den Weg nach unten ins Tal. Hallo, kann uns jemand helfen?«

Was sollten wir auch machen? Angriff war bekanntlich die beste Verteidigung, auch wenn er zunächst einmal nur verbal war. Immer wieder brüllte ich das Gleiche. Wir kamen unweigerlich dichter an das Haus heran. Die Schlucht ließ keinen anderen Weg zu und wir wurden wie in einem Trichter auf das bedrohlich wirkende Haus gelenkt. Nur das trockene Gestrüpp raschelte unter unseren Schuhen.

Auf einmal wurde die Holztür aufgestoßen.

Wir blieben wie versteinert stehen. Birtes Hand umklammerte die Reizgasdose und meine lag an dem Bärenspray. Nur die Ruhe bewahren, dachte ich angespannt.

Ein junger, dunkelhäutiger Mann sprang ins Freie und rannte auf uns zu. Der schlaksige Körper steckte passend in einem grünen Armeetarnanzug und seine Füße in Militärstiefeln. Seine Kumpels im Inneren der Hütte waren sicherlich nicht anders gekleidet, aber trugen zu ihren Camouflage-Anzügen noch die passenden Waffen im Anschlag. Das Gesicht verbarg der junge Kerl hinter einer herunter gezogenen Militärschirmmütze. Ich sah trotzdem, dass er jung war und mit seinen weit aufgerissenen Augen wirkte er ebenso gestresst wie wir. Er gehörte definitiv zu keinem offiziellen militärischen Außenposten.

Ich brüllte immer weiter meine Sätze. Mittlerweile wusste wohl auch der kleinste Vogel in dem Tal von uns und konnte unser Lied mitzwitschern.

Der Mann machte einen kleinen Schlenker vor uns und brüllte laut den Befehl »VENGA, VENGA, VENGA«, zu deutsch »Los, kommt«. Damit hatte er sich schon in Richtung Schlucht gedreht und rannte voraus. Er lief durch das Gestrüpp und wir hinterher. Ich kam mich selbst wie eine aufgezogene Spieluhr vor. Ich redete immer weiter mit den ewig gleichen Sätzen auf den Vorrennenden ein. Dieser sagte jedoch nichts.

Der Behälter in meiner Hand war mittlerweile von Angstschweiß glitschig umhüllt. Immer weiter entfernten wir uns von der Hütte, die still auf dem Hügel lag und von der er uns wegführte. Wir waren schon mehrere hundert Meter weit gelaufen. Irgendwann blieb er stehen und zeigte in die Schlucht. »DORT.« Wir erkannten einen schmalen Trampelpfad. So schnell, wie der Mann aufgetaucht war, verschwand er wieder. Aber die beobachtenden Blicke spürten wir noch eine lange Zeit weiter in unseren Rücken. Die Anspannung fiel erst von uns ab, als wir nach einer weiteren Stunde auf die ersten richtigen Bewohner der Täler – die Tarahumara – stießen. Einige wenige Hütten standen verstreut auf einer Lichtung.

Plötzlich wussten wir, warum die Drogenhütte so auffallend komisch gewirkt hatte. Sie war leblos gewesen: Hier im Tal wuchsen neben den Hütten einzelne vertrocknete Mais- und Bohnenpflanzen zwischen Gestein in staubiger Erde. Die Tarahumara lebten von dem, was sie der Natur abringen konnten, ob als Bauern oder Jäger. Kinder hüteten ein paar Ziegen, einzelne Rinder und einige Schafe. Magere Hühner scharrten auf der Suche nach Fressbarem und gackerten leise vor sich hin. Frisch gewaschene, bunte Wäsche war auf Leinen vor jeder Hütte aufgehängt oder lag auf den warmen Steinen zum Trocknen. Große Zinkwannen glänzten matt in der Sonne. Am Rand der Lichtung unter den Felsvorsprüngen zeichnete sich der schwarze Qualm ihrer Feuerstellen im Gestein ab. Es gab auch Tarahumara, die in den Höhlen der Felswände wohnten.

Bei unserer Ankunft liefen die Kinder auseinander und versteckten sich vor uns. Auch als ein Vater uns zurückhaltend zu sich bat, um uns einige Orangen zu verkaufen, blieben seine Kinder hinter der Hausmauer. Sie beobachten uns aus sicherer Entfernung bis wir ihre Nähe wieder verlassen hatten, um uns auf den Rückweg raus aus den Schluchten zu machen.


Birte und ich waren ein paar Tage in dieser Region gewesen und wollten zurückreisen. Für die Rückfahrt mit dem Zug zu unserem parkenden Camper warteten Birte und ich in der neu renovierten Bahnhofshalle in dem Ort »Creel«.

Wir guckten beide still auf den Boden der Wartehalle, in der wir alleine saßen. Die Eindrücke und Erlebnisse der letzten Tage waren sehr bewegend gewesen und schwirrten noch unverarbeitet in unseren Köpfen herum, als die Tür der leeren Bahnhofshalle zaghaft aufgestoßen wurde. Ein arm aussehender, kleiner Junge im Alter von sechs Jahren kam barfüßig über den kalten Steinboden herein. Sein dunkelhäutiges Gesicht war staubverkrustet. Rotz, Tränen und Essen hatten Spuren auf seiner Haut hinterlassen. Unter seiner Nase führten sie pechschwarz wie bei einem Autobahnkreuz zusammen. Er sah sich ängstlich um, wobei sein prüfender Blick an uns vorbei schweifte.

Auch er gehörte, ebenso wie seine Mutter, die einige Schritt hinter ihm folgte, zu den Tarahumara. Auf ihrem gebeugten Rücken trug sie in einem Tragetuch einen zweiten Jungen. Der Kopf dieses circa zweijährigen Kindes guckte teilnahmslos aus dem Tuch heraus.

Die Kleidung war bei allen Familienmitgliedern löchrig und abgetragen. In jeder Masche hatte sich feiner Staub verfangen und raubte den Textilien ihre Farbe. Die Mutter trug keine traditionellen Ledersandalen aus geschnürten Riemen. Ihre Füße steckten stattdessen in zu kleinen Stoffschuhen, deren Schuhspitzen abgeschnitten waren. Ihre Zehen lugten aus den vorderen Löchern heraus. Nur ihr voluminöser Faltenrock erinnerte an die traditionelle Kleidung. Er bildete einen Kontrast gegen ein altes mausgraues Baumwoll-Sweatshirt und eine lila-grüne Trainingsjacke aus Polyester, die sich an ihrem Körper vereinten. Im Vergleich zu den ansonsten wunderschönen, schwarz glänzenden Haaren der indigenen Frauen sahen ihre stumpf aus.

Der größere Junge setzte sich still auf eine Bank und seine Mutter daneben. Die Füße des Jungens baumelten haltlos in der Luft.

Wäre er ein kleiner Nachbarsjunge in Hamburg gewesen, dann hätte er in diesem Jahr seine Einschulung mit einer Tüte voller Süßigkeiten gefeiert, machte ich mir bewusst. Mit der Schulbildung hätte sein Selbstbewusstsein und seine Chance fürs Leben wie eine kleine Pflanze wachsen können. Sie wären mit ihm größer und kräftiger geworden. Er hätte Stolz für seine einzigartige und eigenständige Kultur entwickeln können und sich eventuell mit gestärktem Selbstvertrauen vor der Art Mensch zu schützen gewusst, der nun ebenfalls die Wartehalle hinter ihnen betrat.

Ein arroganter bewaffneter Uniformierter war gewichtig der Tarahumara-Familie hinterher geschlendert. Er war in unserem Alter und für die Sicherheit am Bahnhof zuständig. In seiner sauberen Uniform strahlte er eine blasierte und selbstgefällige Rohheit aus. Sein glattes Gesicht glich dem eines Babypopos, obwohl die Bartschatten einen schnellen Haarwuchs verrieten. Seine kurz rasierten Nackenhaare ließen zwischen sich und dem Hemdkragen einen fingerbreiten Platz frei. Die Haut war ebenso dunkel wie die der Tarahumara. Aber er war keiner von ihnen und ließ sie das sofort spüren.

Er begrüßte uns mit starrer Miene. Die mittellose Frau mit ihren beiden Jungs würdigte er lediglich mit einem herablassenden Blick. Die hierarchische Rollenverteilung war klar. Das immer gleiche Muster der Erniedrigung zwischen den scheinbar höher gestellten und den Unterlegenen wurde sichtbar.

Die Einschüchterung durch die Obrigkeit wirkte, denn die Frau presste ihren größeren Sohn mit der Hand noch tiefer in die Sitzbank. Ihr kleiner Sohn guckte mucksmäuschenstill aus dem Tragetuch. Keines ihrer Kinder sollte herumspringen, Lärm machen oder irgendetwas anfassen. Die Familie verhielt sich so unnatürlich ruhig und starr, dass sie wie hinter einer unsichtbaren Wand verschwand. Sie wollten nicht auffallen und damit keinen möglichen Ärger provozieren.

Dabei schaute die Frau immer wieder auf den Fahrplan, der in großen Buchstaben an der frisch gestrichenen Wand hing. Es war offensichtlich, dass sie ihn nicht lesen konnte, weshalb sie mit unterwürfiger Stimme den Bahnangestellten fragte: »Wann fährt der Zug nach Los Mochis?« Ihre spanischen Wörter klangen selbst für unsere deutschen Ohren gebrochen. Spanisch kam ihr nur holprig über die Lippen.

Der Uniformierte ging demonstrativ zum Fahrplan und legte seinen Zeigefinger auf die Angabe der Abfahrtszeiten: »So wie es hier auf dem Plan steht.« Eine erdrückende Pause begann, in der er auf sie herab sah. Kein erlösendes Wort kam aus seinem Mund. Er kostete das Hinhalten bis zu einer Antwort aus, um der Analphabetin eine zusätzliche Lektion zu verpassen. »In zehn Minuten kommt der Zug«, antwortete er ihr schließlich gnädig. Er durchschritt die Wartehalle und stellte sich uns gegenüber. Seine festen Schritte hallten auf dem Steinboden im Raum nach. Die offensichtliche Arroganz hatte sich innerhalb weniger Schritte in heuchlerische Freundlichkeit verwandelt. »Der Zug kommt in circa zehn Minuten«, richtete er seine Information auch an uns.

Ich nickte desinteressiert, um den Sicherheitsmann im nächsten Moment wieder zu ignorieren. Ich gönnte ihm kein Wort und tauschte damit die Rolle, die der Sicherheitsmann zuvor gespielt hatte. Der Bahnangestellte hatte verstanden und verließ schweigend den Raum.

»Was für ein Kerl! Schleimt sich bei mir ein und die indigene Familie guckt er nicht mal mit dem Hintern an«, erboste ich mich.

»Ich kann den Fahrplan lesen, sie nicht.« Ich musste an unsere ersten Begegnungen mit Analphabeten denken, in denen wir ihnen bei der Frage nach dem Weg eine Landkarte vorgehalten hatten. Wir hatten unüberlegt unsere deutsche Verhaltensweise an den Tag gelegt und dabei nicht bedacht, dass viele Menschen die Karte nicht lesen konnten. Sie klärten uns selbstverständlich nicht über ihre Unkenntnis auf, sondern verwiesen uns freundlich und hilfsbereit in eine völlig falsche Richtung.

Vom Bahnsteig hörten wir Unruhe aufkommen. Der Zug fuhr mit einer dunklen Dieseldampfwolke ein und die Fahrgäste machten sich zum Einsteigen bereit. Wir schulterten unsere Rucksäcke und stellten uns zwischen die anderen Mitfahrenden an den Bahnsteig. Zwischen den schwarzhaarigen und meistens kleineren Mexikanern stachen wir mit unseren blonden Haaren hervor. Wir wurden freundlich und interessiert von ihnen gemustert. Eine Stunde zuvor hatte es einen 1. Klasse Zug des CHEPE gegeben, in den die anderen ausländischen Touristen eingestiegen waren. Wir wollten aber mit diesem Zug und mit den Einheimischen reisen.

Wir suchten uns für die nächsten acht Zugstunden einen Platz und verstauten unsere Rucksäcke. Viele Gepäckstücke, Kartons und Taschen wurden in den Zug eingeladen. Niemand fuhr mal ebenso mit dem Zug durch diese verlassene Gegend Mexikos vom Pazifik bis nach Chihuahua, achtzehn Stunden vom Anfang bis zum Ende. Der Fahrpreis war für mexikanische Verhältnisse hoch, der Weg trotz schöner Aussicht lang und damit auch irgendwann beschwerlich. Dies taten überwiegend nur Touristen, zumindest die ausländischen, und dann meistens im 1. Klasse Abteil.

Im Großraumabteil waren wenige Plätze unbesetzt. Die Tarahumara-Frau hatte mit ihren beiden Söhnen eine Reihe vor uns auf der gegenüberliegenden Seite zwei Sitze belegt. Wir fragten uns, wie sie sich überhaupt diese Zugfahrt hatte leisten können.

Ein älterer Zugschaffner schritt nach der Abfahrt durch die Reihen der durchgewetzten Polstersitze und kontrollierte die Fahrscheine. Seine dunkle Uniform war sauber, aber an den beanspruchten Stellen fadenscheinig und abgetragen. Er sah uns unter seiner dunklen

Schirmmütze nett an und knipste die Fahrscheine ab. Auch die der schweigsamen Familie vor uns entwertete er lächelnd.

Ich sah, dass die Familie kaum ein Wort miteinander sprach. Die wenigen gesprochenen Sätze hauchte die Mutter flüsternd in die Ohren der Kinder, so als würde sie um keinen Preis auffallen wollen. Sie selbst saß auf der vorderen Kante des Sitzes. Unbequem lehnte sie sich nach vorne über, denn ihr kleiner Sohn lag noch immer im Tragetuch auf ihrem Rücken. Er wog sicherlich genauso viel wie einer unserer großen Rucksäcke. Seine dunklen Augen schauten müde, fast lethargisch unter seinem schwarzen, struppig geschnittenen Pony hervor. Aus den beiden unteren Öffnungen des Tuches ragten seine nackten Füße heraus.

Die Beine des kleinen Jungens wie auch die seines Bruders sehnen sich bestimmt nach Bewegung, aber wagen noch nicht einmal zu zappeln, dachte ich bedrückt.

Der Zug, mit drei kräftigen Lokomotiven vorne weg, ratterte laut auf seinen Schienen. Aus dem Fenster sahen wir schroffe Felswände dicht an unserer Scheibe vorbeiziehen. Tunnel und Brücken wechselten sich ab, wie auch Gefälle und steile Anstiege. Ein bewaffneter Sicherheitsmann hielt uns im Zug realistisch vor Augen, dass wir uns noch immer im Gebiet von Drogenschmugglern und -banden aufhielten. Er patrouillierte mit voller Konzentration und Aufmerksamkeit die Abteile. Dabei trug er, ganz in schwarz gekleidet, eine große Waffe mit einem breiten Riemen um seinen muskulösen Nacken. Sie sah für mich aus, als könnte sie ohrenbetäubend und vollautomatisch alles in winzige Stücke zerfetzen. Er verbarg seine Hände in schwarzen Lederhandschuhen. Die ausgebeulten Taschen seiner Weste ließen noch mehr Munition und kleinere Waffen vermuten. Wir fühlten uns durch seine freundliche Autorität gut beschützt und hofften, dass andere durch ihn abgeschreckt wurden.

Stunde um Stunde verging. Das monotone Rappeln der Wagons wurde nur selten durch Haltestellen unterbrochen. Wir und die anderen Fahrgäste nickten trotz schöner Aussicht immer wieder kurzzeitig ein.

Plötzlich riss mich ein lautes Kinderschreien in direkter Nähe aus meinem dämmrigen Schlaf. Ich war wohl kurz eingenickt. Ich öffnete benommen meine Augen und schaute zu der Tarahumara-Familie herüber. Die beiden Jungs weinten so laut, dass sich ihre Stimmen überschlugen. Rotz lief ihnen aus den Nasen und dicke Tränen kullerten aus ihren weit aufgerissenen Augen. Die Tränen malten senkrecht verlaufende Streifen in ihre staubig verdreckten Gesichter. Das Geschrei war herzzerreißend. Ihre Mutter wirkte panisch. Um die Ruhe wiederherzustellen, redete sie leise auf sie ein. Aber die beiden ließen sich nicht beruhigen. Jeder schrie verzweifelt für sich alleine weiter.

Neugierige Fahrgäste reckten ihre Köpfe, um die Quelle des Lärms zu orten. Nach einigen Minuten war das Abteil von Stimmengewirr erfüllt, alle redeten durcheinander.

Birte und ich schauten uns die Szene an, aber verstanden das Problem nicht. Wir begriffen allerdings in dem spanischen Sprachwirrwarr, dass es um mehr als nur zwei schreiende Kinder ging.

Der freundliche Schaffner kam alarmiert in das Abteil und beugte sich zu der Familie herunter. Die Wortfetzen »humbre« und »ayuda«, Hunger und Hilfe, drangen an unsere Ohren. Er wechselte wenige Wörter mit der Frau und verschwand wieder. Die Unruhe und das Gerede der anderen Fahrgäste erstarben, als der Schaffner nach wenigen Minuten mit warmen Tortillafladen und zwei Wasserflaschen zurückkam. Er reichte ihr das Essen mit großer Anteilnahme. Die Hilfe wurde nicht von oben herab gegeben, sondern auf gleicher Augenhöhe und aus der Position eines mitfühlenden Menschen zu einer armen Mutter.

Mit dem Duft der gefüllten Tortillas hörten die Kinder auf zu schreien. Die letzten dicken Tränen rollten aus den verweinten Augen. Die Mutter riss sich ein kleines Stück ab, um den Rest an die beiden Jungs weiterzureichen. Ihre Kinder griffen sich das warme Essen und bissen hastig hinein. Die Fladen verschwanden blitzschnell in den Mündern. Als hätten sie Angst, jemand könnte ihnen das Essen wieder aus dem Mund kratzen, schlangen sie die zerkaute Masse aus ihren dicken Wangen herunter und stopften mit ihren kleinen Fingern nach. Die hungrige Gier und der Rest ihres Weinens ließen sie kurzzeitig husten.

Mein Hals zog sich zu und mir stiegen Tränen in die Augen. Es war nicht das Geschrei von Kindern gewesen, die quengelnd etwas haben wollten. Sie hatten schmerzenden Hunger und ihre Mutter besaß weder Geld noch Proviant für die lange Fahrt.

Birte und ich konnten nicht miteinander sprechen, weil sich die passenden Worte noch nicht gebildet hatten. Der Anblick der schlingenden Kinder mit dem Mund voller Tortilla beschämte uns so sehr.

Ich guckte auf unsere angebrochene Kekspackung im Gepäcknetz im Sitz vor uns. Auf dem Boden in einer Tüte lagen noch unberührte Bananen, weitere verschlossene Wasserflaschen, Kekspackungen und das leere Papier unserer Käsebrote. Wir hatten seelenruhig gegessen und nicht bemerkt, dass neben uns hungrige Menschen saßen. Es war uns nicht einmal aufgefallen.

Nur wenige Meter trennten uns physisch in diesem Moment voneinander, aber in jeglicher anderer Hinsicht waren es Welten.

Die Tarahumara-Familie stand auf, nachdem alles aufgegessen war. Die Mutter verschwand tief gebeugt mit einem Kind an der Hand und dem anderen im Tragetuch in den zugigen Durchgangsraum zwischen den Abteilen. Nur ein zusammengeknoteter Stoffbeutel blieb auf ihrem Sitz zurück. Im kalten Durchgang entkam sie während der gesamten Fahrt den Blicken der anderen. Sie verschwand wieder hinter ihrem unsichtbaren Schutzwall und befand sich da, wo sie immer stand: abseits von allen anderen, abseits der Gesellschaft. Ihr Anderssein durch ihre Zugehörigkeit zu einer ethnischen Minderheit und ihre Armut schlossen sie aus.

Nun saßen wir in dem Zug, um das Gebiet der Tarahumara zu verlassen. Das Erlebnis mit der Frau und ihren Jungen stand exemplarisch für viele Begegnungen, die wir im Gebiet der Tarahumara erlebt hatten. Sie erhielten nun für uns eine tiefere Bedeutung.

Wir hatten einen Einblick in ein Leben erhalten, zu dem wir – bedingt durch die Gesellschaftsschicht, in der wir in Deutschland lebten – größtenteils keine Berührungspunkte besaßen. Vor uns hatte sich keine Episode einer Fernseh-Soap abgespielt; es wurde auch keine Dokumentation über Armut gezeigt, die wir mit Abstand vom bequemen Sofa aus ansehen konnten. Der Schutzmechanismus des Abstands, den wir in Deutschland normalerweise eisern hegten oder unterbewusst aufbauten, war weg.

Uns wurde erneut klar, dass die Zeit, die wir bisher auf dieser Welt verbringen durften, immer die Sonnenseite gewesen war, egal welche Wolken sich manchmal auch davor geschoben haben mochten. Das Privileg der Geburt und unserer Herkunft hatten wir dabei weder selbst erarbeitet noch verdient. Es war lediglich ein Zufall der Natur gewesen.

Manchmal verfiel man in eine selbstgefällige Denkweise, laut der alle in einer Gesellschaft auch alles schaffen könnten, wenn sie es nur aufrichtig wollten. Doch diese Begegnung und unzählige andere Erlebnisse hielten uns die unverhohlene Wahrheit vor Augen. Die abseitsliegenden und unfruchtbaren Kupferschluchten waren nicht nur der Lebensraum dieser ethnischen Minderheit; sie symbolisierten auch ihren Platz am Rande der Gesellschaft. Wir hatten hautnah erlebt, dass es Menschen gab, die ohne eine Chance und ohne einen festen Platz in der Welt geboren wurden.

In Mexiko – aber auch in Deutschland!

Ich bereitete das Frühstück in unserer Küche vor, während Birte sich für die Arbeit fertig machte. Das Rauschen der Dusche drang durch die Wand zu mir.

Birte und ich hatten das gemeinsame Frühstück schon immer als die erste freie Zeit des Tages empfunden, dachte ich beim Blick auf die Brote. Wir mochten es, gemeinsam am Frühstückstisch wach zu werden, uns auf den Tag einzustimmen und die ersten verschlafenen Wörter aus der Kehle zu krächzen. Wir planten immer genügend Zeit ein, egal wie früh wir dafür aufstehen mussten. Es gab ein Wort für Feierabend, aber komischerweise keines für die schöne Zeit vor der Arbeit. Ich fragte mich, warum es fehlte oder ich es zumindest nicht kannte?

Jetzt, wo ich krank zu Hause blieb, wollte ich auf keinen Fall mit dieser liebgewordenen Gewohnheit brechen und im Bett liegenbleiben. Ich sehnte mich nach einem alltäglichen Ablauf, und wenn es nur das gemeinsame Ritual am Morgen war. Wann ich wieder arbeitsfähig sein würde, konnte ich nicht einschätzen. Ich machte die Gesprächstherapie mit meiner Psychologin und wurde gleichzeitig mit einem Psychopharmakon behandelt. Es brauchte Zeit, Geduld und Ausdauer, bis sich erste Anzeichen von Besserung zeigen würden, so hatten es meine Ärzte bereits prophezeit.

Ich fühlte mich, seitdem ich das Medikament einnahm, auf eine unbestimmte Art sicherer. Die Angst, dass mein Körper der Anspannung und dem inneren Druck nicht mehr standhalten könnte, verschwand. Das Medikament glättete behutsam die aufbäumenden Wellen meines Gemütszustandes. Es trieb mich nicht mit einer unsichtbaren Peitsche an, wie es die ersten Pillen getan hatten. Es baute eine Art Schleuse zum Regulieren meiner Stimmung ein, die nun nicht mehr, wie bei einem Wasserfall, mit einem gewaltigen Getöse in die Tiefe rauschte. Der Höhenunterschied und die Fließgeschwindigkeit wurden stattdessen angepasst. Ich befand mich in ruhigerem

Fahrwasser.

Mein Herzmuskel schien sich auch zu entkrampfen. Nur noch selten legte sich eine unsichtbare Hand um das schlagende Herz, weil es dies zerquetschen wollte. Mein Herz schlug wieder schmerzfreier und ohne ins Rasen zu verfallen. Die traurigen Beispiele von Herzinfarkten, Schlag- oder Todesfällen, die es in meiner näheren Umgebung gegeben hatte, verschwanden wieder aus meinem täglichen Bewusstsein. Ich wusste noch um die Gefahr, weil ich als Vierzigjähriger geradezu prädestiniert dafür war, aber ich spürte sie nicht mehr permanent.

Kurz nach unserem gemeinsamen Frühstück fuhr Birte zur Arbeit und wie jeden Morgen rückte der Bautrupp an. Unsere Wohnung war nach all den Wochen immer noch eine Baustelle. Genauso wie meine Krankheit blieb auch sie länger als erwartet. Der staubige Bauschutt verfolgte als ständiger Weggefährte mein Burn-out, die Hammerschläge meine innere Leere und die Säge meine Kraftlosigkeit. Mich umgaben fremde Leute, obwohl ich noch nicht einmal bekannte Gesichter sehen wollte. Auch wenn sie im hinteren Teil der Wohnung arbeiteten, fühlte ich mich durch ihre Anwesenheit unwohl, denn irgendwo kreuzten sich immer unsere Wege oder zumindest kurze Blicke.

Mit dem ersten lauten Hammerschlag verließ ich die Wohnung. Ich war froh, eine Verabredung zu haben. Ein alter Freund wartete auf mich.


Monatelang hatten mein Freund und ich uns nicht alleine gesehen, was wir bei unserem Wiedersehen im Café entsetzt feststellten. Die wenigen Male, die wir uns getroffen hatten, waren immer andere dabei gewesen. In solchen Runden sprachen wir über lustige Dinge, kaum über die Jobs und schon gar nicht über problemtriefende Themen. Sein Lebensrhythmus mit seiner Frau und einem Kind schlug außerdem anders als Birtes und meiner ohne Nachwuchs. Und die viele Arbeit tat ihr Übriges, um sich selten bis gar nicht zu sehen.

Unsere Freundschaft war trotz der seltenen Treffen nie vollständig erkaltet. Wir hatten in den Jahren zuvor etwas aufgebaut, das sich nun wieder zeigte: Die positive Beziehung zu und Empfindung für einander, unwichtig, wie lange wir uns nicht gesehen hatte. Das machte wohl Freundschaft aus. Es bestand zwischen uns keine Zwangsbindung per Geburt durch familiäre Verknüpfungen, wo es heißt »Blut sei dicker als Wasser«. Wir hatten uns selbst ausgewählt und waren damit Blutsverwandte im Geiste.

»Du siehst schlecht aus«, sagte mein Freund ohne Umschweife in der ersten Minute unseres Treffens. Sein schelmisches Lächeln war einer interessierten Ernsthaftigkeit gewichen. Er merkte wohl, dass etwas anders war als sonst. Denn normalerweise war er eine geladene Kanone, aus der unablässig Sprüche schossen. Mal mehr, mal weniger lustig, aber immer unterhaltsam. Nun wirkte er eher still.

»Danke, dass du mir auch noch sagst, wie schlecht ich aussehe«, antwortete ich und lächelte ihn dabei an.

In den letzten Monaten waren wir beide unverkennbar gealtert. Ich sah sowieso schlecht aus, das wusste ich. Aber auch bei meinem Freund schossen mehr graue Haare aus dem Kopf und seine Falten reduzierten sich nicht mehr nur auf Lachfalten. Die Zeit, in denen wir mit unseren alten Vespas die damals neue Wahlheimat Hamburg erkundet hatten, war lange vorbei. Als wir uns als Nachbarn kennengelernt hatten, kratzten wir gerade mal die Dreißig. Danach waren wir beide die sogenannte Karriereleiter immer weiter schwindelfrei nach oben geklettert und wussten, wie steil und brüchig sie sein konnte.

Als wir unsere Getränke bei der Kellnerin bestellt und uns auf den neusten Stand der Alltäglichkeiten gebracht hatten, erzählte ich ihm das erste Mal von meinem Burn-out. Ich brauchte nicht zu überlegen, was ich von meiner Krankheit erzählen konnte. Denn echte Freunde öffneten sich gegenseitig und erlaubten dem anderen einen Blick auf die Seele. Das tat ich. Wie ein offenes Buch lag ich vor ihm, schlug ein Kapitel nach dem nächsten auf und ließ nichts weg. Selbst wenn ich ihm etwas hätte vorspielen wollen, hätte er mich durchschaut, so gut kannte er mich. Er schaute nicht nur auf mein Äußeres, sondern spürte auch meine Stimmung.

Als er erfuhr, wie schlecht es mir ging und dass ich momentan nicht einmal arbeiten konnte, wirkte er bestürzt. Die Zeit war vorbei gerast, ohne dass er irgendetwas von meiner Krankheit mitbekommen hatte.

In unserem Gespräch stellte er mir Fragen und ermutigte mich dadurch, weiterzuerzählen. Es verlief so, wie ich es mir erhofft hatte. Er verstand mich und war nicht nur an mir, sondern auch an meinen Problemen interessiert. Ich konnte mit ihm nicht nur gute und fröhliche Zeiten teilen, sondern fand auch jetzt Unterstützung und Mitgefühl. Alles andere wäre für mich eine bittere Enttäuschung gewesen, denn uns verband etwas viel Tieferes. Eine Art Seelenverwandtschaft.

Die Stunden verstrichen, während wir im Café miteinander sprachen. Wir waren von unserem Gespräch gefesselt. Keiner schaute auf die Uhr. Eine vertraute Harmonie umgab uns, die ich sehr schätzte. Schade, dass wir immer so wenig Zeit hatten, dachte ich still bei mir, obwohl ich beim Inhalt meines gedachten Satzes selbst meine Zweifel hegte. Es tarnte sich mittlerweile vieles hinter dem Zeitproblem. »Keine Zeit haben« war zu einer Standardaussage geworden. Sie wurde kaum mehr angezweifelt, denn schließlich hatte jeder nur freie Zeit, wenn er nicht arbeitete. Und viel Arbeit war, zumindest in den Augen vieler Menschen, erstrebenswert, brachte Anerkennung und galt vielfach als das Wichtigste. Aber war Zeitmangel auch ein guter Grund, seine Freunde aus den Augen zu verlieren?

Das erste Mal nach Stunden des Redens guckte ich mich im Café um. Alle Tische waren nun besetzt, denn es war längst späte Mittagszeit. Der Vormittag war wie im Flug vergangen.

Mein Gegenüber schaute mich über den Tisch hinweg an. »Du weißt, wenn du oder Birte Unterstützung brauchen, sind wir immer für euch da. Egal wann, egal wie«, bot er mir an.

»Ich weiß.« Auch ohne seine Worte wusste ich das.

Für uns waren Freundschaften und soziale Beziehungen nie etwas gewesen, was mit einer Waage zu messen war. Nach dem Prinzip: Gab der eine etwas, musste der andere nachlegen, bis das Maß wieder ausgeglichen stand. Dafür war die selbst gewählte Beziehung zwischen Freunden viel zu komplex. Was wog denn mehr, die Einladung zum Essen oder das positive Lebensgefühl, das einer versprühte, ohne dass er kochen konnte? Was hatte mehr Gewicht, die geteilten Sorgen oder begehrte Fußballtickets? Einer spielte gern Musik, während der andere ansteckend lachte. Das Geben und Nehmen war so verschieden, dass es nicht miteinander zu vergleichen war. Nichts wog mehr, aber auch nicht weniger.

Dabei gab es unterschiedliche Motive und Tiefen von Freundschaften. Manche Verbindungen dauerten nur einige Jahre, weil ein gemeinsamer Zweck verfolgt wurde. War das Ziel einmal erreicht, erfolgte schleichend die Trennung und man verlor sich aus den Augen. Oder die positiven Empfindungen füreinander kippten, wie die Milch nach dem Verfallsdatum, die erst leicht säuerlich schmeckte und wenig später die kleine Ausgussöffnung durch dicke Flocken verstopfte.

Manchmal verliefen sich Freundschaften aber auch in Gewohnheiten. Jahre über Jahre vergingen, in denen das Fundament langsam brüchiger wurde. Es gab manchmal nichts, was den Verfall aufhalten konnte. Das brüchige Fundament erhielt nichts Neues, was für Weggebrochenes herhalten konnte. Im Laufe meines Lebens hatten sich unterschiedliche Personen durch Hobbys, Ausbildung, Jobs, Urlaube oder Nachbarschaften angesammelt. Einige traten neu in mein Leben, andere verließen es. Es gab auch Menschen, die sich regelrecht eingeschlichen hatten, ohne dass ich ihnen Platz einräumen wollte.

Birte und ich mochten es, von unkomplizierten Menschen umgeben zu sein, die uns gut taten und denen wir etwas bedeuteten. Dabei war die Umschreibung »unkompliziert« nicht gleichbedeutend mit konfliktscheu oder problemlos. Es gab Freunde, zu denen wir so eine Nähe aufgebaut hatten, dass sie mächtig viel Fläche für Reibung bot. Besonders wenn die Meinungen auseinander gingen, durften schon mal behutsam die Fetzen fliegen. Aber ich war müde von sinnlosen Auseinandersetzungen, die zu nichts führten, nur Kraft kosteten und wertvolle Zeit verschwendeten.

Bei meinem Freund spürte ich das Gefühl von Nähe. Ich mochte meine Zeit gerne mit ihm verbringen. Und Missgeschicke, Schwächen und Niederlagen gehörten ebenso zu uns wie das gemeinsame Freuen über Erfolge.

Bevor wir das Café verließen, schaute mich mein Freund an und legte einen Schlüssel auf den Bistrotisch zwischen die leer getrunkenen Tassen. »Hier, unser Wohnungsschlüssel für dich.«

Ich ließ den Schlüssel liegen und wehrte das Angebot ab. »Lass mal gut sein. Wenn die Baustelle wieder mal zu fies wird, dann rufe ich an. Ihr könnt mir doch dann einen Schlüssel geben.«

»Du musst nicht anrufen oder Bescheid sagen. Wann immer du

eine Abwechslung oder Ruhe vor dem Baulärm brauchst, kannst du kommen. Fühl dich bei uns wie zuhause.« Dabei schob er mir das Schlüsselbund in meine offene Hand.

Zwei Wochen später hielt ich den Schlüssel wieder in der Hand. Ich hatte mich entschlossen, das Angebot meines Freundes anzunehmen, denn der Baulärm in den eigenen vier Wänden war unerträglich und das Wetter regnerisch. Ich wollte weder ziellos durch die Straßen irren, noch meine Nase an uninteressanten Schaufenstern plattdrücken. Mir stand auch nicht der Sinn danach, mit einer Gruppe Blankeneser Frauen, die ihren Putzfrauen zu Hause nicht zwischen den Beinen stehen wollten, im Café zu sitzen.

Deshalb ging ich zielstrebig zur Wohnung unserer Freunde, die nur einige Minuten Fußweg von unserer entfernt lag. Auf dem Weg schlug mir feiner Nieselregen ins Gesicht. Dunkle Wolken hingen am Himmel und drohten an, sich über mir zu entleeren.

Ich klingelte, obwohl niemand zu Hause sein konnte. Die Bewohner waren ausgeschwärmt. Ihr kleiner Junge verbrachte bis zum frühen Nachmittag den Tag im Kindergarten und seine Eltern arbeiteten im Zentrum Hamburgs. Die wunderschöne Wohnung war die meisten Stunden des Tages verwaist.

Ich schloss auf und ging hinein. Die Regentropfen auf meiner Kleidung liefen an mir herunter und bildeten kleine Pfützen. Ich zog alles tropfend Nasse aus und schlurfte auf Socken durch den Flur. Es lag der Duft aus der Dusche im Raum, nach frisch gewaschenen Körpern, ein wenig Aftershave von ihm und Parfüm von ihr. Das hölzerne Laufrad des Jungens lag am Boden, als wäre das Kind noch im Raum und würde sich hinter der Tür verstecken. Die Szenen ihres Alltags wirkten wie eingefroren. Ich fühlte mich zwar nicht wie in den eigenen vier Wänden, aber auch nicht weit davon entfernt.

Ich ging in die Küche. Auf dem langen weißen Holztisch standen zwei mit Brotkrümeln übersäte Frühstücksteller und eine kleine Schüssel mit den letzten weichen Cornflakes in einer Restpfütze Milch. Es roch nach Kaffee, den ich auch gern getrunken hätte. Aber alleine wollte ich keinen. Ich traute mich nicht, ohne Einweisung einen Knopf an der ultramodernen Kaffeemaschine zu drücken. Ich öffnete den Küchenschrank, wo meiner Erinnerung nach der Tee stehen müsste. Es hatte sich nichts geändert. Dort stand die Teedose aus Metall wie auch die Becher und die Teekanne. Und selbst wenn eine Schublade nicht das Richtige enthielt, hätte ich die nächste ohne schlechtes Gewissen geöffnet. Freunde schnüffelten nicht, wenn sie etwas suchten, dachte ich bei mir.

Ich ging ins Wohnzimmer, nahm die Fernbedienung in die Hand und schaltete den Fernseher an. So unruhig mein Inneres war, so hektisch schaltete ich auch die verschiedenen Sender um. Alle paar Sekunden flackerte ein anderes Bild auf. Mich konnte kein Beitrag dauerhaft einfangen und ich gab das Fernsehgucken wieder auf. So allein in der Wohnung fühlte ich mich verloren, auch wenn mir die Umgebung vertraut war. Ich legte mich auf die Couch zwischen unzählige Kissen und kuschelte mich in die weiche Decke ein. Mein Blick heftete sich an die Wolken des verregneten Himmels. An einem anderen Tag in einer anderen Phase meines Lebens hätte ich die freie Zeit genossen. Ich wäre Lebensmittel einkaufen gegangen, hätte gekocht und bis zu ihrer Rückkehr meiner Freunde gewartet. Gerade schaffte ich es nicht, alleine mit mir und der Ruhe zu sein. Ich wusste, dass die Stille und Einsamkeit irgendwann wieder zu meinen besten Begleitern gehören würden. Noch konnte ich sie allerdings nicht ertragen.

Ich schälte mich aus der wärmenden Decke, schlenderte eine lange Zeit durch die Räume, guckte mir das Spielzeug des Sohns und die Fotos an den Wänden an, nahm Bücher in die Hand und blätterte unmotiviert darin herum. Ich wollte meinen Aufbruch so gut es ging in die Länge ziehen und kochte mir einen weiteren Tee. Mit dem heißen Getränk in der Hand kroch ich ein zweites Mal unter die Wolldecke auf dem Sofa. Ich zwang mich regelrecht dazu, denn die gemütlich wirkende Ruhe verbreitete kein wohltuendes Gefühl. Was allerdings an mir lag und nicht an meiner Umgebung.

Es war trotzdem gut, dass ich in dieser Wohnung war. Denn manchmal beschlich mich das Gefühl, völlig alleine mit der Krankheit zu sein. In diesen leeren Momenten begann ich, an meinem Leben zu zweifeln. Es war der große Topf des Weltschmerzes, in den ich dann alles schmiss. Der Aufenthalt in dieser Wohnung verdeutlichte mir wieder, dass ich nicht alleine dastand. Ein anderer Freund hatte mir eine CD mit Liedern aufgenommen und ein weiterer rief an, obwohl er das Telefonieren hasste. Ich bekam Bücher über Meditationstechniken und Kerkelings Wanderung geschenkt. Und irgendwelche Energiesteine lagen nun auch unter meinem Bett, obwohl ich im Stillen nicht daran glaubte. Jeder hatte auf seine eigene Art ausgedrückt, dass er an mich dachte und für mich da war. Selbst die Freunde, die noch nichts von meinem Burn-out wussten, würden mir helfen, wenn ich sie darum bat. Da war ich mir sicher.

Am frühen Nachmittag war das Zeitschinden ausgereizt. Einige Zeit würde es zwar noch dauern, bis Birte von der Arbeit nach Hause kam, aber das konnte ich aushalten. Die Regentropfen hatten sich mittlerweile zu Bindfäden aneinandergereiht, als ich durch das Fenster nach draußen ins Dunkelgrau schaute. Ich zog den Reißverschluss meiner Regenjacke bis zur Nase hoch und die Kapuze über den Kopf.

Leise ließ ich die Haustür hinter mir ins Schloss fallen. Ich musste gar keine Rücksicht nehmen, denn schließlich würde ich niemanden stören. Ich machte trotzdem keinen Krach. Es war für mich ein bedächtiger, fast zärtlicher Umgang mit ihrem Zuhause. Meine Behutsamkeit spiegelte die Wertschätzung zu den Freunden wieder.

Ich drehte den Schlüssel im Schloss um und ging durch den Regen nach Hause. Das Schlüsselbund umklammerte ich noch lange Zeit in der geschlossenen Hand, die in meiner Jackentasche steckte. Es war so viel mehr, als nur ein Schlüssel aus kaltem Metall.

Es fühlte sich gut an, das Stückchen Freundschaft.

www.freigelassen.de/wohin/wohin.html

VIVA FIDEL

VIVA CUBA LIBRE

HASTA LA
VICTORIA
SIEMPRE.

# Kuba

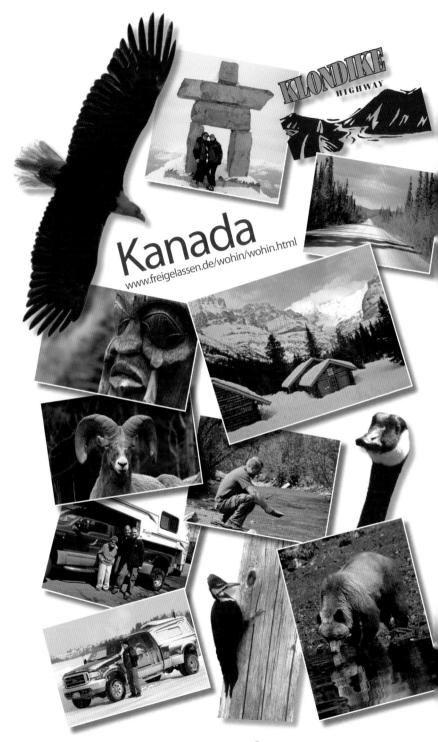

Kanada

www.freigelassen.de/wohin/wohin.html

**Kanada**

# Alaska

www.freigelassen.de/wohin/wohin.html

## Alaska

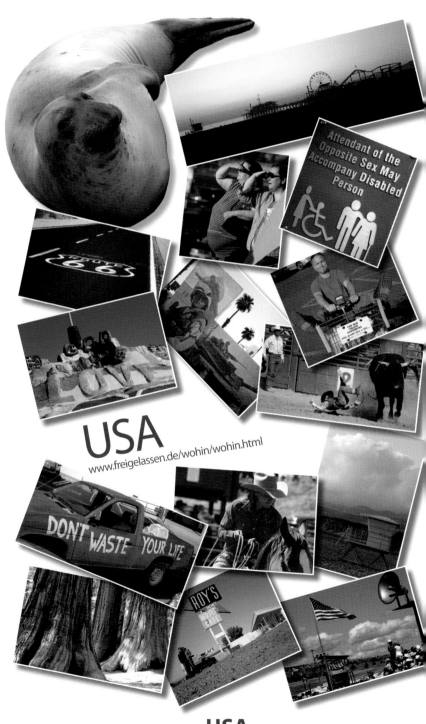

USA

www.freigelassen.de/wohin/wohin.html

**USA**

Mexiko

www.freigelassen.de/wohin/wohin.html

# Mexiko

Mexiko
www.freigelassen.de/wohin/wohin.html

**Mexiko**

Guatemala

www.freigelassen.de/wohin/wohin.html

Belize

**Belize / Guatemala**

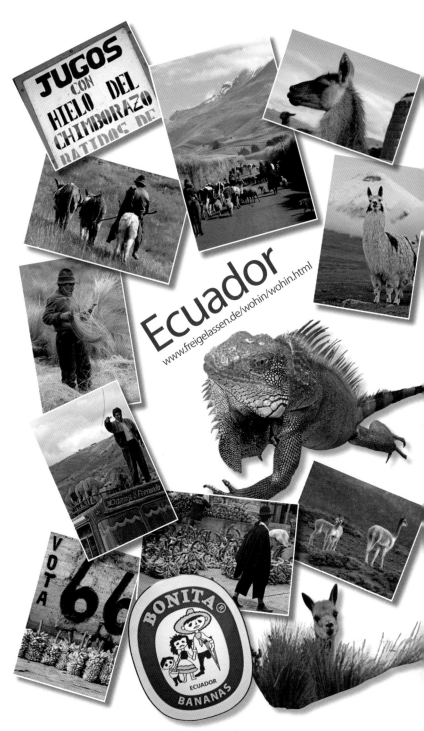

Ecuador

www.freigelassen.de/wohin/wohin.html

**Ecuador**

Ecuador
www.freigelassen.de/wohin/wohin.html

**Ecuador**

# PERU

www.freigelassen.de/wohin/wohin.html

**Peru**

PERU
www.freigelassen.de/wohin/wohin.html

# Peru

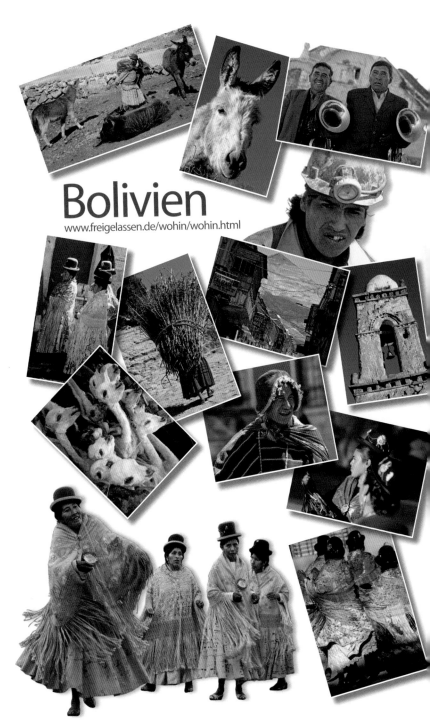

# Bolivien

www.freigelassen.de/wohin/wohin.html

**Bolivien**

Bolivien

www.freigelassen.de/wohin/wohin.html

**Bolivien**

Kuchen
Strudel

Chile
www.freigelassen.de/wohin/wohin.html

**Chile**

# Argentinien

www.freigelassen.de/wohin/wohin.html

**Argentinien**

Uruguay

Brasilien

www.freigelassen.de/wohin/wo...

Museu Oscar Niemeyer

SAF·638 URUGUAY

**Brasilien / Uruguay**

# Ingo Freunde Tropen Auswanderer Blender
### fremde Federn doofes Kind Fassade Immobilienbüro Motorradtour
### Schlaglöcher Mayastätte Atmosphäre | Zeit fürs Wesentliche Belize Frühling

**D**as kleine Land Belize, eingezwängt zwischen Mexiko, Guatemala und dem Karibischen Meer, wirkte auf uns menschenleer. Das lag wahrscheinlich daran, dass es im gesamten Land so viele Einwohner wie in meiner Geburtsstadt Mönchengladbach gab.

Birte und ich wurden von den Einheimischen mit »sister and brother« angesprochen, wobei ihr Herz im Takt von Reggae zu schlagen schien. Durch den weltweiten Sklavenhandel waren vor Jahrhunderten Tausende Menschen aus ihren jeweiligen Heimatländern geraubt worden. Das Blut in ihren Adern war eine Vereinigung aus unterschiedlichsten ethnischen Gruppen. Alles zu einer Zeit, als weltweiter Kolonialismus und Völkermord noch den heroischen Deckmantel »Entdeckertum« und »Zivilisierung« trugen.

Als wir vor der Reise über Belize gelesen hatten, entstand in unseren Köpfen das Bild vom »Paradies für Taucher aus aller Welt«. Mehr nicht, denn der Schwerpunkt der Beschreibung galt den traumhaften Inseln und weniger dem Festland. Für uns Landratten mit einem Fahrzeug waren die Inseln mit der unvergleichlichen Unterwasserwelt umständlich zu erreichen. Deshalb blieben wir auf dem Festland und lernten die Seite von Belize kennen. Für uns schufen die vielfältigen Menschen das Bild dieses Landes und nicht die schillernden Fische und Korallenriffe im Meer.

Wir fuhren langsam durch die Straßen einer Stadt im Landesinneren. Birte und ich entdeckten dabei ein uns bekanntes deutsches Wohnmobil auf einer Wiese hinter einem Campingschild. Wir fuhren darauf zu. Der Satz: »Gott schütze mich vor Sturm und Wind und vor Deutschen, die im Ausland sind« traf dieses Mal nicht zu. Wir freuten uns auf das Wiedersehen mit diesen Landsleuten, die wir vorher in Mexiko kennengelernt hatten. Die beiden Bekannten taten es scheinbar genauso, denn sie sprangen uns entgegen und winkten überschwänglich mit den Armen. Der gigantische Kontinent schrumpfte manchmal auf Dorfgröße zusammen, wobei die Wiedersehensfreude galaktische Ausmaße annahm. Jeder vermisste seine sozialen Kontakte von zu Hause und freute sich deshalb umso mehr, das Gefühl von sozialen Bindungen unterwegs zu spüren und bekannte Gesichter wiederzusehen.

Unser Camper war schnell neben ihrem geparkt. Wir stellten mit derselben Schnelligkeit die Rotweinflasche und Stühle um einen großen Tisch herum und begannen, uns Erlebnisse zu erzählen und Erfahrungen auszutauschen.

Sie berichteten uns von einem deutschen Auswandererpaar, das sie zuvor zufällig im Ort kennengelernt hatten: »Der Deutsche ist wirklich geschäftstüchtig. Er verkauft unter anderem Immobilien an wohlhabende Ausländer. Und Geländemotorräder an Touristen vermietet er auch. Da geht wohl einiges. Auf der Straße kennt er irgendwie jeden und beim Rotary Club mischt er auch mit.«

»Wie lange leben sie denn schon hier?«, fragte ich mit begrenzter Neugier. Der deutsche Auswanderer schien für ein kurzes Treffen auf der Straße mächtig auf die Sahne gehauen zu haben. Wie in der Fernsehwerbung, in der Fotografien wie Spielkarten auf den Tisch geknallt wurden: mein Haus, mein Auto, mein Pferd, meine Pferdepflegerin. Ich musste zwangsläufig an die typischen Auswanderersendungen im Fernsehen denken, in denen sich deutsche Landsleute vor dem Bildschirm am Scheitern naiver Auswanderer ergötzten. Aber zu den gescheiterten Existenzen schienen sie ja nicht zu gehören.

»Sie leben noch kein Jahr in Belize. Ihr werdet sie bestimmt mögen. Ralf und Mandy sind im gleichen Alter wie ihr. Sie haben einfach einen Container in Deutschland beladen, ihn verschifft und sind hierher ausgewandert. Aber ihr lernt sie ja gleich kennen. Sie wollten heute Abend vorbeischauen.«

Mitten in unserer Unterhaltung blendeten helle Autoscheinwerfer auf. Ein alter durchgerosteter Pritschenwagen rumpelte uns über die Wiese entgegen. Die Beifahrertür wurde quietschend aufgeschlagen. Eine schlanke Frau, etwa in Birtes Alter, stieg aus. Sie wirkte in ihrer Bluse und im Minirock wie aus dem Ei gepellt. Ihr langes Haar und die Kleidung wippten federleicht, was im tropischen Klima einer Seltenheit gleichkam. Haare hingen normalerweise strähnig vom Schwitzen hinunter und Klamotten klebten immer eng am Körper, wie die Vakuumverpackung am eingeschweißten Hähnchenschenkel im Supermarkt. Sie lächelte uns geschminkt entgegen.

Ihr Mann Ralf stieg ebenfalls aus. Sein Haar war Millimeterkurz geschnitten. Seine sportliche Sonnenbrille steckte auf dem Kopf, obwohl die Sonne schon vor Stunden untergegangen war. Das T-Shirt betonte seinen definierten Oberkörper. Er war sportlich mit Shorts und Flip-Flops gekleidet. Seine scheinbare Lässigkeit stand im Gegensatz zu der seiner Frau.

Wir vergrößerten die Gesprächsrunde um Ralf und Mandy, nachdem wir uns vorgestellt und neue Weingläser auf den Tisch gestellt hatten.

Ralf schaute nach wenigen Minuten des Gesprächs zu seinem Schrottwagen: »Ihr wundert euch bestimmt, dass wir so eine Karre fahren. Aber in den Tropen rottet alles schneller unterm Hintern weg. Außerdem vermiete ich geländegängige Motorräder, die ich auf der Ladefläche transportieren muss.«

Ich schaute Birte von der Seite an. Uns interessierte es bestimmt nicht, in welchem Zustand sein Wagen war. Er fuhr. Der Anblick von schrottreifen Autos war auf unserer Reise eher die Regel statt die Ausnahme. Für die meisten Menschen stellte schon die bloße Existenz eines Wagens einen wahren Reichtum dar. Auch die Mehrzahl der Belizianer war arm. Das hatte er wohl vergessen und setzte in seiner Bewertung deutsche Maßstäbe an. Seine Rechtfertigung klang, als würde er normalerweise Porsche fahren und dieses Fahrzeug als so eine Art Ersatz nutzen.

Birte und ich lehnten uns schweigsam mit unseren Weingläsern im Stuhl zurück. Unsere deutschen Bekannten warfen den Auswanderern Fragen und Stichwörter zu. Ralf ergriff sie, bevor seine Ehefrau überhaupt Luft für eine Antwort holen konnte. Gestenreich genoss er seine Antworten in unserer Runde. Die Auswanderung von Deutschland nach Belize beschrieb er als kinderleicht und vor allem lohnenswert. Er grinste dabei so verwegen geschäftstüchtig, als stünde ein teurer Sportwagen und nicht sein Schrottauto vor uns.

»Wie war es denn, sich hier einzuleben?« Dabei drehte Birte sich mit der Frage zu Mandy um.

Ihr kontaktfreudiger Ehemann beantwortete allerdings die Frage: »Ganz leicht. Jeder spricht englisch, ist ja auch die offizielle Amtssprache. Dadurch lernst du massenhaft Leute kennen. Außerdem leben auch ein paar Deutsche hier.«

»Kommt ihr mit dem Klima klar?« Diese Frage schien Birte unter den Nägeln zu brennen.

Ralf lachte sie ein wenig aus: »Wir wohnen hier, wo andere Urlaub machen. Wir leben im Paradies.« Mit der Antwort erhob er sich und verließ die Runde, um auf die Toilette zu gehen.

Birte sprach Mandy direkt an: »Ich dachte nur. Wir konnten zum Glück die Regenzeiten auf unserer Tour umfahren. Aber ein paar Mal gab uns das Wetter doch eine kleine Kostprobe der regenreichen Zeit mit. Für uns war das zumindest kein Spaß.« Birte schien mit diesem Bekenntnis an Mandys perfekter Oberfläche zu kratzen.

»Die Regenzeit ist ein totaler Scheiß. Wir sind mit unseren deutschen Möbeln hierher gezogen. Überall hat sich Schimmel abgesetzt, viele Kartons sind verrottet und die Klamotten auch«, gab Mandy ehrlich zu.

Birte schaute sie mitfühlend an. »Und war es leicht hier Freundschaften zu knüpfen?«

»Du lernst zwar viele Leute kennen, aber Freunde sind nicht leicht zu finden.«

Ralf kam vom Klo zurück und seine Frau verstummte, denn verschimmelte Besitztümer und fehlende soziale Kontakte sollten scheinbar kein Thema sein. Stattdessen erzählte er ausschweifend von einem Freund, der zu einer der einflussreichsten Familien im Ort gehörte. »Mit Geld und geschäftlichen Kontakten ohne Ende«, schwärmte er uns vor. Ralf wollte demnächst, wie auch sein Freund, Mitglied im Rotary Club werden.

Ich musste im Stillen schmunzeln. Da waren sie wieder, die fremden Federn, mit denen er sich schon den ganzen Abend schmückte. Er steckte sich mit jeder Geschichte von anderen eine zusätzliche Feder ins Haar, direkt neben seine Sonnenbrille. Ich sah ihn trotzdem bildlich nicht wie einen mächtigen Mayakönig mit Kopfschmuck vor mir. Mandy hatte uns gerade erzählt, dass es nicht leicht war, Freundschaften zu knüpfen, während er genau das Gegenteil vermittelte.

Ich konnte mir kein Bild von ihnen machen. Mandy nahm ich gar nicht wahr. Ralf war nicht zu greifen. Er offenbarte nichts von sich und war so glitschig wie ein Aal. Es kam auch kein Wort über Bücher, Musik oder Filme über seine Lippen. Ich erfuhr nichts über Interessen oder Hobbys, die ihn fesselten. Selbst die ewige Leier über Lieblingsautos oder technisches Spielzeug hätte ich als interessante Offenbarung gefeiert. Er erzählte keine persönlichen Erlebnissen, sondern nur Sensationsgeschichten anderer. Aktuelle Schlagzeilen aus der Heimat, Gerüchte, Klatsch und Tratsch waren auch kein Gesprächsthema für ihn. Nur bei der Beschreibung giftiger Schlangen, Kröten und Krankheiten strotzte er wie ein Expeditionsteilnehmer mit Fakten. Seine reißerischen Schilderungen mochten seine zuhause sitzenden Freunde und Verwandten beeindrucken, mich aber nicht.

Ich unterbrach seine haarsträubenden Geschichten. »Kennt ihr die Mayastätte Caracol im Dschungel?«

Mandy schüttelte den Kopf, im Gegensatz zu Ralf: »Na klar kenne ich die. Es ist die Hauptattraktion des Landes. Das ist ja eines meiner Geschäftsideen. Die Piste zur Ausgrabungsstätte ist »very rough«. Deshalb bieten wir Motorradtouren an, mit Begleitung, aber auch ohne.«

Ich musste schon wieder grinsen. Er streute gern Anglizismen in seine Sätze. Die englische Amtssprache war ihm in Fleisch und Blut übergegangen, obwohl seine Frau täglich in der deutschen Muttersprache mit ihm redete. Aber sie schien ja sowieso nie zu Wort zu kommen.

»Können wir morgen zwei Motorräder bei dir ausleihen? Wir würden gern selbst ohne Führer nach Caracol fahren.«

Nun fühlte Ralf sich als wahrer Geschäftsmann anerkannt und redete ohne Punkt und Komma den ganzen Abend weiter.

Am nächsten Morgen standen wir früh vor der genannten Adresse im Ortszentrum. Zum einen war der Weg zur Ausgrabungsstätte weit und zum anderen wollten wir den Tag mit unseren Mietmotorrädern ausnutzen. Einige Maschinen standen mit dicken Ketten verschlossen am Straßenrand. Die enge Hauptstraße mit ihren bunt bemalten

Holzhäusern schlief noch seelenruhig. Die metallischen Rollläden mit Graffitis darauf waren heruntergelassen. Rinn- und Bürgersteige, die bis zum Schienbein ragten, gaben uns eine Vorstellung von den Wassermassen, die an diesem paradiesischen Ort in der Regenzeit fielen. Dicke Stromkabel verliefen zwischen den Gebäuden kreuz und quer. Die dicht umwickelten Strommasten ächzten unter dem Gewicht. Zu allen Seiten zweigten Kabel in den Himmel ab und verhinderten ihr Umfallen. Nette Restaurants, Kneipen oder Tourenanbieter, die mit schönen Fassaden um die wenigen Touristen buhlten, standen zwischen zerfallenden Gebäuden. Die kleine Stadt wirkte selbst ohne ihre quirligen Bewohner im Straßenbild sympathisch.

Der durchgerostete Pick-up parkte neben uns ein. Ralf sprang wie am Vortag dynamisch aus dem Wagen. »Hallo. Ihr müsst mir noch die Mietverträge unterschreiben. Dazu gehen wir am besten ins Büro.«

Er ging mit einem großen Schlüsselbund in der Hand zielstrebig auf ein Immobilienbüro zu. Die Fassade zählte nicht zu den heruntergekommenen Gebäuden, sondern zu den perfekt restaurierten. Die Stuckarbeiten waren makellos und in einem zarten Ocker gestrichen. In der Morgensonne glänzte die große Fensterfront und ließ uns bereits von außen auf diesen perfekten Arbeitsplatz blicken. Er schloss auf und bat uns ins Innere. Das Immobilienbüro gehörte zu einer Kette und war nach westlichem Standard eingerichtet. Edle Hölzer schmückten den Geschäftsraum, keine zusammen gedroschenen Holzbretter. Für meinen Geschmack war die Einrichtung zu verschnörkelt, aber traf damit sicherlich das Stilgefühl der überwiegend nordamerikanischen Immobilienkunden mitten ins Herz. Dieses makellose Bild wurde nicht einmal durch ein winziges Staubkorn zerstört. Die aktuellen Angebote von noblen Immobilien hingen gerahmt an der Wand. Über ein LCD-Display, das auf einem kleinen Beistelltisch stand, liefen die neuesten Verkaufsobjekte ab. Internationale Touristen mit Interesse an Immobilien in Belize konnten sich in dieser Agentur gut aufgehoben fühlen. Ralf verschwand im hinteren Zimmer. Ich guckte mich beeindruckt um. »Da habe ich wohl mit meiner Einschätzung über sein großspuriges Gehabe danebengelegen«, flüsterte ich Birte kleinlaut zu.

Nach fünf Minuten saßen Birte und ich jeder auf einer Maschine und verließen die Stadt. Nach weiteren zehn Minuten stand ich allerdings auf einer Schotterpiste mit einem platten Hinterreifen. Ich schnappte mir Birtes Zweirad und fuhr zurück zum Immobilienbüro.

Mittlerweile hatte sich die Hauptstraße mit Leben gefüllt. Eine laute Geräuschkulisse aus Stimmen, Musik und Verkehrslärm vertrieb den letzten morgendlichen Schlaf. Frauen wuschen ihre Wäsche im Fluss. Ihre üppigen dunkelhäutigen Körper steckten in bunten Kleidern. Diese Alltagsszene hätte auch auf dem afrikanischen Kontinent sein können und kam mir in diesem Teil Lateinamerikas immer noch unwirklich vor.

Ich stolperte mit dem Sturzhelm in der Hand durch die Eingangstür des Immobilienbüros. Vier Frauen schauten mich verwundert an. In ihren eleganten einfarbigen Hosenanzügen wirkten sie zum Rest der Stadt bieder. Trotzdem stieg meine Hochachtung vor Ralfs Leistung stetig an. Solch ein Büro innerhalb eines Jahres mit vier Angestellten auf die Beine zu stellen, verlangte in meinen Gedanken nach Respekt.

»Ich suche Ralf. Eines der angemieteten Motorräder hat leider einen platten Reifen.«

Auf den verdutzten Gesichtern zeichneten sich Fragezeichen ab. »Welcher Ralf?«, kam die knappe Frage zurück.

»Ralf aus Deutschland, der hier arbeitet.« Ich kam mir schon ein wenig verarscht vor. Ich sagte zum Glück nicht »ich suche den Chef«.

»Heißt der Deutsche Ralf? Der arbeitet hier nicht fest. Er soll zum Verkauf an deutsche Kunden hinzugezogen werden. Keine Ahnung, wo du den findest. Seine Telefonnummer haben wir nicht, oder?« Dabei schaute sie ihre Kolleginnen an, die verneinend die Köpfe schüttelten. An Ralf war keiner interessiert. »Frag mal drüben in der Reiseagentur nach. Die kennen den bestimmt.«

Tatsächlich, einer fand Ralfs gespeicherte Nummer im Handy. Nachdem er ihn angerufen hatte, stand Ralf wenige Zeit später mit seinem Pick-up wieder vor mir. Er begrüßte seinen Kumpel mit Rasterzöpfen von der Reiseagentur mit einem komisch verdrehten Handschlag. Dieses Ritual erwartete ich eher zwischen Mitgliedern einer New Yorker-Straßengang in der Bronx als in dieser tropischen

Kleinstadt. Jeder Vorbeifahrende wurde mit gewichtiger Miene von Ralf gegrüßt, während wir ein anderes Motorrad auf die Ladefläche luden. Sein rechter Arm schnellte zum erhobenen Gruß in alle Richtungen und eine vorbeigehende Frau wurde nebenbei noch mit einem Wangenküsschen begrüßt.

Nach etlichen überschwänglichen Begrüßungs- und Verabschiedungsriten fuhren wir endlich los. Ich konnte mir nicht verkneifen zu sagen: »Die Frauen im Büro kannten dich gar nicht. Eine Telefonnummer hatten sie auch nicht von dir.« Ich schaute ihn von der Seite an. Er fuhr mit der ewig gleichen Miene lässig seinen Wagen.

»Das ist noch alles ganz neu und wird gerade aufgebaut. Wir stecken noch in der Anlaufphase.«

»Aber das Büro gibt es doch schon länger. Das ist nicht dein Büro, oder?«

»Nein, natürlich ist das nicht mein Büro. Wie kommst du denn darauf?«

Scheinheiliges Bürschchen, dachte ich. Ja, wie konnte sich in meinem Kopf nur diese Absurdität entwickelt haben? Wörtlich hatte er es in seinem Redeschwall tatsächlich nicht gesagt. Manchmal reichte das einfache Weglassen oder Andeuten auch aus.

Nach einer Stunde fuhren Birte und ich wieder auf funktionstüchtigen Motorrädern in Richtung Mayaruine. Die staubige Piste war mit Schlaglöchern gespickt. Die Spurrillen reichten teilweise bis zu den Schienbeinen. Es war nun, außerhalb der Regenzeit, eine staubige Strecke. Bei Regen war sie nicht passierbar. Nur der abgelegene Militärposten schob das ganze Jahr durchgehend Wache, denn hier gab es jede Menge, was über die guatemaltekische Grenze verschoben wurde. Jeder Tourist wurde auf dem Weg in den Regenwald zur Ausgrabungsstätte in einem dicken Buch registriert.

Nach drei Stunden kamen wir mit schmerzenden Muskeln an den Mayaruinen »Caracol« an. Unsere Beine waren vom teilweise stehenden Fahren noch ganz wackelig. Uns und die Stoßdämpfer hatten die ausgefahrenen Schlaglöcher mächtig in die Knie gezwungen. Die chinesische Minimaltechnik der Motorräder hatte dabei kräftig gelitten.

In Caracol wurde unsere Einschätzung zu Touristenströmen wieder einmal bestätigt: Wenn etwas beschwerlich war, dann gab es wenige Personen, mit denen wir die Besonderheit teilen mussten. Es parkten nur weitere fünf Fahrzeuge, als wir durch den Eingang traten.

Caracol war eine der wichtigsten Städte der Maya gewesen, mit einer für die damaligen Verhältnisse beeindruckenden Einwohnerzahl von Hunderttausend, die Hälfte der heutigen Belizianer.

Obwohl wir kaum andere Menschen um uns hatten, konnte von Stille keine Rede sein. Der dichte Dschungel umgab uns mit unbekannten Tiergeräuschen. Die Laute hallten über der freigelegten archäologischen Anlage wie unter einer Glocke wider. Versteckte Tiere raschelten im tropischen Unterholz. Große Schmetterlinge durchschnitten die Luft und farbenfrohe Vögel schossen durch das Laub der Bäume. Eine Ameisenstraße kreuzte unseren Pfad. Die kleinen Sechsbeiner schleppten knallgrüne Blattstücke über eine dicke Humusschicht und verschwanden damit in einem Loch. Ein giftig aussehender Frosch hüpfte über die Stufen der Pyramide und verschwand im dichten Grün. Eine Echse sonnte sich an der Rinde eines Baumes. Biestige Mücken steckten selbst durch unsere Klamotten ihre biegsamen Rüssel. Ihr lautes Summen hing zwischen den aufragenden moosbedeckten Bäumen. Die Luft war zum Schneiden dick, es war schwül und der modrige Geruch inmitten der tropischen Vegetation schwer.

Die feuchten Tropen gehörten generell nicht zu unserem Wohlfühlklima. Dabei litt ich noch mehr als Birte. Mein persönlicher Thermostat funktionierte irgendwie anders. Außerdem hatten wir vor dem, was in den Tropen kreuchte und fleuchte, einen Riesenrespekt. Aber hier musste auch ich über meinen eigenen Schatten springen, denn das unbekannte tropische Belize war es mit jedem Schweißtropfen wert.

Überall ragten behauene Steine von unzähligen Wohnstätten und Tempeln aus der grünen Kulisse hervor. Riesige Stuckmasken lagen mittlerweile farblos, aber von Erde befreit vor uns. Aufgebaute Holzgerüste standen an Stellen, wo Archäologen und ihre Helfer behutsam etwas ausgruben. Sie versuchten dem Dschungel seine kulturelle Vergangenheit zu entreißen. Die Natur hatte ihnen bis jetzt nur ein winziges Stück zurückgegeben. Aber gerade das machte diese Ausgrabungsstätte für uns so besonders. Alles lag noch verwunschen unter der Dichte des tropischen Dschungels verborgen.

Wissenschaftler aus aller Welt vermuten mittlerweile, dass sich unter der Vegetation noch weitere Ruinen verbergen. Caracol hat damit die größte Ausdehnung aller bereits entdeckten Mayaruinen. Unglaubliche Ausmaße, die es zu erforschen gilt.

Wir waren zwei Stunden über die Anlage gegangen und hätten gern noch länger die Atmosphäre genossen, aber wir wollten unbedingt vor Sonnenuntergang zurück sein.

Die anschließende Rückfahrt auf den Motorrädern eines uns unbekannten chinesischen Fabrikats kam uns mit jeder Minute beschwerlicher vor. Am Abend konnten wir gerade noch vor Einbruch der Dunkelheit von ihnen absteigen. Der breitbeinige Gang eines Cowboys wirkte grazil gegen unseren. Uns tat nach der viel zu langen und holprigen Piste alles weh. Staub klebte auf der Oberfläche unserer Zähne und war zwischen jede verschwitzte Speckfalte gelangt. Wir fühlten uns so wie wir aussahen: Wie Unerfahrene, die »mal eben« in den Tropen Motorrad fahren waren.

Die deutschen Bekannten warteten nach unserer Dusche mit einer Flasche Wein auf uns. »Wir hatten heute Besuch von Mandy.«

»War sie alleine hier?«

»Ja, Ralf musste arbeiten.«

In seinem noblen Bürokomplex mit unbekannten Büroangestellten, dachte ich bei mir. Ich verkniff mir allerdings diese Boshaftigkeit und erzählte nichts.

Mandy hatte an diesem Tag den beiden ihr Herz ausgeschüttet, so erzählten es unsere Bekannten. In den Telefonaten mit der Heimat hielt sie das perfekte Bild der Auswanderer aufrecht, das allerdings nichts mit der Realität zu tun hatte. Die alten Freunde zuhause wussten nicht, dass die Ersparnisse nahezu aufgebraucht waren und die Geschäftsideen ihres Mannes auch nach einem Jahr noch keine Früchte trugen, noch nicht einmal Knospen.

Sie hatte erzählt, dass er neue Freundschaften in Kreisen suchte, in denen er sich den teuren Wein zum bloßen Mittagessen nicht einmal leisten konnte. Schwächen zu offenbaren und Niederlagen einzugestehen waren etwas für »loser«, hatte sie Ralfs Worte wiedergegeben.

»Schade. Sie tun mir wirklich leid«, konnte ich nur aufrichtig sagen. Jeder von uns Vieren schaute stumm in sein Glas. Eine beklemmende Stimmung ergriff uns. Wir wussten alle, wie wertvoll Freunde und das soziales Umfeld waren, besonders wenn eine schwierige Phase im Leben zu überwinden war. Auf unehrliche und unechte Schaumschläger konnte jeder verzichten.

Ich musste an einen Jungen aus meiner Schulzeit denken, mit dem keiner spielen wollte. Jeder erinnerte sich wohl an solch ein Kind aus der Schulzeit, den man dann nach Jahren auf einem Klassentreffen wiedersah. Er war als Junge einfach doof gewesen. Dabei stand diese naive Umschreibung eher für das Fehlen der passenden Chemie oder auch das Vorhandensein komischer Eigenschaften. Die Empfindung basierte einfach auf kindlicher Ehrlichkeit und Intuition. Bei dem Jungen aus meiner Kindheit halfen auch die vielen Süßigkeiten nicht, die seine Mutter ihm freizügig für die Bestechung mitgab. Die anderen Kinder und ich hatten die Süßigkeiten damals gemeinsam binnen weniger Minuten aufgegessen, um ihn danach mit einer leeren Tüte alleine stehenzulassen. Nicht mal eine Tonne Bonbons half ihm, Freunde zu finden. Er hatte es als Kind nicht gelernt und, wie ich später auf einem Klassentreffen bemerkte, als Erwachsener auch nicht. Er war zu einem Prahlhans geworden, mit dem sich auf dem Treffen niemand gern unterhalten wollte. Als Kind hatte er mit Bonbons versucht, sich Freunde zu erkaufen, als Erwachsener probierte er es mit seinen materiellen Besitztümern. Ob er damit erfolgreich war, wagte ich zu bezweifeln. Was im Kindesalter nicht funktioniert hatte, klappte im Erwachsenenalter schon gar nicht.

Ralf war hoffentlich nicht wie der doofe Junge aus der Schulzeit, dessen Bonbons alle nahmen. Denn irgendwann könnte seine Bonbontüte leer sein, aber Freunde würde er vielleicht trotzdem keine haben.

Wir mochten uns gar nicht vorstellen, wie schwierig und zerreißend es für Ralf und Mandy war, ein Bild aufrecht zu erhalten, das es so gar nicht gab. Mandy schien darunter besonders zu leiden. Sie konnte sich noch nicht einmal Hilfe holen, weil ihr Mann mit niemanden über die Probleme sprechen wollte, weder mit seinen Freunden zuhause noch mit den neuen in Belize. Vielleicht würden sie ihm sogar helfen und ihn trotz seiner Misserfolge schätzen. Aber er wollte sich sein Scheitern noch nicht einmal selbst eingestehen, dachte ich. Ralf ging das Risiko der Offenheit nicht ein.

Ich hatte während meines Burn-out viel lernen müssen. Eines davon war, dass ich durch den ehrliche Umgang mit meinen Schwierigkeiten wieder an Stärke gewinnen konnte. Ich musste aber erst meine Probleme selbst erkennen, um anderen davon erzählen und um Hilfe bitten zu können.

Wahre Freunde waren immer da, in guten und in schlechten Zeiten.

Birte Neid Osterfeuer Elbe Flammen Reisepläne
Euphorie Vorfreude Neugier Bestürzung Negatives
Niedergeschlagenheit Jackpot Schmitz | iBurn-out Hamburg Ostern

.

Ich stand auf unserem Wohnungsbalkon und schaute in Gedanken versunken in die Flammen des Osterfeuers, das vor mir am Strand brannte. Das haushohe Feuer am Elbstrand sollte den düsteren Winter vertreiben. Und meine dunklen Erinnerungen hoffentlich gleich mit, wünschte ich mir.

Mittlerweile waren sieben Monate vergangen, seitdem Ingo im Herbst die Diagnose Burn-out erhalten hatte. Ingo wusste viele Monate nicht, wie lange die Genesung überhaupt dauern würde und ob er danach beruflich da weitermachen konnte, wo er vor seinem Burn-out aufgehört hatte. Die offenen Fragen seiner Zukunft hatten ihn selbst so unter Druck gesetzt, dass er einen Auflösungsvertrag als einzige Möglichkeit gesehen hatte.

Seit Anfang dieses Jahres brauchte Ingo nun keine Krankschreibungen mehr: Seine Projekte, Aufgaben und Zuständigkeiten waren neu verteilt worden. Er hatte den Schreibtisch für jemand anderen leer geräumt und war nun ohne Job. Der Auflösungsvertrag regelte alles – wie bei einer Scheidung von zwei ehemals Liebenden, die nach einer langen Zeit enttäuscht ihren eigenen Weg gehen mussten. Die Kollegen und Mitarbeiter der Firma brauchten sich nicht mehr zu fragen, wann, ob und wie Ingo wieder zur Arbeit kommen würde. Es war mittlerweile auch kein Geheimnis mehr, dass er an einem Burn-out erkrankt war.

Seit Beginn des Jahres machte seine Genesung Fortschritte. Ingo hatte sich physisch und psychisch mit jeder Woche besser gefühlt. So schleichend die Krankheit über viele Monate gekommen war, so verflüchtigte sie sich nun auch auf leisen Sohlen wieder. Die Unruhe zog sich zurück und mit ihr die innere Leere. Der Schwindel trat nicht mehr auf und die unterschiedlichen Schmerzen, wie der des Herzens und des Ohrs verschwanden. Nur seine Rückschmerzen blieben. Alle Tränen schienen geweint worden zu sein. Sie versiegten und ehrliches Lachen löste sie stattdessen ab. Das Psychopharmakon hatte Ingo im vergangenen Monat abgesetzt. Und es waren nur noch einige Termine der Gesprächstherapie offen. Viele unterschiedliche Faktoren hatten zur Genesung beigetragen, aber besonders die Einflüsse von Zeit, Geduld und Ausdauer.

Unser winziger Wohnungsbalkon war dicht gepackt mit Freunden, die ebenso wie ich den Blick ins Feuer und die Nähe der Flammen genossen. An vielen Tagen während des Burn-out hatten Ingo und ich den Blick für die schöne Wohnlage verloren. Aber an den Tagen, wo das Bewusstsein hell wach war, so wie jetzt, gab es nichts Schöneres. Hamburg an der Elbe war für lange Zeit unsere Perle gewesen.

Im Stadtteil Blankenese hatten wir für viele Jahre unser Zuhause gefunden, dachte ich zurück. Wir mochten das Viertel: die ehemaligen Fischerhäuschen, wo immer noch die älteren Bewohner unzählige steile Stufen im Treppenviertel hoch schlurften. Sie zählen statistisch zu den ältesten Menschen Deutschlands. Nicht verwunderlich, denn im Treppenviertel können einige Flecken nur zu Fuß erreicht werden. Straßen für Autos gibt es nur teilweise, manchmal gar nicht. Die steilen Treppen mit den farbenfrohen Sträuchern und Hecken ziehen sich kreuz und quer über den Elbhang. Zwischen den unebenen Stufen wachsen Gräser und zarte Gänseblümchen. Verwitterte Holzbänke laden nach den vielen Treppenstufen zur Verschnaufpause ein. Sanierte Häuser stehen neben Neubauten. Windschiefe Gebäude mit fingerdicken Rissen in der Fassade versprühen dort Charme, wo manchmal Geld für Renovierungen fehlt. Der Blick durch die engen farbenfrohen Häusergassen ist sowieso unbezahlbar, egal aus welchem Winkel ihre Bewohner schauen dürfen.

Aber auch die alten herrschaftlichen Villen, die anmutig hanseatisch in ihren Gärten stehen und deren Besitzer kaum fremde Blicke durch die dichten Rhododendrenbüsche zulassen, sind ein Stück Blankenese. Ihre Tore öffnen sich kurzzeitig elektrisch, damit ein teurer Wagen ungesehen hineinschlüpfen kann. Auf den Grundstücken kann man alte Baumbestände und weite Rasenflächen erkennen, die am Hang abfallen und ihren Bewohnern die Elbe zu Füßen legen. Zum gemeinsamen Feiern des Osterfeuers kommen dann die unterschiedlichsten Bewohner von Blankenese zusammen.

Ich guckte immer noch in die meterhohen Flammen des Osterfeuers und in die Gesichter unserer Freunde. Alle wussten von Ingos Krankheit, einige mehr, andere weniger.

Dieses Osterfeuer würde unser letztes sein, zumindest mit nahen Logenplätzen in Form eines kleinen Balkons, besann ich mich. Zum Jahresende hatten wir die Wohnung gekündigt. Die anfängliche Idee einer Reise zu zweit hatte sich zum ernst gemeinten Plan entwickelt. Wir hatten den Gedanken einer längeren Reise schon eine Weile im Kopf gehabt, wollten aber noch einige Jahre damit warten. Wahrscheinlich haftete uns der klassische Werdegang von Schule-Ausbildung-Job-Rente zu fest im Kopf, so dass wir unserem Vorhaben wenig Verwirklichungschance eingeräumt hatten. Jetzt durchbrachen wir unser starres Lebensmuster. Es gab keinen triftigen Grund mehr, den Reisewunsch zu verdrängen. Durch die eigenen Ersparnisse wollten wir uns den zeitlichen Ausstieg aus der Tretmühle ermöglichen. Wir brauchten Abstand! Abstand zum Job, Abstand zum deutschen Alltag, aber vor allem zu uns selbst. Zu dicht standen wir mit unseren Nasen vor der sprichwörtlichen Borke und erkannten den Wald vor lauter Bäumen nicht mehr. Wir sehnten uns nach Zeit für uns und all die Dinge, die das Leben ausmachten. Wir hatten das Bedürfnis, wieder richtig in Ruhe durchatmen zu müssen, auch um die Zeit des Burn-out hinter uns lassen zu können. Wir verordneten uns selbst einen Tapetenwechsel.

Ich schaute in die Flammen. Trotz des Gedankens, dass ich vieles für die lange Tour aufgeben musste, trieb die Abendluft keine Traurigkeit zu mir herüber. Einen Funken von Melancholie vielleicht, aber mehr nicht. Jeder gab liebgewonnene Dinge ungern auf. Manchmal hielt man so lange wie es nur ging an ihnen fest, selbst mit vorgebeugtem Rücken und in die Länge gestreckten Armen, um dann doch schmerzhaft das Festgehaltene durch die Finger rutschen zu sehen.

Fröstelnd ging ich zurück ins Wohnzimmer. Unsere Wohnung ähnelte, wie in jedem Jahr zu Ostern, einer Jugendherberge. Es türmten sich Reisetaschen, Schlafsäcke, ausklappbare Matratzen und Isomatten in den Ecken auf. Es war ein lebendiges Chaos, nicht von pubertierenden Jugendlichen, sondern von Menschen um die Vierzig, die diesen Zustand noch nicht verlernt hatten. Diese Art des kollektiven Wohnens nahm nicht nur an Ostern dieses Ausmaß an. Wir mochten gerne Gäste um uns haben. Und wenn Ingo und ich nicht zuhause waren, dann lag der Wohnungsschlüssel im Gebüsch neben dem Haus versteckt, so dass Freunde in unserer Wohnung übernachten konnten.

Mein Blick schweifte durch das Wohnzimmer. Auf dem mächtigen Eichentisch, der mit Sicht auf die Elbe ausgerichtet war, standen unzählige halbvolle und von fettigen Fingerspuren übersäte Weingläser neben leeren Kaffee- und Teetassen. Dazwischen standen heruntergebrannte Kerzen.

Ich hörte, wie einige Freunde kein Ende in ihrer Diskussion über die korrekte Reihenfolge der Ereignisse in der christlichen Ostergeschichte fanden.

»Ach Quatsch, die Kreuzigung war Karfreitag.«

»Richtig, aber wann ist er auferstanden?«

»Ostermontag!«

»Unsinn, Ostersonntag ist der Tag der Auferstehung.«

Alle lachten in der kleinen Auseinandersetzung wild durcheinander. Jeder schmiss seine Meinung in die große Runde. Die erlernten, religiösen Puzzlestücke passten nach hitzigen Überlegungen nicht zusammen. Wann hing er wo angenagelt, wann stand er wieder auf? Die ausartende Diskussion konnte schließlich durch einen Telefonanruf bei einem verwandten Pastor klärend beendet werden. Danach sank die Lautstärke der Stimmen wieder auf ein normales Maß.

Über die völlig fehlinterpretierte Ostergeschichte kam das Gespräch der großen Tischrunde plötzlich auf unsere Reisepläne.

»Was wollt ihr machen? Eine Reise mit dem Auto durch Amerika?«, fragte eine Bekannte aus der Runde.

Mit den engsten Freunden hatten wir schon unsere Entscheidung und Pläne besprochen. Die Beweggründe für die Tour waren allen klar gewesen. Das fragende Pärchen am Tisch gehörte nicht zu diesem Personenkreis. Wir hatten sie zufällig draußen am Osterfeuer getroffen und kannten sie nur flüchtig. Die Frau hatte dringend aufs Klo gemusst und gefragt, ob sie unseres benutzen dürfte. Sie war deshalb mit ihrem Mann mit in unsere Wohnung gekommen. Ich hatte ihnen selbstverständlich auch etwas zu trinken angeboten. Zwei Gäste mehr oder weniger waren in diesem großen Kreis egal.

Das Pärchen saß nun in unserer Runde. Mit großen Ohren hatten sie offensichtlich in anderen Gesprächen etwas aufgeschnappt. Die Frau warf ihre Fragen ein zweites Mal über die gesamte Länge des Tisches. »Was wollt ihr machen? Eine Reise mit dem Auto durch Amerika?«

Ich sprach noch ungern mit Außenstehenden über unsere Pläne, Ingos Krankheit oder unsere Auszeit. Aber irgendwie führte die ausgelassene Stimmung des Abends dazu, dass ich nun meine Zurückhaltung sausen ließ. »Ja, wir planen mit einem Camper von Alaska im Norden des amerikanischen Kontinents bis nach Patagonien in Südamerika zu reisen. Eben auch durch alle anderen Länder des Kontinents.« In denen unser Hauptinteresse lag und nicht in den USA, dachte ich weiter. Für einige begrenzte sich der Begriff Amerika noch immer auf die Vereinigten Staaten. Ich verkniff mir einen Kommentar.

Die Fragende ahnte wohl nicht, was für überwältigende Emotionen diese kurze Antwort in mir auslöste. Allein die Vorstellung unseres Vorhabens genügte, um mein Herz voller Ungeduld in einer höheren Taktzahl pochen zu lassen. Seit unserer finalen Entscheidung vor zwei Monaten stand ich oft auf dem Balkon mit Blick auf den nächtlichen Fluss. Ich hörte das Lied »Tag am Meer« von »Den Fantastischen Vier«. Es drückte das aus, was ich noch nicht in Worte fassen konnte: »...du spürst die Lebensenergie, die durch dich durchfließt, das Leben wie noch nie in Harmonie und genießt, es gibt nichts zu verbessern, nichts was noch besser wär, außer dir im Jetzt und Hier und dem Tag am Meer...«

Meine Vorfreude fühlte sich unbeschreiblich mächtig und intensiv an. Ich konnte schon jetzt vor Glück und Freude platzen, obwohl die Tour noch nicht einmal angefangen hatte. Es fühlte sich großartig an.

Mit einer heiteren Stimmlage berichtete ich weiter. »Wir planen im Januar, also Anfang nächsten Jahres, zu starten.« Meine Zurückhaltung war gebrochen.

Sie schaute mich skeptisch an. »Habt ihr gar keine Angst überfallen zu werden? Einige Länder sind bestimmt mordsmäßig gefährlich.

Und was ist mit euren Jobs? Die wollt ihr doch nicht tatsächlich kündigen. Neue zu finden ist in der heutigen Zeit ja gar nicht leicht, besonders nach so einer langen Reise. Ihr seid ja auch nicht mehr die Jüngsten«, keuchte sie schwer, weil die Aneinanderreihung der vielen Sätze ihr Atemnot bereitete. Trotzdem setzte sie ein lachendes »Haha« hintendran.

Was war das denn?, dachte ich verwirrt. Sie schien meine freudige Euphorie nicht im Geringsten gespürt zu haben, denn sonst konnte sie wohl nicht so unsensible Fragen stellen. Begann die Osterpredigt schon jetzt für uns? Zumindest empfand ich ihre selbstgefällige Stimme so. Fehlte nur noch, dass sie auf unseren Balkon vor die Menge trat und das »Urbi et Orbi« verkündete.

Sie sprang zum Glück nicht zum Balkon, sondern wartete auf dem Stuhl sitzend auf meine Antwort.

Ich konnte nichts sagen, denn ich war von ihrem ersten Kommentar völlig überrascht worden und der zweite hatte mir die Sprache verschlagen. In fünf Sätzen war sie zweimal ins Fettnäpfchen getappt, dachte ich niedergeschlagen.

Sie holte Luft und redete weiter. »Habt ihr gar keine Angst unterwegs krank zu werden? Gibt es in den unterentwickelten Ländern überhaupt richtige Ärzte?«

Das dritte Fettnäpfchen stand bereit und wurde direkt von ihr angesteuert. »Und diese tolle Wohnung am Strand wollt ihr auch kündigen? Ihr plant wirklich alles aufzugeben?«

Unser Gespräch stand unter keinem guten Stern. Der Verlauf ihrer Fragen war nicht sehr geschickt gewesen, denn trat man Leuten erst gegen das Knie, wie sie es gerade getan hatte, dann war eine freundliche Unterhaltung unter Schmerzen nun mal schwierig.

Sprachlos schaute ich sie an und presste meine Zähne aufeinander. Ingo sprang für mich in die Bresche und beantworte geduldig ihre Fragen. Seine Antworten hörten sich ein wenig nach Rechtfertigungen an. Belanglose Erklärungen drangen als Wortfetzen zu mir vor.

Mein Kopf sackte schlaff nach unten und glich einem geschlachteten Hühnchen. Jegliche Muskelspannung war verschwunden. Die gerupften Federn wirbelten durch den Raum. Die Melodie von »Tag am Meer« erstarb langsam in meinem Kopf. Nur noch ihre schroffe

Stimme blieb übrig.

Meine Niedergeschlagenheit war unermesslich groß. Dabei waren ihre grobschlächtigen Fragen nur teilweise Schuld an meinem Gefühl. Ich war vielmehr maßlos enttäuscht darüber, dass ihre Worte überhaupt diese Reaktion in mir auslösen konnten. Sie war eine mir völlig fremde Person und trotzdem nahm ich mir das Gespräch zu Herzen. In nur wenigen Momenten hatte sie meine gesamte Bandbreite an positiven Gefühlen vernichtet. Einfach so. Warum konnte das geschehen? Fieberhaft überlegte ich und fand keine Antwort darauf.

Ich drehte mich anderen Gesprächspartnern zu, aber konnte ihre dominante Stimme und die Wortfetzen kaum ausblenden. Allgemeine Plattitüden wie »Man hört ja immer wieder, dass Aussteiger nach ihrer Rückkehr keinen Fuß mehr auf den Boden bekommen«, »Kann man sich denn nach so einer Reise wieder in die Gesellschaft integrieren?« oder »Wie funktioniert das denn mit der Rente, wenn ihr jetzt nicht einzahlt?«, drangen an mein Ohr.

Ich machte drei Kreuze als ich sie und ihr Mann kurze Zeit später wieder an der Tür verabschieden konnte. Sie hatte wohl auch gemerkt, dass es Zeit war, zu gehen. Warum hatte ich ihnen auch etwas zu trinken anbieten müssen?, ärgerte ich mich.

Trotz der Begebenheit war der Abend mit den Freunden harmonisch zu Ende gegangen. Wir räumten ein wenig auf, so dass die Übernachtungsgäste ihre Matratzen, Isomatten und Gästebetten ausbreiten konnten.

Als Ingo und ich im Bett lagen, sprachen wir über das Pärchen.

»Warum hat sie diese bescheuerten Fragen gestellt? Aus Neid, aus Boshaftigkeit und weil sie einfach nichts Sinnvolles fragen kann?«, stellte ich nun Ingo die Fragen, für die ich selbst keine Antwort gefunden hatte.

»Wahrscheinlich war es ein Mix aus allem. Dafür kenne ich sie zu wenig. Vielleicht hatte sie sich einfach nichts bei ihren Fragen gedacht oder hatte einen schlechten Tag erwischt.«

Genau, dachte ich. Der Kopf war nur dafür da, damit es nicht reinregnete. Und mit schlechten Tagen kannten Ingo und ich uns ja aus. »Aber gerade wenn man nichts weiß, kann man doch die Klappe halten.« Jetzt fühlte ich mich nicht mehr wie das schlappe, gerupfte Hühnchen, sondern eher wie ein schwarzes Federvieh, das mit seinen Krallen Augen auskratzen konnte. »Dusselige Kuh. Ich platze fast vor Freude über die Reise und dann so etwas. Dabei hatte ich von Anfang an kein gesteigertes Bedürfnis mit ihr über unsere Pläne zu reden.« Ein unerwartet lauter Seufzer kroch aus meiner Kehle hoch. Ich war immer noch aufgewühlt.

Ingo lag auf dem Rücken und schaute an die Zimmerdecke.

Wir sagten eine Zeit lang gar nichts. Jeder war in seinen Gedanken versunken, ließ die Müdigkeit zu und wurde schläfrig. Ich beruhigte mich wieder. Aber mir wurde langsam bewusst, warum mich ihre Fragen so hart getroffen hatten. Für mich waren zwar die geplante Tour und alle Entscheidungen rein rational getroffen worden, aber ich hatte sie noch nicht verinnerlicht. Die Pläne hatten noch keine Chance erhalten, sich zu verfestigen. Sie waren noch zu unsicher, weshalb meine Überzeugung wohl noch keinem groben Angriff standhalten konnte.

»Ingo, wir dürfen das nicht mehr machen. Wir reden alles tot. Mit Menschen, die uns nicht wichtig sind und an denen wir uns nicht produktiv reiben, sondern nur aufreiben.«

Er drehte sich im Bett zu mir um. »Stimmt. Außerdem kann ich mittlerweile kaum noch unterscheiden, aus welcher Motivation heraus sie diese Bemerkungen machen. Es sind wahrscheinlich viel mehr Leute auf uns neidisch, als wir es vermuten. Vielleicht nicht unbedingt auf uns, aber auf das, was wir machen werden. Sie selbst würden sich diese Möglichkeit nie herausnehmen und deshalb gönnen sie es auch keinem anderen. Ich kann mit den neidischen und negativen Anspielungen auch nicht besonders gut umgehen. Mich deprimiert es auch.«

Ich schaute Ingo an, dessen Augen langsam zufielen. Nein, dachte ich still, auf uns waren sie sicherlich nicht mehr neidisch. Zumindest nicht auf Ingo, der als Vierzigjähriger »auf dem Höhepunkt seiner Karriere«, wie es in einigen Nachrufen hieß, krank wurde.

Ingo lag mit geschlossenen Augen neben mir und sein Brustkorb hob und senkte sich ruhig. Er war eingeschlafen, auch das ließ sein Körper wieder zu.

Ich knipste die kleine Lampe am Bett aus und lauschte. Aus den beiden Wohnzimmern kroch das leise Schnarchen der Freunde den Flur entlang. Auch das würde am Ende des Jahres enden. Aber es war ein Ende mit einem neuen, großartigen Anfang, nämlich mit unserer Reise, die wir »frei**gelassen**« getauft hatten. Eine doppeldeutige Wortspielerei, die unseren persönlichen Wunsch für die Tour ausdrückte. Wir wollten uns wieder frei fühlen und **gelassen** werden, einfach frei**gelassen**.

Ich dachte an den Einzug in diese Wohnung, an den Anfang, zurück. Damals wurde ich von Neugierigen gefragt: »Wo hat Ingo die Mietwohnung, in die du jetzt miteinziehst?«

»Im Westen von Hamburg«, kam meine kleinlaute Antwort, weil ich den Namen Blankenese einfach nicht über meine Lippen bringen konnte. Der wohlhabende Stadtteil Blankenese an der Elbe, mit seiner auffälligen Dichte an Luxuskarosserien und teuren Häusern, ließ einen als Bewohner in eine riesige Schublade von Klischees und Vorurteilen wandern, aus der man schlecht wieder herauskam. Ich wollte nicht in diese Schublade gestopft werden. Auch damals hatte ich meinen Umzug selbst noch nicht verinnerlicht und konnte deshalb wohl auch nicht offen dazu stehen. Bissige Kommentare hätten mir eigentlich egal sein können, waren es aber nicht.

Der Stadtteil Eimsbüttel war das krasse Gegenteil von Blankenese. Dort wohnte ich, bevor ich Ingo kennenlernte. Es gab unzählige Kneipen für junge Gäste ums Eck, in die ich abends gehen konnte. Viele wohnten in Altbauwohnungen dicht aufeinander und dementsprechend quirlig war der Stadtteil. Nicht zu abgehoben, aber auch nicht zu heruntergekommen, um sich abends als Frau auf die Straße zu trauen. Es war ein perfekter Platz für mich als Single-Frau gewesen, bevor ich Ingo kennengelernt hatte.

»In welchen Stadtteil im Westen ziehst du denn?«, war prompt die Nachfrage einer Kollegin gekommen.

»Nach Blankenese.« Nun war es raus. Die Kollegen hatten mich lange bedrängt, um das aus meinem Mund zu hören, was sie sowieso schon längst wussten.

»Habt ihr einen Blick auf die Elbe?«

Es war die Stimmlage der Fragenden, die mir ihre Gefühlslage offenlegte. Ihre Betonung des Satzes verlief zwar wie die Form eines Berges, aber machte zum Satzende einen gewaltigen Schlenker wieder nach oben. Als hätte sie in Gedanken gefragt: Ihr habt doch nicht etwa auch einen Blick auf die Elbe? Sie schien mir den Umzug zu missgönnen. Der Übergang von Neugier zu Neid war fließend gewesen, aber wurde durch ihre Stimme und ihren Blick enttarnt. Sie schaute mich nicht freundlich und interessiert an, sondern wirkte eher angespannt, geradezu verbissen.

Mein neues Zuhause sollte mit der geographischen Lage, nämlich »mit oder ohne« Elbblick, eingekreist werden. Ich hatte die scheinheilige Ausfragerei satt. »Mit Blick. Die Wohnung liegt direkt am Elbstrand.«

Danach war es damals still auf dem Flur geworden und alle gingen zielstrebig in ihre Büros zurück. Aber gut hatte ich mich nach meinem kleinen verbalen Triumph nicht gefühlt. Die Stimmung der Missgunst hatte mich bedrückt, obwohl mir die Leute überhaupt nicht wichtig waren.

Als ich im Bett an meine Umzugsgeschichte und an die negativen Fragen des heutigen Abends zurückdenken musste, schoss mir plötzlich eine weitere Person in den Kopf: Herr Schmitz. Nicht meiner, der ruhig neben mir schlief, sondern der Mann von der Lottogesellschaft. Das Hamburger Abendblatt hatte irgendwann ein Porträt über ihn gebracht und dieser Artikel hing ausgeschnitten an unserer Magnetwand. Herr Schmitz besuchte die Gewinner, allerdings nur die »Großkopferten«, deren Gewinnsumme mehrere Nullen umfasste. Er übergab nicht nur den Hauptgewinn, sondern erzählte dem, der es wissen wollte, auch noch etwas über einen gesunden Umgang mit dem Reichtum. Bei seinen Tipps lag das Hauptaugenmerk jedoch nicht auf dem vielen Geld. Der Knackpunkt waren die lieben Mitmenschen, die vor Neid aus ihren Löchern krochen, grün anliefen, die nicht gönnen wollten und selbst einen einmaligen Lottogewinn mies machten.

Deshalb lautet der Ratschlag vom Schmitz schlicht und ergreifend: »Mund halten, Mund halten, Mund halten.« Das war auch die damalige Überschrift des Artikels gewesen, an die ich mich nun erinnerte.

Das sollten Ingo und ich von nun an auch beherzigen. Der Herr Schmitz von der Lottogesellschaft hatte zwar nie vor unserer Tür gestanden, aber unsere geplante Reise war trotzdem so etwas wie der Jackpot, zumindest in der Vorstellung vieler. Für uns sowieso.

Es gab einfach immer Menschen, die nicht gönnen konnten. Leider mehr als wir vermuteten. Sie ließen uns ihren Neid spüren oder wollten durch ihre negativen Bemerkungen mit einem Rundumschlag alles mies machen. Vielleicht waren sie auch nur unsensible Menschen, die sich tatsächlich nichts dabei dachten, überlegte ich mir.

»Wie auch immer«, sagte ich leise zu mir. »Mund halten, Mund halten, Mund halten.«

**Birte** Neid aktiver Vulkan **Cotopaxi Wildpferde**
Wanderungen **Reisebus** Rentner Solidaritätszuschlag
**Umweltschweine** Bergbesteigung Verirren | freigelassen Ecuador April

**N**achdem wir fünf Monate durch Mexiko und Belize gereist waren, verschifften wir unseren Camper von der mexikanischen Hafenstadt Manzanillo am Pazifik nach Guayaguil an der Küste Ecuadors. Um einen Transport zwischen Nord- und Südamerika kamen wir generell nicht herum: Es gibt ein Stück im Regenwaldgebiet, das Darién-Gap, das unpassierbar ist. Diese Lücke von hundertzehn Kilometern zwischen Panama und Kolumbien ist die letzte in der ansonsten durchgängigen Straßenverbindung mit dem legendären Namen »Panamericana«.

Nach der Abgabe unseres Campers für die Verschiffung im mexikanischen Hafen wurden wir von der Agentur panisch wieder zurückbeordert. Zollhunde hatten bei der Kontrolle wild angeschlagen. Nachdem wir wenige Geldscheine aus dem Wagensafe entfernt hatten, war der deutsche Schäferhund wieder zahm geworden. Ob Drogen, Waffen oder Geld, alles wurde durch seine feine Nase mit gleichermaß aufgedeckt.

Als die Schwierigkeit überwunden war, fuhren wir mit dem Bus nach Mexiko City. Zwei Wochen verbrachten wir in der interessanten Hauptstadt und flogen von dort aus weiter zum südamerikanischen Teil des Kontinents, nach Ecuador. Unser Camper kam nicht nur eine Woche verspätet im ecuadorianischen Guayaguil an, sondern auch beschädigt. Er war nicht wie vereinbart an Bord gefahren, sondern grob mit einem Kran auf das Deck des Frachters gehoben worden. Dabei waren beide Kotflügel gebrochen und die Fahrspur des Wagens hatte sich komplett verzogen. Glücklicherweise war es nichts Schlimmeres. Es folgten viele Telefonate und Schriftwechsel mit Versicherungen, Reedereien, Hafenbehörden und Werkstätten.

Nach einer weiteren Woche war alles soweit geregelt, dass wir unsere Reise von der schwülwarmen Küste in die kühlere Andenhochebene, der »Sierra«, fortsetzen konnten. Mit unserem fahrbaren Camper.

In der Sierra führte die Hauptverkehrsader, die Panamericana, durch das bevölkerungsreichste Gebiet Ecuadors. Bergauf und bergab, entlang der steil abfallenden Felder, über den Rücken der Anden und entlang der aufragenden Vulkane. Ein Teilgebiet zwischen den beiden Gebirgszügen der Hochebene hieß deshalb auch nicht ohne Grund »die Straße der Vulkane«.

Der Name klang sehr beschaulich, aber in Anbetracht der ecuadorianischen Ballungsräume und der Verkehrsdichte war auf dieser legendären Straße Beschaulichkeit eher ein Fremdwort. Zumindest auf dem Abschnitt, auf dem wir fuhren.

Wir waren erleichtert, als wir die Panamericana verlassen und auf einen Schotterweg abbiegen konnten. Der sollte laut eines Schildes zum Nationalpark des Vulkans »Cotopaxi« führen.

Indigene Frauen in langen Röcken und mit Filzhüten auf ihren Köpfen gingen vor uns am Wegrand. Sie trugen ihre Kinder in bunten Tragetüchern auf den Rücken. Als sie die Motorengeräusche unseres Wagens hinter sich hörten, machten sie einen weiten Schritt zur Seite direkt ins Gebüsch, ohne sich überhaupt umzudrehen. Alle Verkehrsteilnehmer mussten sich die Straßen und Wege teilen, ob Pferdewagen, Fahrräder, Lastwagen oder Fußgänger. Dabei war die Mehrheit der ecuadorianischen Fahrer zwar als freundlich, aber nicht als sicher und rücksichtsvoll bekannt.

Schafe weideten auf den kargen Grasflächen neben dem Schotterweg. Schweine suhlten sich in kleinen Schlammlöchern und boten damit ebenso ein natürliches Hindernis wie Bachläufe, die zu durchfahren waren. Auf dem staubigen Weg umfuhren wir in Schlangenlinien die Schlaglöcher und passierten den offiziellen Eingang zum »Nationalpark Cotopaxi«. Alles wirkte provisorisch ausgebaut, wie so vieles in Ecuador, wo das geplante Budget häufig in den unendlichen Tiefen der Korruption spurlos versickerte.

Nachdem wir einige Kilometer im Park gefahren waren, verschwanden im Rückspiegel die grünen Wälder in der hügeligen Umgebung und eine weite, flache Ebene mit karger Vegetation eröffnete sich. Die Farben und Linien der Hochebene verliefen sanft und wunderschön ineinander, wie mit Kreide gezeichnet. Dabei war die Entstehung dieses Gebietes alles andere als sanft gewesen, denn vergangene Vul-

**171**

kanausbrüche hatten das Landschaftsbild geprägt. Der Nationalpark, mit seinem fünftausendachthundertsiebenundneunzig Meter hohen aktiven Vulkan Cotopaxi, breitete sich vor uns aus.

Wir fuhren durch den Park, überquerten auf einer schmalen Holzbrücke einen Flusslauf und parkten unseren Camper auf dem Gelände einer kleinen Gästehütte, dessen wohl dosierter Komfort durch das leise Summen eines Generators verraten wurde. Außerdem lebten einige Lamas hier, die neugierig ihre Köpfe reckten und das typische Urlaubsfoto von Südamerika vervollständigten.

An diesen abseits gelegenen Ort im Nationalpark verirrten sich grundsätzlich nur wenige Reisende. Die Mehrzahl bog vorher auf den Weg ab, der zum höchsten erreichbaren Punkt auf viertausendsechshundert Meter Höhe führte und einfacher zu erreichen war.

Zurzeit waren wir die einzigen Besucher, sowohl in der Hütte als auch mit einem Camper. Wir fühlten uns wie im Nirgendwo und waren nur von grandioser Natur umgeben. Es war menschenleer, einsam und völlig still. Bunte Kolibris flogen neugierig wie außerirdische Flugobjekte an uns heran und riesige Kondore über uns hinweg.

Die verbrachten Tage im Nationalpark verstrichen in einer beruhigenden Langsamkeit mit langen Wanderungen, Lesen, Reiseerlebnisse aufschreiben und Fotos anschauen. Wir lernten alle Jahreszeiten innerhalb von vierundzwanzig Stunden kennen: zarte Schneeflocken, eisiger Nachtfrost, wärmender Sonnenschein und kübelweise Regen. Alles im rasanten Wechsel.

Wir waren gerade von einer Wanderung zu einer Inkaruine im Park zurückgekommen und genossen einen heißen Kokatee im gemütlichen Camper, als von weitem ein großer Reisebus über die steinige Piste herangerumpelt kam. Es war keiner der einheimischen Busse, die daran zu erkennen waren, dass ihre Scheiben aus Mangel an Belüftung beschlugen und die Windschutzscheibe des Fahrers mit plüschigen Gardinen, Heiligenfiguren, Kreuzen und anderen Devotionalien verhangen waren. Auch standen auf dem Dach dieses Busses keine angebundenen Schafe, riesengroße Säcke mit Gemüse oder andere Kisten, die transportiert werden mussten.

Dieses nagelneue Modell mit funktionierender Heizung und

Stoßdämpfern und allem erdenklichem Komfort glich einer irrealen Luftspiegelung. Bei den Insassen im Reisebus konnte es sich nur um zahlungskräftige ausländische Touristen handeln, dachte ich.

Der Bus steuerte in unsere Richtung. Er fuhr einen kleinen Bogen um unseren Camper herum. Währenddessen drückten sich bereits unzählige weißhäutige Nasen an die Scheiben. Die Chance, dass diese Nasen zu deutschen Touristen gehörten, lag bei gefühlten hundert Prozent. Überall, wo es schöne Flecke zu bereisen gab, hatten wir deutsche Touristen getroffen. Sie klagten in unseren Gesprächen mit ihnen immer über schlechte Zeiten und zu wenig Geld im Portemonnaie, aber das kannten wir ja von Deutschen nicht anders. Jammern auf hohem Niveau oder »Klappern gehört zum Handwerk«.

Die Insassen des Busses schritten, nachdem der Bus angehalten hatte, etwas steif gesessen die Stufen herunter. Der Reiseleiter reichte ihnen hierfür seine helfende Hand. Ein Rentner folgte dem nächsten aus dem Bus. Die Müdigkeit verflog schlagartig, als ihre schweren Augen auf das Kennzeichen unseres Campers fielen.

»Neeee, guck mal. Ich glaub, ich werd verrückt«, blökte ein Mann lautstark.

»Magdeburger. Ossis«, erboste sich ein anderer.

Unser Fahrzeugkennzeichen »MG« wurde nicht als Mönchengladbach entschlüsselt, sondern fälschlicherweise als Magdeburg. Damit konnten wir gut leben, sie scheinbar nicht. Ingo und ich saßen hinter den heruntergelassenen Jalousien, bissen uns vor Lachen auf die Lippen und horchten dem deutschsprachigen Gezeter.

»Günter, jetzt sind die Ossis auch schon hier, mitten in Ecuador und mit einem eigenen Camper«, vollendete die Ehefrau mit Pudeldauerwelle schnippisch den Denkansatz ihres Gatten.

»Die Ossis. Diese Schmarotzer. Bringen hier unseren Solidaritätszuschlag durch«, verkündete der Ehemann der Dauerwellenfrau. Er hatte es offensichtlich als Scherz gemeint, aber seine Stimmlage hatte die Ernsthaftigkeit seiner Aussage verraten. So nickten viele zustimmend mit versteinerter Miene und zogen in Gedanken die gefallene Mauer wieder hoch.

»Heinz, hast du schon gesehen?«

Sein Nachbar Günter konterte mit der präzisen Anzahl von acht

Zylindern, die er an der Karosserie abgelesen hatte.

»Guckt euch mal die riesige Spritschleuder an. Diese Umweltschweine.«

Ingo und ich schauten uns staunend gegenseitig an. »Umweltschweine, wir?« Dabei hatten wir hundert Quadratmeter schlecht isolierte Altbauwohnung in Hamburg gegen diese sechs Quadratmeter winterisolierte Fiberglasbehausung eingetauscht. Ihre Sicht auf unser Umweltverhalten beschränkte sich auf die Größe unseres Dieseltanks. Nur der war für sie klar zu erkennen, alles andere interessierte wohl nicht. Wir schienen für sie generell unkalkulierbar, unbekannt oder ganz einfach total verrückt zu sein. Versuchten sie durch das Schlechtreden ihr Missgönnen zu rechtfertigen?

Unsere Landsleute, die gut situierten Bustouristen, standen schimpfend vor unserem Zuhause und redeten sich mit »Ossischmarotzer« und »Umweltschweine« ungeniert in Rage. Erst kam nur einer nah zum Camper und kniete sich unter das Fahrzeug. Dann bückten sich weitere bis kein Detail unkommentiert blieb. Es waren keine freundlichen Töne, die sie anschlugen. Ihre Stimmen hörten sich boshaft an. Die Kommentare unserer Landsleute wirkten weniger neugierig als missgönnend und neidisch. Sie beachteten noch nicht einmal den unverhüllten Cotopaxi, der als perfekt geformter Bilderbuchvulkan mit Schneehaube in der Sonne erstrahlte.

Dabei hatte ich den Eindruck, dass es diesen deutschen Touristen, zumindest oberflächlich betrachtet, gut ging. Sie verbrachten ihren Urlaub im außergewöhnlichen Reiseland Ecuador, welches so weit von Deutschland entfernt lag, dass sie sich klar von der breiten Urlaubsmasse zu Hause absetzten. Die Galapagos Inseln, die Vulkanstraße und die indigenen Märkte, vor allem in Otavalo, zählten schließlich zu den weltweiten Programmklassikern der Reiseanbieter.

Die Rentner standen außerdem alle sichtlich gut im Futter. Die neuen T-Shirts mit übergroßem Schriftzug »Galapagos« und irgendwelcher blaufüßiger Vögel spannten sich über ihre Bäuche. Darüber trugen sie gewichtslose Hightech-Faser-Jacken, dessen bunter Markenname links auf der Brust prahlte. Nichts an ihnen war ohne Markenlogo. Sie hatten es doch geschafft, dachte ich anerkennend: Sie hatten ein hohes Alter erreicht, sicherlich finanzielle Unbeschwertheit erlangt und die Kinder groß gezogen. Außerdem hatten sie die Erfüllung offener Wünsche realisiert und damit natürlich auch diese Reise. Gleichzeitig verriet ihr Gemecker aber, dass sie wohl doch nicht komplett zufrieden waren.

Dabei lebte doch jeder von uns ein unterschiedliches Leben, mit allen Vor- und Nachteilen, machte ich mir noch einmal bewusst. Wir befanden uns in vollkommen ungleichen Lebensphasen. Ich missgönnte doch den Rentnern auch nicht ihre erreichten Lebensjahre, weil ich jung war und noch nicht wusste, ob ich überhaupt jemals so alt werden durfte – ohne gesicherte Rente.

Vielleicht verstanden Ingo und ich manche Reaktionen auch deshalb nicht, weil wir dieses ausgeprägte Gefühl von Neid selbst gar nicht entwickelt hatten.

Die draußen stehenden Landsleute verstummten, als wir unsere Campertür öffneten. Wir grinsten sie aus einer gesunden Höhe an, begrüßten sie mit unserem besten Schwiegermuttergrinsen und einem lang gezogenen »Halloooo« und hüpften leichtfüßig auf gleicher Höhe zu ihnen herunter.

Ihr Gesichtsausdruck fiel unkontrolliert in sich zusammen. Ihnen war das Unverständnis ins Gesicht geschrieben. Vielleicht weil wir zu normal aussahen?, fragte ich mich. Wir ähnelten womöglich ihren gut erzogenen Söhnen und Töchtern, sahen nicht wie verfilzte Neo-Hippies mit gepiercten Nasenlöchern und schlechten Tattoos aus. Aber auch nicht wie ewig gestrige Kommunisten mit Spreewälder Gurkengläsern im Kühlschrank und verstecktem Honeckerkonterfei in der Kommode. Auf jeden Fall glotzten sie uns sprachlos an.

»Wo habt ihr denn das deutsche Kennzeichen geklaut?«, fand ein älterer Mann sein spärliches Sprachrepertoire wieder.

Kein besonders schlauer Satz, wie ich fand, aber zumindest der Anfang einer Konversation zwischen Landsleuten. Wir waren aber immer noch von einer höflichen Begrüßung ihrerseits weit entfernt.

Ingo antwortete amüsiert: »Das Kennzeichen »MG O 7« steht für Mönchengladbach und die Kennzeichen vergibt dort das Straßenverkehrsamt. Die Größe eines normalen Nummernschilds passt nicht an unser Fahrzeug. Deshalb gab es unseres ein wenig kleiner. Sieht doch toll aus, oder?«

»Mönchengladbach am Niederrhein?«, kam es ungläubig im Echo. Genau dort, dachte ich. Im Westen, wo die Steuerzahler seit Jahrzehnten ihren Soli zahlen, in der einst das Herz der deutschen Textilindustrie schlug und alle ihren markanten SCH-Laut hegen. Und nordrheinwestfälische Wessis durften schon ihr ganzes Leben lang ungehindert reisen und Bananen essen.

Ingo erzählte weiter: »Ich bin offiziell in Mööönschengladbach gemeldet.« Manchmal genoss er seine rheinische Mundart doppelt. »Wir wollten bei unserer langen Reise einen angemeldeten Wohnsitz behalten. Das macht zumindest vieles leichter.«

Das Aufflackern eines freundlichen Entgegenkommens, das sich kurzfristig in ihren Augen gezeigt hatte, erlosch wieder. Daran hatten sie wahrscheinlich noch gar keinen Gedanken verschwendet, dass unsere Tour länger als ihre dauern könnte.

Ingo wendete seine neue Strategie an, »Erzähl den Neidern, was sie garantiert nicht hören wollen«. Seit Monaten probierte er sie nun bereits erfolgreich aus und konnte dadurch neidische Menschen einfach besser ertragen. Also erzählte er von unserer zweieinhalbjährigen Reise durch den amerikanischen Kontinent vom Norden Alaskas bis zum Süden nach Patagonien.

»Ihr habt wohl geerbt oder im Lotto gewonnen«, kam es schnippisch. »Nö. Auch wenn wir jung sind, wissen wir, was Arbeit bedeutet.« Ingo berichtete außerdem von Wanderungen in großartigen Landschaften, dem Skifahren in den Bergen und einigen anderen Erfahrungen. Er zeigte auch auf den Cotopaxi und sagte nur: »Von dem Gipfel bin ich auch schon Ski gefahren.« Dabei funkelte er sie voller Begeisterung an, wobei sein neu gewachsenes Ziegenbärtchen am Kinn fröhlich auf und ab hüpfte.

»Wenn man es sich leisten kann«, schoss eine andere Frau quer. Eine typische In-den-Raumrednerin, die nie Stellung bezog, aber trotzdem etwas unverbindlich sagen wollte. Sie tat gerade so, als würde sie mir persönlich die Reise und den Camper verübeln, aber könnte mit dem Satz ihr Minderwertigkeitsgefühl aufwerten.

»Schön ist so eine lange Reise bestimmt«, schob sie noch kleinlaut, aber patzig nach.

Diese Gefühlsregung klang noch nicht wie das überschwängliche US-amerikanische »good for you«. Aber für diese Deutsche glich die Äußerung schon einer gewaltigen Gefühlseruption, hatte ich zumindest den Eindruck. Die Nähe des aktiven Vulkans wirkte wohl ansteckend.

Einige wandten sich bereits lautlos zum Gehen ab und steuerten die Gästehütte an, den Ort ihrer Mittagspause. Sie verließen uns nicht in fröhlicher Urlaubslaune, sondern wirkten verspannt.

Ich fragte mich wieder, warum sie uns das, was sie offensichtlich sahen, nicht gönnten und sogar neidisch darauf wirkten? Hielten wir ihnen unbeabsichtigt einen Spiegel vor, der zeigte, was sie nicht hatten oder machten? Was sie in ihrem Leben nicht mehr erleben konnten, zumindest nicht in jungen Jahren?

Das neidvolle Gefühl, das sie mir entgegenbrachten, zog mich jedoch nicht mehr herunter. Es berührte mich kaum noch, wenn schnippische Äußerungen kamen. Das Gefühl der Reise und unseren Entschluss so zu leben, wie wir es gerade taten, hatte sich als ein Teil von mir verfestigt. Ich stand hundertprozentig zu dem, was ich machte und was ich war. Die Phase des wankenden und unsicheren Gefühls war lange vorbei.

»Ihr macht es richtig«, sagte eine Frau und duzte uns, wie es Reisende normalerweise immer taten. Mit diesem Zuspruch desertierte sie mutig von ihrer Truppe. »Wir fühlen uns zwar noch rüstig, aber ehrlich gesagt sind wir für diese Tour zu alt. Es ist jetzt ein anderes Reisen oder Erleben. Der Körper spielt einfach nicht mehr so mit wie in jungen Jahren.« Sie lächelte uns an. Um ihre Worte zu unterstreichen, fasste sie sich lachend an den Rücken, den sie leicht nach vorne krümmte. Sie sagte das neidlos und mit einem interessierten wachen Blick, der auch nach stundenlanger Busfahrt und vielen Lebensjahren auf dem Buckel zu uns durchdrang.

Der Ehemann der freundlichen Frau fügte schmunzelnd hinzu: »Wir pfeifen schon beim bloßen Busfahren in den Anden aus allen Löchern. Dafür müssen wir uns nicht mal mehr bewegen. Mein üppiges Hotelfrühstück liegt noch lauwarm auf dem staubigen Parkplatz in viertausendsechshundert Meter Höhe.« Er lachte dabei.

»Ja, ja«, lächelte ich ihn zurück an. »Die Schlankheitskur der Höhenkrankheit gibt es in den Anden gratis, auch ohne Bewegung.«

Sie hatten nur eine kurze Mittagspause in der kleinen Hütte, bis sie zur nächsten Sehenswürdigkeit weitergefahren wurden. Und so verabschiedeten sie sich, mal freundlich, mal weniger nett und gingen zum Essen.

Wir hatten von der Zeit des Burn-out nichts erzählt, auch nichts von den Beweggründen für die Reise. Diesen kleinen Triumph darüber, dass unser scheinbar nach außen hin perfektes Leben doch nicht ganz so vollkommen und fehlerfrei war, gönnten wir den missgünstigen Menschen nicht. »Neid muss man sich hart erarbeiten, Mitleid bekommt man umsonst«, erinnerte ich mich an die Redensart.

Auch das Erlebnis unserer Bergbesteigung auf den Cotopaxi hatten wir ihnen verschwiege. Sie wussten nur, dass Ingo auf dem Vulkan Ski fahren war. Mehr allerdings nicht.

Wir hatten einen erfahrenen ecuadorianischen Bergsteiger kennengelernt und mit ihm, einem weiteren Bergführer und einem Schweizer Reisenden den Cotopaxi bestiegen, auf fünftausendachthundertsiebenundneunzig Meter Höhe. Die Bergtour auf den Cotopaxi hatte phantastisch begonnen. Wir fühlten uns konditionell fit und gut akklimatisiert für die Höhe. Die Stimmung war ausgelassen, geradezu aufgekratzt. Unser Bergführer hatte uns eine ganz besondere Route vorgeschlagen: Wir wollten den Vulkan über die Südseite besteigen und nicht wie normalerweise über die nördliche Flanke. Die Südseite des Vulkans würden wir mit niemandem teilen müssen und konnten dort ganz für uns alleine sein, versprach der Bergführer.

Wir fuhren mit einem Wagen zu einer Bergsteigerunterkunft bis auf viertausend Meter Höhe. Dort beluden wir Packpferde mit unserer Ausrüstung. Auch mit Ingos Ski, denn er hatte mit einem der Bergführer die Idee ausgeheckt, vom Gipfel des Vulkans Ski zu fahren. Die Freude stieg, als sich dieser schöne Berg in perfekter Kegelform kurz vor unserem Aufbruch unverhüllt im Sonnenschein zeigte. Meistens war er in einer Wolkenschicht verhüllt. Nun lag er frei, um die geplante Route durch Schnee und Eis erkennen und den Respekt vor dem Berg noch zusätzlich wachsen zu lassen. Wir waren uns der zu erwartenden Freuden, aber auch der möglichen Risiken solch einer Bergbesteigung bewusst.

Zunächst wanderten wir bis zu einer Höhe von viertausendacht-hundert Meter, um dort bis zum Aufstieg in Zelten zu übernachten. Der Plan war, um Mitternacht aufzubrechen, damit wir am frühen Morgen kurz nach Sonnenaufgang auf dem Gipfel sein würden. Danach sollte der Rückweg zügig erfolgen, um vor dem Höchststand der äquatorialen Sonnen den Schnee bereits wieder verlassen zu haben.

An Schlaf war allerdings nicht zu denken, denn dicke Regentropfen drangen durch die Zeltplane und schlugen lautstark wie Wasserbomben ein. Kleine Wasserrinnsale suchten sich ihre Wege in unsere Schlafsäcke. Eine Stunde vor Mitternacht war unsere kurze Phase des Ausruhens zu Ende. Keiner hatte das Gefühl, wirklich geschlafen zu haben. Der Regen hielt an, die Kälte war durchdringend und so wurde nach dem Zwiebelprinzip immer noch eine Klamottenschicht mehr übergestülpt. Unsere Finger fühlten sich bereits beim Anziehen kalt an, die Reißverschlüsse waren steif und störrisch, die Gama-schendruckknöpfe nicht zu schließen und der Klettergurt an den sensiblen Hosenstellen, besonders bei den Männer, unbequem. Die dunkle Nacht mit einem Mix aus Schnee und Regen wurde nur von den Lichtkegeln unserer kleinen Stirntaschenlampen durchschnitten.

Um Mitternacht begann unser Aufstieg auf der Südroute mit zwei Bergführern, dem Schweizer, Ingo und mir. Nach einer Stunde Wanderung durch die Nacht erreichten wir den unteren Rand des Schnee- und Eisfelds. Wir legten unsere Steigeisen an und wurden in zwei Gruppen zu den beiden Bergführern angeseilt, wie Embryos, die mit der Nabelschnur zur Mutter verbunden waren.

Wir stiegen weiter auf. Die Regentropfen, die aus der stockfinsteren Nacht auf uns gefallen waren, verwandelten sich in schwere Schnee-flocken. Obwohl wir in der Gruppe waren, rang jeder für sich alleine mit der körperlichen Belastung und gegen seinen inneren Schweine-hund. Viele Male hielten wir an, um tief zu atmen und aufmerksam in uns zu horchen. Wir wollten wissen, ob die Höhe und die dünne Luft unseren Körpern noch gut taten. Aber wir fanden keine Ausrede, um aufzuhören, denn unsere Körper funktionierten ohne Kopfschmerz und Schwindel. Je höher wir kamen, umso mehr glich die Atmung dem Maulaufreißen eines Karpfens, der seiner gewohnten Umgebung entrissen wurde und auf dem Trockenen lag.

Nach sechs Stunden Aufstieg erwachte der neue Tag. Das Zeitgefühl war mir völlig abhandengekommen. Ich blieb stehen und atmete mehrere Male nacheinander tief ein. Der Sauerstoffgehalt jedes Atemzugs war gering, und dass zeigte mir mein Körper durch die Schnappatmung sehr genau. Trotzdem empfand ich die Anstrengung als Bereicherung, denn ich konnte mit meinem Willen und aus eigener Kraft diese Steigung und Anstrengung bewältigen. Der Körper war wirklich ein Wunder der Natur, dachte ich während des Aufstiegs immer wieder.

Es hatte aufgehört zu schneien. Ich konnte die Umrisse des Gipfels erkennen. Das erste Licht verdrängte die pechschwarze Dunkelheit und tauchte den Berg in ein stimmungsvolles Blau. Der kleine Ausschnitt des spärlichen Lichtkegels meiner Lampe wirkte wie ein Fremdkörper und ich schaltete sie aus. Nichts Technisches sollte diese stark empfundene Nähe zur Natur stören. Alles schien im harmonischen Einklang zu sein. Ein tiefes Glücksgefühl stieg in mir auf.

Eine Stunde später stand unsere kleine Gruppe am Kraterrand auf dem Gipfel. Das anvisierte Ziel war erreicht, aber das eigentliche lag schon längst hinter mir. Der Weg auf den Gipfel war eine neue Erfahrung für mich gewesen, denn ich war noch nie zuvor auf solch einer Höhe gewesen. Auch das Erlebnis, sich dem Gipfel in der Nacht anzunähern, war für mich besonders gewesen.

So schön sich der Cotopaxi am Vortag in der strahlenden Sonne gezeigt hatte, so schüchtern verbarg er sich nun. Nebel war langsam aufgezogen. Der aktive Vulkan spie Schwaden von Schwefel in die kalte Luft. Es stank nach verrotteten Eiern, als wir am Kraterrand standen. Wir durften uns nur kurz auf dem Gipfel aufhalten, denn die aufgehende Äquatorsonne schien selbst durch den Nebel gnadenlos auf uns und den Schnee herunter. Trotz der Kälte und des Nebels spürten wir die Wucht der Strahlung.

Ingos Kraftakt, zusammen mit den Bergführern seine Ski und Skistiefel über Stunden auf den Gipfel zu tragen, fand sein Ende. Ingo machte sich fürs Skifahren fertig, glitt über den Schnee und hauchte damit seiner ungewöhnlichen Idee »Skifahren vom Gipfel des Cotopaxi« Leben ein. Er fuhr auf Ski, während wir anderen zu Fuß abstiegen.

Nach einer halben Stunde Abstieg kam uns der Weg unerwartet schwierig und gefährlich vor. Ingo stoppte auf seinen Ski vor tiefen Gletscherspalten und gigantischen Höhlen mit meterlangen Eiszapfen, die unsere Bergführer anscheinend vorher auch noch nie gesehen hatten. Unsere Frage, ob das Streifen scheinbar brüchiger Gletscherspalten, das Durchwaten von Schwimmschnee und das Einsacken bis zur Hüfte geplant gewesen seien, bejahten sie selbstsicher. Doch ihr ungläubiger, fast panischer Blick in alle Richtungen verriet etwas anderes. Ihre Aussage »We know exactly where we are!« wurde in den nächsten Stunden zum Lippenbekenntnis und spaltete unsere Gruppe in zwei Lager: die Gläubigen und die Ungläubigen. Es war offensichtlich, dass unsere Bergführer sich mit uns verlaufen hatten. Ein diffuses Licht schien durch den Nebel und begrenzte den Blick auf wenige Meter. Sie hatten sich nur auf ihre jahrelange Erfahrung verlassen und wir uns dummerweise auf sie. Unsere Bergkarte, den Kompass und das GPS hatten wir deshalb zurückgelassen. Nun lagen sie nutzlos und weit weg im Camper.

Mittlerweile stand die Sonne hoch. Wir befanden uns in Ecuador am Äquator, wie der Landesname verriet. Die Sonne stand im Zenit und ließ den Schnee unter unseren Füßen unerbittlich wie Butter schmelzen. Die Lawinenlage war lebensgefährlich und wurde mit jeder Stunde kritischer. Der Schnee war weich und konnte aufgrund der steilen Vulkanhänge leicht abrutschen. Die in der Vergangenheit bereits abgegangenen Lawinen türmten sich zu weißen Massen vor uns auf. Wir mussten mittendurch gehen. Bei jedem Schritt reichte uns der Schnee mindestens bis zu den Knien, aber meistens bis zur Hüfte. Mit jeder verstrichenen Stunde sackten wir tiefer ein. Immer wieder wurde das schwere Gepäck neu auf alle verteilt und Mut zugesprochen.

Bei Ingo nahm die Anspannung durch sein Wissen um die Gefahr besonders zu. Er hatte früher als Skilehrer viele Monate in den Bergen verbracht und konnte die Gefahr nur zu gut einschätzen: Sie war an diesem Ort zu diesem Zeitpunkt des Tages lebensgefährlich.

Einmal konnte Ingo den zweiten Bergführer vor dem Sturz in eine Gletscherspalte am Sicherungsseil zurückziehen. Der Bergführer stand kurz davor mitsamt der Rettungsausrüstung in die Tiefe zu verschwinden, weil die von ihm betretende Schneebrücke die Stabilität durch die Sonne längst eingebüßt hatte. Unsere imaginäre Nabelschnur zu den Bergführern kam uns immer mehr wie die Verlängerung eines Galgenstricks vor.

Mit jeder unüberlegten Bewegung der Bergführer in Richtung Gletscherspalten verschwand unser Vertrauen. Wir hörten auf, nur kopflos zu folgen, sondern prüften jeden Schritt selbst. Wir wussten, dass eine Bergrettung auf dieser Höhe unwahrscheinlich war. Da half auch keine deutsche Bergrettungsversicherung, die wir standardmäßig abgeschlossen hatten. Es war ein Zettel ohne Bedeutung. Die Anden waren nun mal nicht die Alpen und das hatten wir auch vorher gewusst.

Nach sechs Stunden des Abstiegs hatten wir es endlich geschafft. Wir stolperten aus den lebensgefährlichen Lawinenfeldern des Cotopaxi heraus und fanden uns in einer der Endmoränen des Gletschers wieder, die scheinbar noch nie eine Menschenseele gesehen hatten. Auch unsere Bergführer erkannten keine Anhaltspunkte in der Landschaft. Außerhalb der Lawinenfelder machten wir uns keine Sorgen mehr. Wir wussten, dass wir irgendwie aus dieser Geschichte herauskommen würden. Zeit hatten wir ja genug, um irgendwann auf eine Menschenseele zu stoßen. Wenn nicht heute, dann vielleicht am nächsten Tag.

Nach den lebensgefährlichen Erfahrungen auf dem Gletscher empfanden wir die Geröllhänge nur noch als potenzielle Unfallquellen. Kopfgroße Lavasteine lösten sich durch unbedeutende Berührungen und schossen mit Lärm in die Tiefe. Sie rissen wie Dominosteine anderes Geröll mit sich und verursachten dadurch kleine Kettenreaktionen. Durch ihre raue Beschaffenheit hatten sie messerscharfe Kanten, die die Haut beim Sturz aufschnitten. Bei dieser Bodenbeschaffung musste jeder Schritt mit Konzentration geschehen. Die war aber in den letzten Stunden irgendwo zwischen Gipfel und Moräne auf der Strecke geblieben. Es folgten steile Hänge und wieder tiefe Schluchten, eigentlich wunderschöne Formationen, die wir jedoch schlichtweg ignorierten. Spalten und Abgründe taten sich vor uns auf, die nicht zu überwinden waren. Dann entschieden wir uns, den Hang zurück hochzusteigen und eine neue Richtung auszuprobieren. Der Schweizer, Ingo und ich waren mittlerweile ohne Bergführer. Denn die hatten sich allein auf den Weg gemacht, einen Weg zurück zu finden und versuchten über das Mobiltelefon Hilfe zu organisieren.

Am späten Nachmittag fanden uns Bekannte des Bergführers. Sie brachten zwei Pferde, die Ingo und mich nach wenigen Metern an einem Steilhang aus den Sätteln warfen. Ingo stieg wieder auf, um die letzten zehn Kilometer erschöpft auf dem Rücken des Pferdes zurückzulegen. Ich verzichtete darauf und ging den Rest auch noch zu Fuß. Auf dem Pferderücken sitzend verschwand Ingo alleine als kleiner Punkt am Horizont. Ich wunderte mich über die falsch eingeschlagene Richtung und schrie noch hinterher, aber er schien mich nicht mehr zuhören.

Kurz vor Sonnenuntergang erreichte unsere Gruppe die einsame Bergsteigerunterkunft. Niemand war dort, außer Ingos Pferd stand grasend vor der Unterkunft. Die letzte Anspannung fiel nun von mir ab.

Ingo erzählte uns später, dass sein Gaul den Weg zu einer Herde Wildpferde auf der Hochebene eingeschlagen hatte anstatt zurück zum Ausgangspunkt zu trotten. Er hatte den Weg selbst nicht gekannt und sich auf das Pferd verlassen. Und ein Wildesel hatte unterwegs auch noch versuchte, Ingos Pferd in die fleischige Flanke zu beißen. Trotz gestrecktem Galopp konnte er sich oben halten, erzählte er stolz. Dass Ingos erster Reitversuch so enden würde, überraschte an diesem Tag keinen mehr.

Ich blinzelte mich vom Gipfel des Cotopaxi zurück in unseren Camper. Ingo und ich hatten uns, nachdem die deutschen Rentner zum Mittagessen in die Hütte gegangen waren, wieder nach drinnen verzogen. Unser Kokatee war inzwischen kalt geworden.

»Es wundert mich immer noch, dass manche so unverhohlen ihren Neid zeigen müssen«, sagte ich zu Ingo beim Gedanken an die deutschen Rentner, die Dauerwellenfrau und ihrem Mann.

»Die Sprüche und ihr Habitus waren wirklich filmreif. Mittlerweile kommen mir meine Erzählungen, nach der Strategie »Erzähl den

Neidern, was sie garantiert nicht hören wollen«, auch schon routinierter über die Lippen. Hast du ihr Gesicht gesehen?«

»Du musstest ihnen natürlich auch von deiner Skifahrt vom Cotopaxi erzählt«, zog ich Ingo auf.

»Aber selbstverständlich«, grinste er mich an. »Wenn man die gefährlichen Abschnitte weglässt, hörte sich die Cotopaxi-Besteigung doch sehr schön und spannend an. Das hat ihren Neid noch mehr angestachelt.«

Ja, dachte ich. Aber erfuhr der Zuhörer die ganze Geschichte, auch die des verirrten Abstiegs durch gewaltige Lawinenfelder, konnten niemand mehr neidisch auf dieses Erlebnis sein. Aber es lag ja an uns, wem wir was erzählten, und wie: betrübliche, traurige Töne in Moll oder heitere, fröhliche in Dur.

Der Busfahrer kam nach der kurzen Mittagspause als erster aus der Hütte und startete den Motor. Nach ein paar weiteren Minuten stiegen seine Gäste träge und schweigsam in den vorgewärmten Bus. Das üppige Essen ohne jegliche Bewegung schien ihnen schwer im Magen zu liegen. Wie auch vieles mehr, was ihnen sauer aufstieß.

Wie bedauernswert war es doch, dachte ich, wenn man ständig auf andere neidisch sein musste, anstatt sich mitzufreuen. Und dann auch noch nach so vielen Jahren Lebenserfahrung.

Aber, ich wollte es nicht mehr zu meinem Problem werden lassen. Das war ihres!

# Ingo Moral anständiges Verhalten Führungsetage Allianzen Schlammschlacht Bumsen Karaokebar Gesellschafterin ungeschriebene Gesetze Beurteilungen | iBurn-out Hamburg Frühling

Ich saß alleine im Restaurant am Fenster und schaute mir die wenigen vorbeigehenden Leute an. Es war früher Abend und für viele Arbeitnehmer noch zu zeitig, um schon Feierabend zu machen.

Ich konnte zu dieser Uhrzeit hier sitzen, weil meine beruflichen Verpflichtungen am Jahresanfang beendet worden waren. Ich hatte seitdem keinen Job mehr und befand mich sozusagen in Zwangsfreizeit.

Ein Freund hatte sich bei mir gemeldet, weil er kurzfristig zu einem geschäftlichen Termin nach Hamburg kommen musste. Da er am nächsten Morgen einen weiteren hatte, wollte er über Nacht in der Stadt bleiben. Es blieb also Zeit, so dass wir uns nach einem Jahr endlich wiedersehen und stundenlang reden konnten. Am Telefon taten wie das häufiger, aber sich dabei in die Augen zu schauen, war schon etwas anderes.

Ich hatte ihm ein Restaurant im Stadtteil St. Georg in der Straße »Lange Reihe« vorgeschlagen. Es lag in unmittelbarer Nähe des Hauptbahnhofs, aber auch der Innenstadt, wo seine Geschäftstermine stattfanden. Er konnte von hier aus zu Fuß zu seinem Hotel gehen. Außerdem erschien mir dieses Viertel eine angenehme Abwechslung zu seinen hanseatischen Geschäftsterminen in Krawatte und Anzug zu sein. In der schönen Altstadtstraße »Langen Reihe« herrschte eine lockere, unkonventionelle Atmosphäre, weil hier die Schwulen- und Lesbenszene größtenteils zuhause war. Es gab witzige Läden mit jeder Menge Nippes und Tinnef in der Auslage, selbstverständlich Friseure und Klamottenläden, exotische Lebensmittelgeschäfte und gemütliche Cafés und Restaurants.

Die Tür des Restaurants ging auf. Mein Freund kam herein und blinkte sich suchend um, bis er mich entdeckte. Er winkte mir fröhlich zu und kam an den Tisch. Wir umarmten uns herzlich und freuten uns beide, über das kurzfristig geplante Wiedersehen. Der Kellner taxierte uns mit einem aufmerksamen Blick dabei.

Nein, dachte ich bei mir, auch heterosexuelle Männer können körperliche Nähe zulassen.

Mein Freund guckte sich um, nach dem er sich mir gegenüber hingesetzt hatte. »Tolles Restaurant. Diese Straße kannte ich noch gar nicht. Dabei liegt sie einfach genial zentral.«

Ich stellte meinen Kopf schräg und grinste ihn an. »Für deine Art von Geschäftsterminen ist dieses Viertel wohl zu progressiv. Kein Wunder, dass dich hierher keiner einlädt. Aber ich habe vermutet, dass es dir gefallen wird.«

Er zwinkerte mir offensichtlich zu, als wir beim Kellner mit dem prüfenden Blick und perfekt gezupften Augenbrauen das Essen bestellten.

Unsere Getränke wurden gebracht und wir sprachen über alle möglichen privaten Dinge. Selbstverständlich auch über mein Burnout und die damit verbundene berufliche Veränderung.

»Seit wann bist du nicht mehr in der Firma?«, fragte er.

Ich überschlug im Kopf die vergangenen Monate. »Anfang des Jahres habe ich den Auflösungsvertrag unterzeichnet. Also seit fast vier Monaten. Und davor war ich schon vier Monate krankgeschrieben«, konkretisierte ich meine Anwort.

Je mehr Zeit verging, umso größer wurde auch der emotionale Abstand, machte ich mir wieder bewusst. Die Firma war acht Jahre lang mein beruflicher Bestimmungsort gewesen. Kein Wunder, dass mich mein unsichtbares gefühlsmäßiges Gummiband noch ab und zu zum Job zurückkriss. Man hatte mich mit Anfang Dreißig in eine verstaubte Firma geholt, um intensiv mitzuhelfen, sie zu modernisieren und umzustrukturieren. Jede Ritze sollte vom grauen Staub befreit werden, weil nicht mal mehr die Hauptaktionäre und Nachfahren des Firmengründers sich mit der Firma schmücken mochten. Der Geruch einer schweren Tradition hing in den alten Vorhängen und vergilbten Wänden, bevor sie dann innerhalb kürzester Zeit umgekrempelt worden war.

Die Firma war in den letzten Jahren zu einem Ort geworden, an dem ich die meiste Zeit meines wachen Zustands verbracht und in den ich die meiste Energie hatte fließen lassen. Es war für mich mehr als nur ein x-beliebiger Job gewesen. Ich hatte mein Herzblut mit eingebracht.

Ernüchternd sagte ich zu meinem Freund: »Einfach raus. Obwohl ich über viele Jahre erfolgreich war, habe ich im Endspurt trotzdem verloren.«

Er sah mich nachforschend an. »Hört sich an, als hättest du zum Schluss ganz schön Federn lassen müssen.«

Ich wollte mich bei meinen Schilderungen gar nicht mehr in emotionsgeladene Details verstricken und hielt mich zurück: »Ich wollte in meinem neuen Job gravierende Veränderungen vornehmen. Meine Vorstandskollegen sahen das allerdings anders.« Ich lächelte etwas gequält. »Sagen wir mal so, um meine Arbeit zu Fall zu bringen, wurde alles in Kauf genommen, auch dass ich mit ihr fiel. Zu Beginn dachte ich, dass der unsachliche Druck, die persönlichen Anfeindungen oder die nicht zielführenden Diskussionen bloße Einbildung gewesen waren. Aber nun, mit Abstand betrachtet, ist das, denke ich, ganz bewusst so geschehen. Ich habe das Spielchen leider zur damaligen Zeit nicht durchschaut.«

Während ich sprach, summierten sich in meinen Erinnerungen wieder die Ereignisse auf und ergaben mittlerweile ein klares Bild. Der Nebel der Verwirrung war in den letzten Monaten auch mit Hilfe der Gesprächstherapie verschwunden.

Mein Freund schaute mich verständnisvoll an und erzählte von gleichen Erlebnissen bei seinem ehemaligen Arbeitgeber. »Ich weiß genau, was du meinst. In meinem Fall hatten sich auch Allianzen gegen mich gebildet. Das Ergebnis war das gleiche wie bei dir gewesen. Ich musste ebenfalls stark angeschlagen das Handtuch werfen.«

Nach seiner Kündigung vor drei Jahren hatte er mir kaum Details der Auseinandersetzungen erzählt, auch nicht von seinen psychischen Problemen. Nun sprudelte es aus ihm heraus: »Ich war zwar die Karriereleiter heraufgefallen, aber stand intern ziemlich alleine da oben. Ich musste mich plötzlich als ungewollter Einzelkämpfer durchschlagen, obwohl ich nie einer gewesen war und auch nie sein wollte. Ständig versuchte mir jemand, Knüppel zwischen die Beine zu werfen. Ich hatte plötzlich mit einem Kaliber an Anfeindungen und Auseinandersetzungen zu tun, die mich viel Energie kosteten.«

Es eröffneten sich viele Parallelen zu meiner Situation, die ich ihm ebenso erzählte. »Jemand hat mal zu mir gesagt, dass nach oben hin die Luft immer dünner wird. Ich dachte wirklich, ich müsste vieles einfach aushalten und ertragen können.«

Er nippte nachdenklich an seinem Glas.

Ich erzählte meinem Freund von den ersten Monaten, nachdem ich den neuen Bereich übernommen hatte: »Ich war wirklich total motiviert und mein Enthusiasmus schraubte sich immer höher. Mein Pensum an Aufgaben und Geschäftsreisen natürlich auch, aber das kennst du ja. Ich habe wirklich Veränderungen in meiner neuen Position bewirkt. Projekte liefen erfolgreich an und Umstrukturierungen, die ich vorgenommen hatte, griffen. Aber trotzdem erhielt ich keine Unterstützung von den anderen Kollegen.«

»Beschränkten sich die Meinungsverschiedenheiten nur auf das Fachliche?« Mein Freund schien zu ahnen, was sich außerdem hinter den Kulissen abspielt hatte.

Ich trank einen Schluck, bevor ich ihm von einer Vorstandssitzung erzählte. Diese war kurz vor meinem Burn-out gewesen und stand exemplarisch für den Umgangston.

Eine bedrückende Stille schlug mir damals entgegen, als ich das Sitzungszimmer für ein internes Meeting betrat. Normalerweise konnten die beiden anderen Vorstandskollegen gar nicht genug Wörter pro Tag in die Welt hinaus posaunen. Aber nun waren beide still, was ich als ungewöhnlich empfand. Sie verhielten sich wie kleine Kinder, die gerade etwas ausgeheckt hatten.

Mein Mund fühlte sich trocken an. In meinem Magen spürte ich ein flaues Gefühl trotz des Mittagessens, das ich mir appetitlos aufgezwungen hatte. Ein bekanntes Unwohlsein hatte sich wieder bei mir eingeschlichen. Mein Herzschlag erhöhte sich, ich wurde aufgeregt und hatte das Gefühl, mein Körper machte sich für den Kampf oder die Flucht bereit. Ich schob das merkwürdige Gefühl beiseite und fing ohne Umschweife mit meiner Präsentation über die neuen Projekte an. Ich wollte damit wohl mein Unbehagen verdrängen und das Meeting schnell hinter mich bringen. Außerdem konnte ich es mir nicht leisten, in endlosen Meetings Zeit zu vergeuden. Der Schreibtisch lag voll.

Mitten in meiner Präsentation begannen die anderen, wild auf mich einzureden. Der mir entgegen gebrachte verbale Wind nahm Orkanstärke an. Ich hatte für meine Projekte Anerkennung, Zustimmung und Unterstützung erwartet und erntete genau das Gegenteil. Ich versuchte mich auf den Beinen zu halten, zu argumentieren, mich positiv an den anderen Meinungen zu reiben, aber es war aussichtslos. Es fand ein verbales Gefecht gegen mich statt und in allen Punkten schienen sie geschlossen anderer Meinung zu sein.

»Das war damals bei mir genauso«, bekräftigte mein Freund meine Erlebnisse. »Es ging nicht um die Sache, sondern nur noch um Eitelkeiten und natürlich um den finanziellen Bonus jedes Einzelnen. Jeder versuchte, das meiste für sich ganz persönlich herauszuholen.«

Mittlerweile konnte ich schon distanzierter auf vieles zurückschauen. Es bewegte mich trotzdem immer noch sehr. »Sie wollten mir ein Verhältnis mit einer Mitarbeiterin anhängen«, erzählte ich ihm.

Mein Freund fiel aus allen Wolken. »Das glaub ich ja wohl nicht.«

Ich nickte und sagte: »Wörtlich musste ich mir anhören, ›Sie bumsen ihre Mitarbeiterin‹.«

Ich erinnerte mich daran zurück, wie in dem Vorstandsmeeting die wirtschaftlichen Fakten, Entwicklungsprognosen und Analyseauswertungen einfach beiseite geschoben worden waren. Darüber hatten sie mich nicht angreifen können. Sie fuhren daraufhin andere Geschütze auf und ihr Angriff setzte unter der Gürtellinie an.

Das unmissverständliche und vulgäre Niveau widerte auch meinen Freund an. »Sie haben nicht wirklich BUMSEN gesagt?«

»Doch!«

Das Wort hatte völlig deplatziert im Sitzungszimmer gehangen, dachte ich zurück. Bumsen, ausgesprochen mit einem weichen S. Ein Ausdruck, wie ältere Leute ihn in den Mund nehmen würden, wenn sie es denn überhaupt täten. Ein Wort für den Fußballplatz einer Dorfkickermannschaft wie auch für einen Bundesligisten. Eine Nutte besprach ihre Dienstleistung mit dem Freier in den rot beleuchteten Häusereingängen mit diesem Wort. Pubertierende Jungs benutzen es, rotzten das Wort wie Speichel auf den Fußweg, wenn sie im Dunstkreis ihrer Freunde vom jugendlichen Austausch von Körpersäften sprachen.

Ich war damals von der vulgären Art schockiert gewesen, denn ich war kein pickliger Pubertierender mehr, stand auch nicht mit einer Bierpulle feiernd herum oder ließ mich von der Seite anpöbeln. Ich war im Job und trug in dieser Gesprächsrunde einen Anzug mit gebügeltem Hemd. Meine Lederschuhe glänzten frisch geputzt unter dem Besprechungstisch und trotzdem hatte ich mich beschmutzt gefühlt. Sie hatten einen mit Dreck gefüllten Eimer über mir ausgekippt. Verleumderisch wurde ich an einem Ort angegriffen, an dem ich darauf nicht vorbereitet gewesen war.

Mein Freund faltete nachdenklich an seiner Serviette herum. »Weiß du, was mich betroffen macht? Ich habe das Gefühl, dass die ungeschriebenen Spielregeln unserer sozialen Spezies keine Bedeutung mehr zu besitzen scheinen. Die unsichtbaren, moralischen Grenzen werden überschritten, obwohl sie doch in unserem natürlichen Empfinden existieren müssten.« Er machte eine Pause und sagte mit Nachdruck: »Man kann sich im Job viel um die Ohren hauen, aber einiges unter keinen Umständen. Niemals!«

»Ich weiß«, stimmte ich ihm zu. »Außerdem war ich zu der Zeit schon dünnhäutig und kraftlos gewesen. Ich konnte mich kaum wehren, was sie mir sicherlich angesehen hatten. Es war kurz vor meinem Zusammenbruch gewesen, kurz vor der ärztlichen Diagnose Burn-out.«

Ich erzählte mit welcher Begründung meine Kollegen die sexuelle Unterstellung vorgebracht hatten: Ich hatte für ein Projekt in Südeuropa eine Mitarbeiterin eingebunden, weshalb sie mich selbstverständlich auf die Geschäftsreise dorthin begleitete. Das machte man(n) nicht! Nach Einschätzung meiner Kollegen ging das nicht, ohne einen sexuellen Hintergedanken zu hegen. Das besuchte Land zeichnete sich außerdem durch einen hohen Katholikenanteil aus. Und deshalb hätte ich mit meinem Verhalten auch noch deren Umgangsformen missachtet. Besonders einer meiner Vorstandskollegen war vehement in seinen Anschuldigungen gewesen. Denn er, als weltmännisches und vor allem gläubiges Geschöpf, meinte das richtig beurteilen zu können.

Ich hatte ihn während seiner Vorwürfe ungläubig mit offenem

Mund angestarrt. Sein Sinn für Doppelmoral nahm mir den Atem. Der gewaltige Schritt zurück ins frauenfeindliche Mittelalter war erfolgt und in seinen hitzigen Augen schlugen die Flammen hoch. Nach dieser Vorstellung waren Frauen wie zu Zeiten der Inquisition entweder Huren oder Hexen.

Meine Schilderungen regten meinen Freund richtig auf. »Das ist ja wirklich unglaublich«, sagte er geladen.

»Ja besonders, weil wir in dem Meeting wichtige Punkte in Bezug auf die Firmenentwicklung besprechen wollten. Aber dann standen, wie aus der Luft gegriffen, nur noch meine angeblichen moralischen Fehltritte auf der Agenda. Die Reise mit meiner Mitarbeiterin lag zu dem Zeitpunkt bereits Monate zurück, ohne dass die Kollegen jemals zuvor etwas angedeutet hatten.«

»Eine Affäre mit einer Mitarbeiterin. Auf etwas Geistreicheres sind sie nicht gekommen?« Mein Freund schüttelte ungläubig den Kopf, weil er mich, aber auch Birte kannte. Er konnte mein angedichtetes Verhältnis auch nur als ganz schlechten Scherz verstehen.

»Heute, mit Abstand betrachtet, klingt es wirklich komisch. Aber zu der Zeit leider überhaupt nicht. Außerdem knallten sie mir dann noch alles vor die Füße, was ich jemals gemacht hatte, frei nach dem Prinzip: Was ich Ihnen schon immer mal sagen wollte. Auf jahrelanger Arbeit sind sie schließlich herumgetrampelt und haben sie innerhalb von zwei Stunden zunichte gemacht. Es war keine Wäsche zu dreckig, als dass sie nicht noch mal durch die Pfütze gezogen werden konnte. Dabei waren es nur persönliche Angriffe, die mit fachlicher Auseinandersetzung nichts mehr zu tun hatten.«

Ich erinnerte mich, wie ich mich während der Anfeindungen gefühlt hatte: An die unbeschreibliche Hitze, die durch meine Kehle nach oben in den Kopf gekrochen war. Mein Schädel kam mir zum Explodieren heiß vor. Selbst sie hätten aus der Entfernung mein rasendes Herz hören müssen. Es arbeitete, obwohl ich das Gefühl hatte, alles um mich herum würde still stehen.

Ich war irgendwann mit weichen Knien von meinem Stuhl aufgestanden und hatte meine Unterlagen zusammengerafft, die von Anfang an keine Rolle spielen sollten. Ohne ein weiteres Wort war ich aus dem Raum und den endlosen Gang zu meinem Büro gegangen.

Meinen Blick hatte ich auf den Boden geheftet und den entgegen-
kommenden Menschen nickte ich nur kurz zu. Ich vertröstete andere
mit einem »Bitte später«, ohne eine Sekunde anzuhalten. Mein Kopf
fühlte sich glühendheiß an, meine Augen waren wässrig und selbst
der Anzug war durchgeschwitzt. Auch meiner Assistentin konnte ich
nicht in die Augen schauen und hatte mit den Worten »Ich möchte
bitte nicht gestört werden« die Bürotür geschlossen.

Danach war ich wie ferngesteuert zum Fenster gegangen, um es
ganz zu öffnen. Die kühle Luft sog ich wie ein Ertrinkender ein. Ich
hatte das Gefühl, überhaupt nicht mehr geatmet zu haben. Durch
tiefes Ausatmen versuchte ich, die Anspannung und aufgestauten
Empfindungen loszuwerden. Dabei rang ich um Fassung, was mich
den letzten Rest meiner Energie gekostet hatte.

Der Kellner kam zu uns an den Tisch. Unser Essen wurde serviert
und wir unterbrachen unser Gespräch. Mein Freund und ich schauten uns nachdenklich an, während der zuvorkommende Keller alles
an die richtige Stelle platzierte. Nachdem er unseren Tisch wieder
verlassen hatte, nahm ich mein Glas in die Hand und prostete meinem Freund zu. »Schön, dass wir uns sehen.«

Er tat es mir nach und trank ebenfalls einen großen Schluck.

Das Essen schmeckte so hervorragend, wie es duftete, aussah und
angerichtet war.

Nach einer Weile nahm mein Freund den Faden des Gesprächs
wieder auf. »Das Schlimme ist, dass man bei solchen unsachlichen
Angriffen, die fernab jeglicher Grundlage sind, völlig hilflos ist.«

»Stimmt. Ich empfand es als schreiend ungerecht, in diesen großen Topf »Männer auf Businessreise« geworfen zu werden. Du weißt
schon, welche Klischees ich damit erfüllen sollte, oder?«

»Ja, die Art von Alphatieren, die sich im feinen Zwirn nicht besonders gentlemanlike verhalten.«

Bilder einer Geschäftsreise brachten sich mir in Erinnerung. Jede
Szene blieb nur für einen Bruchteil einer Sekunde und verschwamm
in die nächste. Ich musste an ein Erlebnis denken, wo Begriffe wie
Moral, Werte oder anständiges Verhalten auch keine Rolle gespielt
hatten und erzählte meinem Freunde davon: Während einer chine-

sischen Geschäftsreise waren ein paar europäische Geschäftspartner und ich in eine Bar eingeladen worden. Wir wurden in ein angemietetes Separee geführt, wo sich nach kurzer Zeit eine weitere Tür öffnete. Die ältere Barbesitzerin trat mit einem jungen Gefolge von Frauen ein. Die Schönheiten reihten sich vor uns auf, abgezählt nach der Anzahl der anwesenden Männer im Raum. Sie trugen edle Kleider und ein Lächeln auf ihren schmalen Lippen, aber keines in den braunen Augen, die falten- und bewegungslos in ihren Höhlen lagen. Die ältere Dame regelte alles mit gewichtiger Miene. Jedem Mann wurde eine Frau zugeteilt, die individuelle Gesellschafterin, wie es hieß.

Eine zierliche Frau im Abendkleid setzte sich neben mich. Das unausgesprochene Angebot unseres Gastgebers war eindeutig.

Ich stellte in der ersten Minute klar, dass ich nichts dergleichen von ihr wollte. Denn ich sah, wie die Hände eines anderen Mannes bereits über die angemieteten Schenkel der Gesellschafterin neben uns glitten.

Ältere Männer in unserer Runde warben sinnlos um die Gunst ihrer blutjungen Gespielinnen. Lachend alberten sie herum und zeigten ihr Balzgehabe im Testosteronrausch. Das Geld machte sie trotz ihrer schmierigen Bäuche im feinen Zwirn und ihrer stinkenden Alkoholfahnen attraktiv.

Ich beobachtete das verschwörerische Zuzwinkern zwischen den asiatischen und europäischen Augenpaaren. Die Alphatiere erwachten und die männlichen Hormone kamen in Wallungen. Der Gestus war überall auf der Welt gleich. Einer nach dem anderen verließ mit seiner Gesellschafterin die Runde und verschwand in angrenzenden Räumen zum Bumsen. Da war es wieder, das Wort. Und hier sogar passend. Sie hatten das Reich der bloßen Vorstellungen verlassen. Sollte das schlechte Gewissen bei ihnen aufflackern, wurde es zugleich im Keim erstickt, denn die Befriedigung erfolgte im Rudel und machte es damit für sie als persönliche Entschuldigung leichter.

»Die müssen ja alle selbst wissen, was sie machen. Aber in den Topf will ich persönlich nicht geschmissen werden«, machte ich meinen Standpunkt klar.

Mein Freund nickte mir beipflichtend zu. »Ich will mich auch nicht zum Moralapostel aufspielen. Wie du schon sagtest, muss jeder für sich entscheiden, was er tut. Aber das Verhalten steht wohl beispielhaft für die widersprüchlichen Rollen, die sie generell einnehmen.«

Ich schaute versunken auf mein Essen. Manchmal konnte ich mir auch kaum vorstellen, wie leicht man sich die Welt zurechtbiegen konnte. Scheinbar klappte es bei vielen. Ich sagte:»Dann lebt es sich zumindest viel leichter. Sie unterteilen einfach. Ihre Freizeit wird ebenso von der Arbeitszeit getrennt wie ihr Zuhause von der restlichen Welt außerhalb der deutschen Grenzen. Sie kappen alle Fragmente vollständig voneinander ab. Für alle Teile werden unterschiedliche moralische Maßstäbe festgelegt.«

Mein Freund schluckte den Bissen seines Essens herunter, bevor er weitersprach.»Sie tragen zuhause sicherlich andere Werte zur Schau, kokettierten stolz mit ihren Familienfotos auf dem Schreibtisch und unterstützten durch eine Weihnachtsspende für die Welthungerhilfe notleidende Menschen. In ihrem deutschen Vorgarten soll es sauber sein, wie die Luft zum Atmen und die Manieren ihrer Kinder«. Zynismus schwang in seiner Stimme mit.

Ich schaute ihn an.»Leider ist es den meisten Leuten egal, wie es anderswo aussieht. Bei anderen Ländern können niedrigere Maßstäbe angesetzt werden, schließlich ist nicht jeder und nicht alles gleich.«

Mein Freund war eher eine ruhige Person. Das Thema schien ihn aber dermaßen aufzuregen, dass die Schärfe in seiner Stimme zunahm:»Genau! Ihre normalen Handlungsregeln gelten deshalb nicht ständig oder werden schlichtweg ignoriert. Sie schmeißen ihre Prinzipien über Bord, die sie normalerweise hochhalten oder von anderen einfordern. Laut ihrer Ansicht ist alles auf der Welt anpassungsfähig.« Er überlegte kurz, bevor er weiter sprach.»Aber ebenso unterschiedlich liegt doch auch die moralische Messlatte für das Verhalten am Arbeitsplatz und ihrem Verhalten zuhause an. Bei der Arbeit hängt vielfach die Moral so niedrig, dass darüber hinweg geschaut werden kann. Und wenn das schlechte Gewissen sich doch meldet, dann verlassen sie das Büro, schließen hinter sich ab und gehen nach Hause.«

Ich sah an seinem aufgeregten Verhalten, dass er über eigene Erfahrungen erzählte und nicht nur über bloße Theorien.

»Einfach, nicht wahr?« Ich war verblüfft, wie seine simple Beschreibung es auf den Punkt gebracht hatte. »Ich behaupte ja gar nicht, dass ich alles richtig und fehlerfrei mache. Manchmal passieren im Eifer des Gefechts Dinge, die nicht so gemeint sind. Unpassende Worte können fallen, die man im Nachhinein lieber ungesagt gelassen hätte. Oder die passende Entschlüsselung der gesprochenen Worte missglückt und jeder versteht nur das, was er in dem Moment hören will.«

Ich musste an Situationen denken, an denen nur noch das Eingeständnis »Das war doch gar nicht so gemeint« über das Missverständnis hinweg geholfen hatte. Der Mensch war nun mal ein unvollkommenes Wesen und machte Fehler.

Mein Freund schien über meine Worte nachzudenken. »Es geht aber doch nicht darum, Fehler zu machen oder einzugestehen. Sondern es betrifft das Zwischenmenschliche und den Umgang miteinander. Der ist teilweise haarsträubend, im privaten Leben, wie auch im Job. Als würde die Achtung voreinander oder das anständige Verhalten keine Bedeutung mehr haben. Die moralischen Grundsätze in unserer Ellenbogengesellschaft scheinen nur noch wenig zu zählen. Wir treten noch mal nach, obwohl der andere schon längst am Boden liegt.« Er schob den letzten Rest seines Essens auf die Gabel und sagte zu mir: »Ich hoffe sehr, dass es nicht die generelle Tendenz ist und wir mit unseren beruflichen Erlebnissen nur die unrühmlichen Einzelfälle darstellen.«

Ich legte mein Besteck auf den mittlerweile leeren Teller. »Zumindest zeigen manche Reaktionen auf mein Burn-out, dass einige entweder davon verschont bleiben, es schlichtweg ignorieren oder sich ein extrem dickes Fell zugelegt haben.«

»Wie meinst du das?«

»Ach, ich meine die Personen, die mein Burn-out als Lappalie abtun, indem sie ignorant und ungläubig den Kopf schütteln. Sie machen direkt oder über Dritte abfällige Bemerkungen. Sprüche wie »Wir hatten auch immer Stress im Beruf«, »viel Arbeit hat noch niemandem geschadet« oder »Diese Generation kann auch nichts mehr vertragen« sind schon gefallen. Als wäre die Krankheit ein eingebildetes, überspitztes Wehwehchen bestimmter Personen- und Berufsgruppen, die sich grundlos anstellen und sich dann noch erdreisten, krank zu werden.« Mich enttäuschten diese Äußerungen selbst im Rückblick noch furchtbar. »Als wäre ich zu blöd zum Arbeiten. Von der Arbeit allein, bin ich bestimmt nicht krank geworden.«

Mein Freund nickte. »Das sind doch genau die Menschen, die alles zu kennen scheinen. Die schmeißen auch in ihren Beurteilungen bedenkenlos alle Lebenssituationen, Aufgaben, Verantwortungen, Charaktere, Krisen oder Konflikte, wie Erbsen, Bohnen und Linsen zusammen und schütteln alles kräftig durch. Sie vergleichen und beurteilen Dinge, von denen sie nicht die geringste Ahnung haben und mit denen sie in den meisten Fällen auch gar nicht in Berührung kommen wollen.«

Nein, dachte ich mir, auf die Erfahrungen des Burn-out hätte ich auch gern verzichtet. Dabei wollte ich einfach nur meinen Job machen. Nach den Werten, die mir wichtig waren. Bedeutete das nichts? Ich starrte gedankenverloren und desillusioniert auf meinen leeren Teller.

Mein Freund schien meine Stimmung zu spüren. Er winkte dem Kellner zu und fragte mich: »Du willst doch bestimmt keinen leckeren Nachtisch mehr essen, oder etwa doch?«

Ich schaute in sein schelmisches Gesicht. »Von wegen. Darauf will ich auf gar keinen Fall verzichten.«

**D**ie Anden berauschten Birte und mich nicht nur wegen der dünnen Höhenluft. Sie waren einer der Hauptgründe für die Reise auf diesem Kontinent gewesen. Wir streiften dieses gewaltige Gebirge nicht mal eben kurz, um dann an die Küsten und in die tiefliegenden Tropen zu reisen oder in sanfteren klimatischen Regionen zu Atem zu kommen. Monatelang ließen wir uns von der grandiosen Natur, der mächtigen Gebirgslandschaft und den indigenen Kulturen begeistern, auch in Peru, in das wir nach Ecuador gereist waren.

Birte und ich hatten uns in Peru entschlossen eine Wanderung in der »Cordillera Blanca«, der höchsten Gebirgskette des Kontinents zu unternehmen. Sie lag fünfhundert Kilometer nördlich von Lima. Zufällig lernten wir dort einen Peruaner kennen, der beruflich Touristenführer war und die Wanderung auf dem Santa-Cruz-Trail mit zwei Freunden plante. Dieser Gruppe schlossen wir uns für vier Tage an. Die Ausrüstung, wie Lebensmittel und ein Küchenzelt, war auf treu aussehende Packesel geschnallt worden und wirkte auf den Arbeitstieren natürlich. Unsere großen Rucksäcke trugen Birte und ich selbst.

Bei unserer Fußreise in der Cordillera Blanca im Huascarán-Nationalpark tauchten wir auf schmalen Trampelpfaden in eine fantastische Gebirgswelt ein. Die Luft der Anden war diamantenklar und die Farben brillant, wie bei einem gestochen scharfen Foto. Alles musste langsam geschehen, denn sauerstoffgeschwängert war die Andenluft nicht. Aber im langsamen »Ochsengang« ließ sich sowieso alles besser entdecken: Wir sahen Berggipfel, die von Eis gepanzert in der Sonne glitzerten. Dicke Eisschichten überzogen das graue Felsmassiv. Die feuchten Luftmassen der Tropen, die den Weg über die hohen Berge nicht schafften, legten sich als Schneeflocken auf ihnen nieder. Sie waren die Ursache für die besonderen Eis- und Schneeformationen, die dem weißen, heruntergelaufenen Zuckerguss eines Lebkuchenhauses glichen. Mehrere tausend Meter hohe, vergletscherte Felsriesen mit dicken Schneewechten bildeten die Kulisse unserer Wanderung. Wunderschöne Wolkenformationen versuchten an den hohen Bergen vorbei zu ziehen und schleppten ihre Schatten geisterhaft über den Schnee hinter sich her. Einige klebten regelrecht am Zuckerguss der Berge fest.

Die Cordillera Blanca gehörte in unseren Augen zu den schönsten Flecken auf unserer Reise. Ein Dauergrinsen hatte sich mit jedem Schritt der Wanderung tiefer in unser Gesicht gemeißelt. Dies war einer der Momente, in dem wir wieder einige der wesentlichen Dinge für unser Leben spürten: körperliche Bewegung und die Nähe zur Natur.

Es hatte unterwegs leicht zu nieseln begonnen. Aus der Ferne kam uns eine andere Gruppe entgegen, die von einem jungen Touristen angeführt wurde. Als er in unserer unmittelbaren Nähe war, verrieten seine Augen gelangweiltes Desinteresse und Nullbock auf gar nichts. Ihn schien der Anblick der Landschaft ziemlich unbeeindruckt zu lassen. In einer Hand trug er einen schwarzen Regenschirm. Einen, der per Druck ruckartig aufsprang und diese Bewegung vor einigen Minuten vollbracht hatte. Sein trockenes Haar schwang wie in der Drei-Wetter-Taft-Werbung unter seinem Schirm. Ansonsten trug er nichts bei sich. Er merkte wohl selbst, dass sein Erscheinungsbild als Wanderer reichlich komisch wirkte.

»Birte, ich träume, oder?«, blieb ich fragend auf dem Pfad stehen.

Sie blieb ebenfalls stehen. »Eine lustige Fata Morgana.«

Ich erwachte aus meiner Schreckstarre und hielt auch schon den kleinen Fotoapparat in den Händen. »Das ist doch ein Foto wert. Was um Himmelswillen hat denn den in die Berge verschlagen?«, staunte ich lachend. Ich drückte auf den Auslöser meines Fotoapparates und nahm einen mürrisch guckenden Briten um die Zwanzig auf. Er sah nun so genervt aus, als würde er am liebsten den digitalen Beweis löschen wollen. Ich stellte mir in Gedanken vor, wie er seinen Kumpels zuhause von der angeblich lebensgefährlichen, halsbrecherischen und abenteuerlichen Wanderung durch die Anden berichtete. Alles total dramatisch und körperlich so anstrengend. Es erfreute ihn nicht, dass seine coole Wanderung durch die Anden doch nur als nasser Spaziergang ohne Gepäck enttarnt wurde.

Seine restliche Gruppe folgte ihm auf den Fuß und sah ebenso gepäcklos genervt aus. Negative Stimmung war wohl ansteckend.

Mit einem freundlichen »Hola« und einem noch verständlicherem »Hi« ließen wir sie alle passieren, wobei sie sich über unseren glücklichen Gesichtsausdruck zu wundern schienen.

Sie selbst sahen wie kleine, genervte Kinder aus, deren Eltern sie gerade in den Schulferien über bayerische Wanderwege scheuchten. Sie suhlten sich in ihrem selbst gemachten Elend aus Selbstüberschätzung, indem sie laut stöhnten, eine Flappe zogen, unmotiviert einen Schritt vor den nächsten setzten, die Schulter hängen ließen und einen abwesenden Blick aufsetzten. Sie kämpften mürrisch mit rutschigen Steinen, unwegsamen Trampelpfaden und Anstiegen. Alles war wohl zu viel. Dabei war die Wanderung ihre eigene Wahl gewesen, aber das schien nun unwichtig geworden zu sein.

Die zwei Eseltreiber hinter ihnen nahmen sie, trotz ihrer Hilfe, anscheinend nicht wahr. Die gingen ebenfalls zu Fuß und trieben fünf Packesel an, die das gesamte Gepäck trugen. Die peruanischen Treiber lächelten uns schelmisch an, weil sie die Kunden scheinbar selbst amüsant fanden. Sie hätten vom Alter her ihre Väter sein können und gingen barfuß in Sandalen aus alten Autoreifen leichtfüßig hinter ihren jungen Kunden her.

Wir hatten einen Tag zuvor mit einem Eseltreiber gesprochen, der mit dem Wanderjob, zusätzlich zur harten Arbeit in der Landwirtschaft, eine lukrative Möglichkeit zum Geldverdienen gefunden hatte. Wir fragten ihn nicht, was er von den ausländischen, teils jungen Touristen hielt, mit denen er sein Geld verdiente. Was die Touristen von ihren Eseltreibern hielten, war dagegen nicht sehr schwer zu erraten. Denn abends beim Zelten ging die Hackordnung der zahlenden Touristen und der Arbeiter weiter. Wir sahen Treiber in der abendlichen Kälte und im Regen vor einem Küchenzelt warten, während die Touristen separat aßen und sich aufwärmen konnten. Die Arbeiter durften erst Stunden später ins Warme schlüpfen, nachdem der letzte Tourist ins eigene Schlafzelt verschwunden war und Platz gemacht hatte. Die vorgegebene Hierarchieordnung wurde anscheinend von keinem der Kunden in Frage gestellt. Es war ihr ADVENTURE-FUN-Urlaub mit einer Prise überheblicher Selbstgefälligkeit gegenüber den Einheimischen.

Für die zahlenden Touristen schien es wichtig zu sein, ein bestimmtes Ziel zu erreichen. Nur der Punkt am Ende eines Weges zählte, obwohl es sich nur um eine viertägige Wanderung und nicht um eine bahnbrechende Expedition handelte. Das Wie interessierte dabei anscheinend nicht, nicht währenddessen und auch nicht danach. Anständiges Verhalten hatte für viele, weit weg von ihrer Heimat, nichts verloren und war offensichtlich, wie sie gerade auch, im URLAUB.

Nach der wunderschönen Wanderung und einem Monat Aufenthalt in der Cordillera Blanca, fuhren wir weiter an die peruanische Küste. Von dort schraubten wir uns wieder die Anden hinauf. An manchen Tagen erschien uns der Camper wirklich wie eine Bergziege. Rauf, runter und rauf und wieder runter. Von Null Meter über dem Meeresspiegel auf über viertausend.

Langsam hatten Birte und ich uns dem touristischen Epizentrum in Peru, dem Heiligen Tal der Inkas, genähert. Unter internationalen Reiseveranstaltern und Urlaubern galt es mit der Inka-Stadt Machu Picchu als Superlativ und war zum neuen Weltwunder gekrönt worden.

Auch wir wollten auf unserer Reise durch Peru dieses Weltwunder nicht auslassen. Wir standen inzwischen jedoch der Vorstellung eines unübertrefflichen kulturellen Höhenpunkts skeptisch gegenüber, nachdem wir an anderen Orten Perus Kulturen wie die der Moche, Chimú oder Chavín kennengelernt hatten: Als Überbleibsel der vergangenen Hochkulturen hatten ihre einzigartigen Kunst- und Kulturschätze, die beeindruckenden Tempelanlagen und die spektakulären Lehmbauten unseren Weg begleitet. Wir hatten sie über das gesamte Land verstreut kennengelernt. Aber waren sie weniger wertvoll oder beeindruckend, weil die meisten Touristen sie nicht kannten?

Wir waren im Ort »Ollantaytambo« angekommen; von hier aus hatten die Inkas das Heilige Tal dominiert. Diese von ihnen stadtplanerisch durchorganisierte Ansiedlung existierte noch immer. Die verlassene Festung auf dem Bergsporn oberhalb des Ortes konnte von Touristen besichtigt werden. Die ebenso geschichtsträchtigen Inkagebäude unterhalb der Festung bewohnten die Einheimischen weitgehend unbeirrt von Fremden.

Wir standen in einer dieser engen und kerzengeraden Straßen im Ort, die vor Jahrhunderten von den Inkas gebaut wurde. Ich fasste über die Oberfläche eines Granitsteins einer Hauswand. Er fühlt sich in dieser schattigen Gasse kalt an. Die Rauheit seiner Oberfläche war ihm von Menschenhand genommen worden und erschien nun perfekt behauen und glatt geschliffen. Kein Stein in der Mauer glich dem anderen, weder in seiner Größe, noch in der Form. Sie wirkten wie unterschiedlich große Puzzleteile, vier- bis zwölfeckig, die sich hauteng und ohne Mörtel aneinander fügten.

Beim Gehen schaute ich aus der engen Gasse zwischen zwei Granitmauern dem Himmel entgegen. Die Wände neigten sich von mir weg, wie ein sich öffnender Trichter, in dem perfekten Neigungswinkel von dreizehn Grad und damit vollkommen erdbebensicher.

Plötzlich öffnete sich eine quietschende Holztür vor mir. Ich zuckte zusammen, weil ich gerade ein Foto machten wollte.

Eine Frau verließ mit ihrer Teenagertochter ihr Zuhause und lächelte mir zu. Für sie war es ihr normales Wohnhaus, das wir bestaunten. Sie ging an uns vorbei und wir schauten uns ebenso fasziniert ihre Alltagskleidung an. Die ältere Frau trug keine Jeans, Turnschuhe oder Pullover, wie wir und ihre Tochter sie anhatten. Ihre Textilien waren besonders und wirkten wie aus einem Textilmuseum entsprungen. Die geometrischen Muster, Figuren und Tierabbildungen, die wir in alten Ruinen und Museen gesehen hatten, waren hier eingearbeitet. Gestrickt, gehäkelt, gestickt, gewebt und eingenäht waren ihre Stoffe handwerkliche Kunstwerke. Sie wirkten in unseren Augen zeitlos schön und waren nicht wie deutsche Stickbilder und gehäkelte Topflappen mit betrüblichen Motiven versehen. Ihre Kleidung verbreitete Fröhlichkeit. Die Strickjacke aus Wolle hatte ein Blau wie aus einem Tuschkasten, wobei der Naturfarbstoff ihrer Jacke gedeckter wirkte als die neuen chemischen Farben. Um ihre Schultern war ein großes Tragetuch geknotet, aus dem nun jedoch nichts herausschaute oder eingewickelt lag. Ansonsten wurde in ihm alles transportiert: Kinder genauso wie Lämmer oder Berge von Gemüse und Obst, massige Gasflaschen oder sperriges Brennholz. Ihr ausladender Rock endete kurz unterhalb ihrer Knie. Die nackten Beine strahlten eine gestählte Kraft aus. An ihren dunkelbraunen Waden zeichneten sich bei jeder Bewegung ihre Muskelstränge ab.

Wir schlenderten fasziniert und beeindruckt durch den Ort und sahen überall die Einheimischen, die in ihrer Alltagskleidung auf uns wie bei einem Trachtenfest wirkten. Auch Männer trugen zum breiten Farbenspektrum bei. Ihre Köpfe ragten aus den mittigen Löchern ihrer Ponchos hervor, die bis zu ihren Hüften herunterreichten. Die Stoffe waren ebenso satt an Farbe und aufwendig gearbeitet wie die der Frauen. Ihre Köpfe waren durch Filzhüte vor der sengenden Sonne geschützt.

Umringt wurden die Bewohner des Ortes von den Hängen der Anden. Kaum ein Hang war zu steil, um nicht landwirtschaftlich genutzt zu werden. Die in Terrassen unterteilten Flächen glichen einem unendlichen Flickenteppich. Der fruchtbare Boden der steil abfallenden Hänge war zu bearbeitenden waagerechten Feldern eingeebnet und durch aufgeschichtete Steinmauern befestigt worden. So zogen sich riesige Stufen über die Andenhänge, wie für die Füße eines Riesen gebaut. Und durch die dazwischen liegenden Kanäle plätscherte unaufhaltsam das Wasser der Berge. Alles schien sich zu wunderschönen geometrischen Formen und harmonischen Farben zu verbinden, die Menschen ebenso wie die Landschaft.

Doch irgendwann wurde unser verträumter Blick von neuen Bildern auf der Straße abgelenkt. Männer gingen schweigend an uns vorbei. Ich sah eine schwere Metallgasflasche in einer Plastikplane auf dem Rücken eines Mannes liegen. Die Plane hatte bereits einige Risse und das Gewicht schlug schwer gegen die Wirbelsäule. Sein Oberkörper knickte in der Hüfte stark nach vorn ein, damit das runde Gehäuse der Gasflasche stabiler auf seinem Rücken lagerte. Dicke Schweißtropfen standen ihm auf der konzentrierten Stirn.

Dahinter schleppte ein weiterer Mann einen Stoffbeutel auf seinem Rücken. Aus dem riesigen Sack, der ihn vollständig verdeckte, ragten steckbare Metallstangen für Zelte heraus. Mit jedem Schritt schlug das Metall aneinander und begleitete seinen Weg mit einem hellen KLING. Trotz der Mühe bewegten sich seine Füße rhythmisch, was der Klang der Metallstangen wiedergab. Beide hatten ihre Arme vor die Brust verdreht, um das Ende ihres Gepäcks mit beiden Händen verkrampft festhalten zu können. Ihre harten Muskeln waren die Polster zwischen den zerbrechlichen Knochen und ihrem Gepäck. Sie trugen keine Ponchos, sondern T-Shirts und Jeanshose. Mit ihren Gesichtszügen, der dunklen Haut und ihren tiefschwarzen Haaren unterschieden sie sich äußerlich trotzdem von uns.

Menschliche Schwerstarbeit ohne technische Hilfsmittel vereinte die arme Bevölkerung. Ihr Anblick gehörte auch in Peru zum Alltagsbild. Ungewöhnlich war allerdings die Zusammenstellung der Menschenkarawane vor den Männern, die uns betroffen aufblicken ließ. Weiße, westliche Touristen im Studentenalter staksten geräuschvoll mit ihren Wanderstöcken über das Kopfsteinpflaster. Lautes Klacken entsprang den Steinen und hallte in der Gasse wider. Sie gehörten augenscheinlich zu den fünfhundert zahlenden Touristen, die pro Tag auf den legendären Inka-Trail gingen. In vier Tagen würden sie auf ihrer Wanderung die Inkaruinen von Machu Picchu erreichen. Registriert und organisiert, denn keiner durfte unerlaubt über die alten Steine der Inkazeit wandern. Zumindest nicht auf diesem winzigen Teilstück des viele tausend Kilometer langen Inkaweges. Uns hatte das Straßen- und Wegenetz der alten Inkakultur bereits vom Norden des südamerikanischen Kontinents begleitet und würde das auch noch weiter bis ins zentrale Chile tun.

Der Touristenführer, mit dem wir in der Cordillera Blanca gewandert waren, hatte zuvor jahrelang als »Guide« auf dem Inka-Trail nach Machu Picchu gearbeitet. Auf unserer Wanderung hatte er an einem Abend von dem Job berichtet: Auf dem Inka-Trail waren keine Packesel erlaubt, sondern nur Männer. Die Träger müssten im wahrsten Sinne des Wortes alles schleppen, manchmal auch kraftlose Touristen, die zu Beginn nicht in die Lastenplanung einkalkuliert werden konnten. Die gingen zwar die ersten Kilometer selbständig, fielen dann aber um und müssten bis zum bitteren Ende mitgeschleppt werden.

Als er uns diese Geschichten erzählt hatte, lachten wir noch über seine Schilderungen.

Nun sahen wir die beladenen Träger aus seinen Erzählungen und uns kam ein Lachen völlig unangemessen vor. Der Guide hatte uns auch von untrainierten Kollabierten, Frauen mit Fehlgeburten, kotzenden Höhenkranken und Toten berichtet, die alle von den Trägern unterwegs geschultert werden mussten. Denn der Weg war weit, die Anden hoch und der Geist willig, aber der Körper schwach oder einfach nicht geübt. Viele der Touristen setzten dabei voraus, dass sie im Notfall per geländegängigem Fahrzeug oder aus der Luft gerettet werden könnten. In Anlehnung an die Gelben Engel des deutschen Automobilclubs. Doch auch sie hatten ihre Grenzen und hier gestutzte Flügel, denn die südamerikanischen Anden waren eben doch nicht die europäischen Alpen. Im Laufe der Wanderung mussten einige feststellen, dass sich in diesem Gebiet nicht alles mit Geld kaufen ließ, auch wenn mit ausländischen Devisen alles machbar und spottbillig erschien. Was nicht zu kaufen war, erfuhren sie spätestens im Notfall oder eben nie mehr.

Besonders in den Touristenzentren begegneten wir diesen Menschen, die dem Urlaubsruf in spottbillige Entwicklungsländer gefolgt waren. Denn für die Maßstäbe einer Industrienation galten diese Reiseangebote als Schnäppchen. Die Abenteuerlust konnte, ohne die Kreditkarte ins Qualmen zu bringen, voll ausgelebt werden. Dass sie etwas tun konnten, reichte aus, um es zu unternehmen. Sie wollten dem Rausch und den nächsten Adrenalinkick der »ings« verfallen: trekking, rafting, paragliding, downhill-biking, bungee-jumping, drinking, partying, einfach alles, woran ein ING gehängt werden konnte.

Die Stöcke einer jungen Frau aus der ausländischen Wandergruppe hatten sich zwischen zwei Steinen verhakt. Sie strauchelte. Ihre Ungeschicktheit kaschierte sie mit einem schrillen Lachen. Nachdem sie sich gefangen hatte, plapperte sie ungewöhnlich laut in englischer Sprache mit den anderen weiter. Einheimische drehten sich still nach dem Lärm um, denn die Stimmung war vorher ruhig gewesen. Sie selbst hatten sich in gedämpfter Stimmlage unterhalten.

Einige der ausländischen Gruppe gingen nebeneinander her. Sie durchmischten sich nicht als Einzelpersonen mit den Peruanern, sondern schritten geballt wie ein Rammbock durch diese hindurch. Die Einheimischen mussten Platz machen, denn die Urlauber waren auf sich konzentriert und bemerkten gar nichts. Augen für ihre Umgebung hatten sie nicht. Nur für die gegrillten Meerschweinchen, die knusprig an einem Verkaufsstand zu sehen waren. »How disgusting«, wie ekelhaft, entsprang es einer weiblichen Kehle angewidert, die wahrscheinlich Chicken-Nuggets inklusive zerschredderter Innereinen als kulinarischen Hochgenuss empfand, aber die ihr unbekannte peruanische Esskultur ohne weitere Überlegungen abwertete.

Die Wanderer trugen ein leichtes Gepäck auf dem Rücken, ein winziges Täschchen mit gepolsterten Riemen. In die kleinen Rucksäcke passten gerade einmal eine Unterhose zum Wechseln, ein Energieriegel und eine Wasserflasche hinein. Sie sahen allerdings nicht aus, als würden sie vier Tage Wanderung in denselben verschwitzten Klamotten durchstehen. Weitere Träger mit noch mehr Säcken auf den Rücken folgten ihnen. Das Geheimnis der täglich wechselnden Kleidung, ihrer Zelte und der Verpflegung lüftete sich damit.

Auch die anderen Träger waren mit einer unerträglichen Last beschwert. Sie schleppten das Maximum an Gewicht, was ein Mann tragen konnte, jedoch ohne vor den Augen der entsetzten Touristen zusammenzubrechen.

Und dass Menschen überhaupt so schwer und provisorisch beladen werden konnten, hatte sich eine Touristin erst vorstellen können, als sie ihr Gepäck auf den Schultern eines Peruaners gesehen hatte, so erzählte sie es uns nach ihrer Inka-Trail-Wanderung. Wir hatten die allein reisende Deutsche unterwegs kennengelernt. Selbst beim nachträglichen Erzählen wirkte sie noch aufgebracht.

»Im Nachhinein«, hatte sie uns erzählt, »hat mich mein schlechtes Gewissen dermaßen geplagt. Meine moralischen Maßstäbe, die ich zuhause immer hoch halte, hatte ich mit der Buchung der Tour abgelegt oder vielmehr auf andere übertragen.« Sie hielt die Hand am Munde als sie uns verschwiegen zuflüsterte: »In meinem Job bin ich sogar im Betriebsrat. Ich darf doch gar keinem erzählen, wie ich die Arbeiter hier behandele.«

Ihre moralischen Ansprüche waren unterlegen gewesen, weil sie ihre private Urlaubskasse schonen wollte. Sie hatte einen der billigsten Anbieter gebucht, dem wohl die Arbeitsbedingungen, aber nicht der Profit egal waren. Mehrere Herzen hatten gleichzeitig, aber im unterschiedlichen Takt, in der Brust der deutschen Touristin geschlagen: Sie wollte gern die Tour machen, aber zu einem günstigen Preis.

»Ich hatte mir zunächst schöngeredet, dass die Männer schließlich durch mich als Touristin ihren Lebensunterhalt bestreiten können. Der Meinung bin ich auch immer noch. Aber es ist trotzdem kein Grund die Einheimischen unanständig zu behandeln«, hatte sie ihre Erfahrungen enttäuscht zusammengefasst.

Ich schaute der Trekking-Wanderkarawane in Richtung Machu Picchu nach, bis sie hinter einer Häuserecke verschwunden war. Nur noch das leise Klacken der Wanderstöcke auf dem Kopfsteinpflaster hing in der Luft, ebenso wie die Frage, wie anständig oder moralisch korrekt wir uns fernab der Heimat verhalten sollten? Aber darüber hegte wohl jeder seine eigene, ganz persönliche Ansicht.

Im Urlaub, zuhause und bei der Arbeit.

## Birte Gesundheit Fahrradtour Vitaminpräparate Yoga
## Illusion Wurzelchakra Körpergefühl Selbstheilung
**Fremdverantwortung** Vollkasko-Mentalität | iBurn-out Hamburg Frühling

Als ich meinen Wagen an der Straße parkte und abschloss, schaute ich zu unserem Balkon hoch. Ich wusste, Ingo war zuhause, denn die Balkontür zur Wohnung stand weit offen.

Der Frühling zeigte sich das erste Mal in diesem Jahr. Das Osterfeuer war schon einige Wochen her, aber der diesjährige Winter hatte sich strikt geweigert, von den Flammen vertrieben zu werden. Der Frühlingsanfang symbolisierte für mich mehr als nur eine neue Jahreszeit. Denn Ingos Burn-out hatte sich im tristen Herbst und dunklen Winter wie eine Laus im muffigen Pelzmantel festgesetzt. Ich wollte nun endlich mit der Winterkleidung auch alle bedrückenden Empfindungen ablegen.

Ich ging lächelnd die Treppe zur Wohnung hoch. Die Müdigkeit des Arbeitstages fiel von mir ab. Als ich die Tür aufschloss und einen Spalt weit öffnete, knallte eine andere Tür laut zu. Frische Zugluft wirbelte um mich herum. Der Frühlingsduft war durch die offenen Fenster in die Wohnung geweht und hatte bereits die letzte düstere Andeutung des Winters rausgeschmissen. Es roch herrlich frisch. Das Licht der späten Abendsonne durchflutete jeden Winkel der Wohnung und schraffierte durch die Jalousien Skizzen auf den Holzboden.

Obwohl mir keine Geräusche entgegenschlugen, lebte alles um mich herum. Es herrschte keine bedrückende Stille, sondern eine schöne und beruhigende Lautlosigkeit. Die staubigen Bauarbeiten waren, wie der Winter, Schnee von gestern. Und Ingos Burn-out hoffentlich bald auch, dachte ich optimistisch.

Ich stellte meine Tasche im Flur ab und ging ins Wohnzimmer. Ingo schaute überrascht von seinem Notebook hoch. »Hallo. Da bist du ja schon. Ist es denn schon so spät?« Er schaute auf die Uhr seines Notebooks. »Ich bin gleich fertig.«

Ich genoss den Anblick. Er brauchte gar nicht aufzuhören, mit dem was ihn gerade fesselte. Ingo saß nicht mit traurigen Augen im Sessel und starrte Löcher in die Wände. Seine Uhr schien nicht stehen geblieben zu sein, als er allein gewesen war. Nein, er konnte sich wieder mit sich selbst beschäftigen. Tag für Tag besser und jedes Mal ein bisschen länger und konzentrierter.

Seine wiedergefundene Energie verwendete er für die neue Aufgabe: Unsere Tourenplanung mit dem eigenen Camper von Alaska bis Feuerland. Ingo war dabei, sich in neue Dinge hineinzudenken und Sachen auszutüfteln. Es machte ihm sichtlich Freude, sich mit Klimazonen und technischer Ausrüstung zu beschäftigen. Unser Plan nahm stetig Form an, obwohl wir erst Anfang des nächsten Jahres starten wollten.

Zu Beginn hatten wir ein Jahr Reisezeit anvisiert. Als wir jedoch die Dimensionen des Kontinents realisierten, verlängerten wir nach kurzer Überlegung auf zwei Jahre. Unsere Ersparnisse ließen es zu. Wir wollten mit Ruhe reisen und nicht von Anfang an Zeitdruck verspüren. Außerdem stellten wir fest, welchen Organisationsaufwand die Tour bereits für ein Jahr bedeutete. Und die Hauptkosten für Verschiffung, Fahrzeuganschaffung und Flüge blieben gleich hoch, egal, ob für ein Jahr oder länger. Ingo hatte bereits im Internet mit der Suche nach einem geeigneten Fahrzeug begonnen. Wir wollten eins in Deutschland kaufen, komplett überprüfen, die Technik kennenlernen, für unsere Bedürfnisse anpassen und dann auf den amerikanischen Kontinent verschiffen lassen.

Es gab viele Gründe, warum wir die Tour gerade in Nord- und Südamerika planten. Der ausschlaggebende Punkt war die unglaubliche Gebirgslandschaft, die sich von Norden nach Süden durchzog. Die wollten wir hauptsächlich kennenlernen. Außerdem war unsere Neugier auf die unterschiedlichen indigenen Lebensweisen und die großartigen Kulturschätze riesengroß. In Gedanken standen wir bereits auf den alten Pyramiden der Azteken, flogen über die peruanischen Nasca-Linien oder befanden uns auf Märkten mit unbekanntem, exotischem Essen. Mit Englisch und Spanisch würden wir fast überall auf dem Kontinent zurechtkommen und uns mit den Einheimischen verständigen können.

Eine Bekannte hatte uns die Frage gestellt: »Was macht ihr denn die ganze Zeit auf der Reise? Meint ihr nicht, dass euch langweilig wird?«

Damals war ich perplex gewesen, dass sie überhaupt die gedankliche Brücke zwischen der Tour und Langeweile schlagen konnte. Ich hatte ihr darauf geantwortet: »Weißt du, wenn ich vor einer alten Pyramide stehe und die Geschichte nicht begreife oder sie mir besonders gut gefällt, dann gehe ich am nächsten Tag wieder hin. Und wenn ich möchte, auch noch ein weiteres Mal.« Sie hatte es als Scherz aufgefasst, dass ich mit alten Steinen meine Zeit vertrödeln wollte. Ich meinte es jedoch, wie ich es gesagt hatte.

Ich ging auf unseren Balkon und hielt mein Gesicht dem Frühling entgegen. Die späten Sonnenstrahlen des Tages wärmten zwar nicht mehr die Haut, aber das Gefühl, dass sie es könnten, reichte mir. Ich schaute zurück ins Wohnzimmer, auf Ingos Finger, die flink über die Tastatur glitten. Irgendwann standen sie still. Unsere vertrauten Blicke trafen sich.

»Wie war dein Tag?«, fragte ich ihn.

»Ich habe heute was ganz Tolles gemacht«, sagte Ingo und setzte sich dabei noch aufrechter auf seinen Stuhl. Die Aufgeregtheit war ihm anzumerken. Das verkniffene Lächeln der letzten Monate war verschwunden, es hatte sich in Luft aufgelöst. Das jetzige wurde durch ein ehrliches Gefühl von neu geweckter Lebensfreude ausgelöst und erreichte seine Augen wieder. Die Fenster zur Seele ließen das Funkelten wieder durch.

Neugierig setzte ich mich auf einen Stuhl ihm gegenüber und wartete auf seine Erzählung.

»Der Tag war so schön. Zuerst konnte ich mich überhaupt nicht aufraffen, aber dann habe ich es doch getan. Ich bin heute in der Sonne an der Elbe Fahrrad gefahren. Es war wunderschön. Zuerst die Elbe abwärts, dann habe ich mit der Fähre übergesetzt, bin dort ein bisschen herum geradelt und dann ging es mit der Fähre wieder zurück. Ich bin langsam gefahren, aber ich merke ordentlich meine Muskeln in den Oberschenkeln.«

Sein Gesicht sah noch immer von der Anstrengung gerötet aus. Die Verfärbung zeigte aber auch den Stolz über den gewonnenen Kampf gegen seinen inneren Schweinhund.

»Das hört sich super an. Der Tag war auch zu schön, um ihn nicht in der Natur zu verbringen. Ich bin stolz auf dich«, schob ich lächelnd hinterher, weil ich es genauso meinte. Ingo wollte wieder gesund werden. Er schien in seinen Körper zu horchen, um herauszufinden, was der für seine Genesung brauchte. Nicht von jemandem Außenstehenden verordnet, sondern von ihm selbst empfunden. Nicht Wochen vorher geplant oder festgelegt, sondern in einer Momentaufnahme selbst gewollt und dann auch gemacht. Mir kam es vor, als hätte Ingo die Spurensuche nach seinem verlorenen Körpergefühl aufgenommen.

Ingo tippte weiter auf seiner Computertastatur, während ich nach draußen auf die Elbe schaute.

Er war bloß Fahrrad gefahren, hielt ich mir die Einfachheit vor Augen. Ich musste an all die Behandlungen und Maßnahmen zurückdenken, die Ingo und ich kopflos ausprobierten hatten, um eine gesundheitliche Verbesserung zu erreichen. Ein Dreivierteljahr bevor Ingo seinen totalen Zusammenbruch erlitten und der Arzt ein Burn-out diagnostiziert hatte, war ich schon in blinden Aktionismus verfallen. Meine Vorahnung, dass etwas Schlimmes passieren könnte, hatte mit jedem Monat zugenommen. Ich sah, wie Ingo einem Dampfkochtopf ähnelte. Das Innere stand so sehr unter Druck, dass zischender Dampf aus allen Ritzen entwich. Abstellen oder vom heißen Herd herunternehmen funktionierte gar nicht mehr. Selbst dreiwöchige Urlaube reichten nicht mehr aus, um diesen Zustand wirkungsvoll zu ändern.

Ich fing damals instinktiv an, unsere privaten Verabredungen und Aktivitäten zu reduzieren. In unserer freien Zeit nach der Arbeit und am Wochenende sah ich den einzigen Puffer, um etwas zu ändern. Die Kraft sollte in der Freizeit angespart werden. Als wäre die Energie wie auf einem buchhalterischen Konto geparkt: Soll an Haben.

Faulenzen, Nichtstun und Abhängen fielen mir als erste Allheilmittel in den kurzen Verschnaufpausen ein. Was allen scheinbar gut tat, konnte Ingo vielleicht auch helfen. Er selbst hatte den Punkt verpasst, an dem er hätte in sich hinein horchen können.

Dabei häuften wir unterbewusst unsere vermeintlich neugewonnene Entspannungsfreizeit mit privaten Terminen und Verpflichtungen an. Saunagänge bestanden nicht mehr nur aus zeitlich ungebundenen und aus der Laune heraus entschiedenen Aktivitäten. Die selbstverordnete Entspannung sollte durch noch mehr Erholung gesteigert werden. Die zusätzliche Massage zur Sauna buchten wir terminlich im Voraus und pressten ungewollt unsere Entspannung wieder in einen zusätzlichen Schraubstock. Freizeitstress!

Die eigene verwaiste Badewanne in unserer Wohnung hatten wir seit Monaten nicht mehr benutzt. Eine schnelle Dusche am Morgen reichte aus, um repräsentativ zur Arbeit und unter Menschen gehen zu können. Entspannung allein und in den eigenen vier Wänden zu finden, war zu abwegig. Es erschien uns wohl zu unspektakulär, als dass wir ernsthaft daran denken konnten. Auf die nahe liegenden Dinge kamen wir nicht. Auch nicht auf lange Fahrradtouren an der Elbe, wie Ingo sie nun wieder machte.

Warum auch einfach denken, wenn wir Menschen mit komplexen und komplizierten Gehirnwindungen ausgestattet waren und das gesamte Spektrum ausreizen konnten? Einfach kann doch jeder, oder? Scheinbar nicht, dachte ich nun, denn wir hatten nicht unser schönes Zuhause an der Elbe, nicht die verwaiste Badewanne, nicht das Kajak im Garten und auch nicht die verstaubten Fahrräder im Keller gesehen. Wir waren nicht auf die einfachsten Möglichkeiten der Erholung gekommen.

Ich schaute immer noch nach draußen und beobachtete einen Mann am Wasser entlang laufen. Seine Bewegungen wirkten leicht, fast spielerisch. Er schien Freude am Laufen zu haben.

Als Ingos Burn-out sich bereits angeschlichen hatte, war nichts mehr einfach gewesen, nicht einmal Sport, dachte ich zurück.

»Sport fördert die Gesundheit«, mit diesem Satz wollte Ingo seiner Erschöpfung entgegenwirken, zumindest hatte er sich das so eingeredet. Allerdings nicht in der gebührenfreien Natur, die vor unserer Haustür lag, sondern an organisierten Geräten in einer klimatisierten Halle in einem anderen Stadtteil.

Ingo war Jahre lang Mitglied in einem Fitness-Club gewesen und zahlte brav die exorbitanten Monatsbeiträge. Dabei hielt er krampfhaft am Altvertrag zu günstigeren Konditionen fest, auch wenn der

Fitness-Club inzwischen weit entfernt zum jetzigen Arbeits- und Wohnort lag. Bei seiner sporadischen Benutzung war diese Taktik eine wahre Milchmädchenrechnung, die aber zumindest sein sportliches Gewissen beruhigte.

Und weil es mit seiner Gesundheit haperte, fuhr er wieder in den kollektiven Fitnesstempel. Obwohl er vom langen Arbeitstag erschöpft war, hetzte er zur aufgezwungenen Bewegung. Die Fitness-Geräte wurden dann auch zu intensiv von ihm benutzt und sein Körper rächte sich mit heftigem Muskelkater. Aber das war im ersten euphorischen Bewegungsdrang schnell vergessen. Das riesige Schwimmbecken im Club mied er wegen der plantschenden Fitness-Kurse und der Dauerbeschallung mit Après-Ski-Hüttenmusik. Ähnlich erging es ihm mit dem Saunabereich, dessen ganzkörperrasiertes Publikum auf winzigen, taschentuchgroßen Handtüchern mit jedem Schweißtropfen leichtes Unbehagen verspritzte. Die erhoffte sportliche Entspannung nach Feierabend entlarvte sich als offensichtlicher Trugschluss, die er enttäuscht wieder einstellte. Er fühlte sich nicht besser.

Ich drehte meinen Kopf zu Ingo und schaute ihn an. Er sah trotz seiner Müdigkeit vom Fahrradfahren glücklich aus. Vielleicht tat er das auch gerade wegen der körperlichen Erschöpfung, folgerte ich froh.

Ingo bemerkte meinen Blick. »Ist was?«

»Ich musste gerade an all die sinnlosen Aktionen vor deinem Burn-out denken, die dir Entspannung bringen sollten und genau das Gegenteil beziehungsweise gar nichts bewirkt haben.«

»Und was auf der langen Liste findest du gerade so komisch, das du grinsen musst?«

Ich legte einen ernsten Gesichtsausdruck über mein Grinsen. »Was den in der Abgeschiedenheit lebenden Menschen in Indien in jahrelanger mentaler Disziplin gelingt, sollte doch in einer hektischen Großstadt so nebenbei auch zu schaffen sein…«

»POWEEEERYOGA!« Ingo lachte laut los. »Oh, was für eine sinnlose Aktion.« Nachdem er sich wieder eingekriegt hatte, sah er erneut konzentriert aus. »Entschuldige, aber ich möchte zwei Emails zu Ende schreiben, dann können wir uns noch ein bisschen nach draußen auf den Balkon setzen, okay?«

Ich nickte und hatte auch ohne ihn Spaß an meiner Erinnerung.

Weil alle um uns herum ein bisschen Yoga machten, hatten Ingo und ich den neuen Lifestyle-Trend auch ausprobiert. Wir dachten in seinem damaligen angeschlagenen Zustand, dass durch die Anleitung Dritter die ersehnte Entspannung zu finden war.

Zeit nahmen wir uns nicht, um uns über die passende, zivilisatorisch mutierte Form des städtischen Yoga zu informieren. Stattdessen hingen wir uns kopflos an eine Freundin, die Poweryoga für sich entdeckt hatte. Bei dem Begriff hätten wir schon stutzen müssen. Poweryoga, hieß es nicht, weil wir uns nach der Stunde unendlich kraftvoll fühlten, sondern weil wir ordentlich Energie hineinlegen mussten: Nicht nur in die Stunde zwischen bunten Yogamatten, sondern bereits dorthin, durch den Hamburger Feierabendverkehr. Wir wohnten und arbeiteten am westlichen Rand Hamburgs und suchten im Zentrum der Millionenstadt die Entspannung zum Feierabend. Jede Nebenstraße war von stinkenden Blechlawinen verstopft. Wir standen nicht im Stau, wir waren der Stau.

Als Wahlhamburger überraschte es uns dann auch nicht, dass im Radius von vielen hundert Metern zum Yogazentrum keine freien Parkplätze auf uns warteten. Selbst die teuren Strafzettelplätze im Parkverbot reduzierten sich im Minutentakt. Irgendwann nach Feierabend war jede geldliche Schmerzgrenze überschritten und sank umgekehrt proportional zur Müdigkeit. Die Zeilen aus dem Lied von Herbert Grönemeyer »Ich drehe schon seit Stunden hier so meine Runden. Es trommeln die Motoren. Es dröhnt in meinen Ohren. Ich finde keinen Parkplatz...« begleiteten uns ins sinnfreie Poweryoga-Entspannungsprogramm. Drei Mal taten wir uns diese selbst auferlegte Tortur an, dann gaben wir ernüchtert mit Poweryoga auf. Zumindest hatten wir keinen Jahresvertrag für dieses Hirngespinst abgeschlossen, sondern jeden Termin einzeln bezahlt. Die Unverbindlichkeit drückte wohl schon unterbewusst unsere Einstellung zur schnell erlernten Yoga-Entspannung aus.

Ingos Finger flogen immer noch über die Tastatur seines Notebooks. »Ingo, entschuldige, dass ich dich unterbreche, aber ich muss gerade auch an dein Wurzelchakra denken.« Ich prustete laut los.

»Erinner mich bloß nicht daran. Das war übrigens auch eine deiner glorreichen Ideen, wie ich zur Ruhe finden sollte. Dafür habe ich auf Ewigkeit einen bei dir gut.« Er hob dabei grinsend seinen Zeigefinger in die Luft. »Ich bin gleich fertig«, und widmete sich wieder seinem Bildschirm.

Chakren-Reiki, eine Idee von vielen, dachte ich amüsiert. Mit Abstand betrachtet konnte ich nun darüber lachen. Aber in dem Moment, als Ingo wirklich Hilfe braucht hatte, war diese Erfahrung eine derbe Enttäuschung und eine weitere Sackgasse gewesen.

Ich hatte Ingo auch zu einer uns unbekannten Heilpraktikerin geschleppt. Die legte Ingo gleich auf die Behandlungsliege und versuchte seine Energieflüsse durch Chakren-Reiki zu aktivieren. Zumindest versprach sie das für ihren verlangten Lohn. Nachdem sie mit den schwebenden Händen über seinen Körper gewandert war und Ingo seine Augen wieder hatte öffnen dürfen, erklärte sie ihm seine verschiedenen Körperregionen. Seine Lebensenergie, das Prana, würde aufgrund von Blockaden nicht störungsfrei fließen. Sie jonglierte mit lustig klingenden Begriffen und erklärte Ingos energetische Verbindung zur Erde über das unterste Chakra. Unter anderem hegte sein Muladhara-Chakra, auch als Wurzelchakra bezeichnet, den tiefen Wunsch nach Vermehrung. Sie hätte in ihren Visionen viele kleine Kinder und die Sonne gesehen. Sein energetisches Problem war gewissermaßen ein Lattenproblem.

Ingo erzählte mir danach belustigt von der Behandlung, aber weigerte sich strickt, dort wieder hinzugehen. Eine lange Liste der Behandlungsmethoden hatte auf der Visitenkarte der Heilpraktikerin geprangt, wie bei so vielen Hobbyheilern nach einem schnellen Wochenendkurs. Aber richtig Erfahrung schien sie damit nicht zu haben. Ihr umfangreiches Tätigkeitsportfolio riss ein bisschen von allem an: Bachblütentherapie, TCM – traditionelle chinesische Medizin, Akupunktur, Psychoenergetik, Reflexzonentherapie, Lichtarbeit und Reiki. Fehlte nur noch »Abrakadabra, Simsalabim, Hokuspokus und Fidibus«.

Obwohl es das sicherlich auch schon gab. Überall sprießten Praxen mit undefinierbaren Angeboten und Dienstleistungen aus dem

Boden. Ein bisschen von allem: Huna-Schamanismus, Arbeit mit Futhark-Runen oder keltische Druiden. Manches aus Mexiko, Indien oder Tibet und dann auch noch mit Religion aus Buddhismus und Hinduismus vermischt. Offensichtlich musste es eine enorme Nachfrage nach diesen Behandlungsmethoden geben, was die große Zahl an Angeboten erklären würde.

Wir wussten, dass die klassische deutsche Schulmedizin nicht der Weisheit letzter Schluss war. Es gab vieles, das ohne rationale und hieb- und stichfeste Beweise wirkte. Alles was half, war gut, auch alternative Heilmethoden, denn in anderen Ländern und Kulturkreisen gab es seit Jahrhunderten unterschiedliche medizinische Traditionen. Doch die seriösen Anbieter dieser alternativen Medizin wurden durch die massenhaften und teuren Hobbyheiler in Misskredit gebracht. Wie fand man im Wust der Möglichkeiten das für sich Zutreffende? Und wie konnte man verhindern, auf irgendwelche Scharlatane hereinzufallen, die nur das schnelle Geld verdienen wollten und sich über die Leichtgläubigkeit ihrer Kunden ins Fäustchen lachten? Das waren schon damals die Fragen gewesen, für die Ingo und ich keine Antwort gefunden hatten. Dafür musste man sich Zeit nehmen, die wir scheinbar nicht hatten.

Ingo klappte sein Notebook endgültig zu. »Ich hole mir nur noch etwas zu trinken, dann komm ich zu dir.« Mit diesen Worten schob er seinen Stuhl zur Seite und verschwand in der Küche.

Ich musste daran denken, wie wir uns hilflos an jeden Strohhalm geklammert hatten: Bachblütentropfen, beruhigende Johanniskrauttabletten, Baldriantropfen, Globuli, Vitaminpräparate, homöopathische Rescue-Tropfen und irgendwelche Kräutertees. Es gab vieles zu kaufen, auch ohne Verschreibungen eines Arztes.

Ein Freund schenkte Ingo eine teure Vitaminkur aus der Apotheke, die wieder POWER geben sollte. In der Jugend hatten sie sich die neusten Platten geschenkt. Nun mit zunehmendem Alter war es soweit gekommen, dass sie sich ein Quäntchen Gesundheit in Form von sprudelnden Entspannungsbädern, handlichen Muskelmassagegeräten oder Wellness-Gutscheinen schenkten.

Aber alles, was Ingo ausprobierte, war nicht förderlich, wirkte oft kontraproduktiv und war vor allem halbherzig angepackt. Wir verhaspelten uns in Sinnlosigkeiten. Und wir konzentrierten uns auf die Schadensreduzierung, nicht auf die Ursachenbekämpfung. Oberflächliche Kosmetik anstatt tiefgreifender Sanierung.

Manchmal muss es leider erst »ganz Dicke kommen«, bevor es wieder aufwärts geht.

Ich setzte mich auf einen Holzstuhl, der auf dem Balkon stand. Ingo kam mit zwei Gläsern in den Händen dazu. »Hier, du möchtest bestimmt auch etwas trinken«, sagte er und hielt mir eins der beiden Getränke hin.

»Danke.« Ich nahm es und trank einen Schluck. »Ingo, wie viele Jahre hast du deine Rückenschmerzen eigentlich schon?«

»Wie kommst du denn darauf?«

»Ich musste gerade daran denken, über welchen Zeitraum sich deine Gesundheit schleichend über Jahre verschlechtert hatte. Es kam immer etwas Neues dazu.«

»Na ja, es war ja auch immer noch auszuhalten. Meine Rückenschmerzen begannen ganz langsam. Ich glaube vor fünf Jahren. Jedes Jahr wurde es jedoch schmerzhafter.« Ingo nippte abwesend an seinem Glas.

Ich sagte nichts, dachte aber im Rückblick: Du hast viel zu lange auf alles andere geachtet, nur nicht auf dich selbst und schon gar nicht auf die eigene Gesundheit.

Dabei konnte sein Körper ihm über lange Zeit etwas vorgaukeln. Permanenter Sport von klein auf hatte einen großen Puffer an physischer Fitness aufgebaut. So schnell vergaß der Körper nicht, was er in jahrelanger Arbeit und mit kindlicher Freude entwickelt hatte. Ingo hatte nie Sport getrieben, um gesund zu bleiben oder um es zu werden, sondern weil ihm Bewegung Spaß machte.

Über fünf Jahre hatten sich Ingos Rückenschmerzen eingeschlichen, rief ich mir entgeistert ins Bewusstsein. Was für eine verflucht lange Zeit!

Mit den Beschwerden hatten auch der Antrieb und die Freude an der Bewegung nachgelassen. Als sie begannen, bekämpfte er sie nicht sofort energisch, sondern gab ihnen immer mehr Raum. Er hatte beim Sport Durchhaltevermögen gelernt. Beißen konnte er.

Passiv ging er kostspielige Untersuchungen mit Hightech-Geräten an. Die Vollkasko-Denkart hatte sich bereits in seine Gehirnwindungen eingeschlichen. Das medizinische Schlaraffenland Deutschland leistete fast alles freizügig, besonders bei Privatpatienten. Wollte er vielleicht auch die Verantwortung aus der Hand geben und die auf andere abbügeln?

Der Arzt hatte nach vielen Untersuchungen nichts gefunden, außer einen äußerlich gesunden Mann. Was der Fachmann nicht fand und Röntgen- und Computertomographiebilder nicht schwarz auf weiß zeigten, konnte nicht gefährlich sein, war Ingos Schlussfolgerung gewesen. Dass die Schmerzen andere Ursachen haben könnten, wie die enorme Arbeitsbelastung, das schnelle Lebenstempo oder der psychische Druck, daran dachte er nicht. Er vertröstete sich lange Zeit damit, dass alles wieder in Ordnung kommen würde.

Die körperlichen Beschwerden wurden jedoch schlimmer und es kamen neue hinzu. Plötzlich waren auch noch seine Blutwerte schlechte. Die Ergründung der Ursachen nahm trotzdem keinen hohen Stellenwert ein, denn schließlich hatten verschiedene Ärzte nichts feststellen können und äußerliche Anzeichen gab es auch nicht: Kein Gebrechen, das Ingo jeden Tag selbst ins Auge sprang, kein hässliches Furunkel auf der Nase und kein eitriges Geschwür, das ekelhaften Gestank verbreitete. Alles war noch dran und funktionierte auch irgendwie.

Stattdessen brachten wir dem äußerlichen Schutz eine Art übertriebener Verehrung entgegen. Je mehr Schutzschichten angehäuft werden konnten, umso sicherer fühlten wir uns: Es war undenkbar ohne Anschnallgurt im Auto zu fahren. Beim Inline-Skaten glichen wir den gepolsterten Michelin-Männchen aus der Werbung, ebenso beim Ski- oder Motorradfahren. Alles gut und richtig, aber unser Fokus lag nicht gleichmäßig auf dem gesamten Körper verteilt, sondern starrte mit störrischer Verbissenheit nur auf die Oberfläche. Die schlummernden Gefahren im Inneren ignorierten wir. Aber das gestanden wir uns in unserer Selbsttäuschung natürlich nicht ein.

Die Bedeutung der Gesundheit war letztlich erst wieder erwacht, als Ingos Gesamtzustand schon angeschlagen war, dachte ich bitter. Da war es zu spät gewesen, um die anpirschenden Risiken vertreiben zu können und den Schutz selbstverantwortlich zu stärken.

Ingo hatte seine Gesundheit schlichtweg aus den Augen verloren, mit der Gewissheit, dass alles irgendwie wieder zu heilen war. Vollkasko, selbst bei Fahrlässigkeit und grobem Umgang. Im allumfassenden Deutschland war es ihm passiert, in dem es doch so viel leichter sein sollte, gesund zu sein, zu bleiben oder es wieder zu werden. Körperlich, psychisch und sozial. Für eines der wertvollsten Besitztümer, die eigene Gesundheit, war ihm die Wertschätzung verloren gegangen, denn sie war selbstverständlich immer da gewesen. Wie vieles in unserer hochentwickelten Wohlstandsgesellschaft, das wir nicht mehr wahrnahmen und wertschätzten.

Ingo schaute mich an und wedelte wild mit der Hand vor meinen Augen. »Hast du mir überhaupt zugehört? Erde an Birte.« Er funkelte mich an, weil er wusste, dass ich es nicht getan hatte.

»Entschuldigung, ich war wohl mit meinen Gedanken woanders.« Ich gab meine Unaufmerksamkeit ehrlich zu, dieses Mal konnte ich mich nicht herausreden.

»Ich habe dir gerade von meinem heutigen Fahrradausflug erzählt.« Er zog die Unterlippe nach vorn und gab vor zu schmollen.

Was er aber nicht wirklich tat, ich kannte ihn besser. »Ich weiß, wie schön das Fahrradfahren für dich war. Ich sehe es dir doch an.«

Dabei schaute ich in Ingos strahlendes Gesicht. Auch ohne seine Erzählung, wusste ich, dass er etwas sehr Wichtiges wiederentdeckt hatte.

**Birte Gesundheit** Altiplano Minenstadt **Potosí Silber**
**Staub** Dunkelheit **Koka** Alkohol Explosionen **Schmerzen**
Lungen **Krankheit Tod** | freigelassen Bolivien Frühling auf der Südhalbkugel

Wir waren in Bolivien. Mittlerweile hatten wir uns durch die langen Aufenthalte in den Andenregionen in Höhen zwischen dreitausend und über fünftausend Meter akklimatisiert. Aber wir konnten uns noch immer nicht daran gewöhnen, dass in der Höhe Wasser nicht erst bei hundert Grad Celsius zu kochen begann und Eier im sprudelnden Wasser nach zehn Minuten noch immer flüssig zerliefen. Auch die gegen den Uhrzeigersinn verlaufende Sonne auf der Südhalbkugel konnten wir nicht verinnerlichen. Die Sonne stand immer da, wo wir sie gerade nicht erwarteten.

Uns faszinierte besonders die zwischen zwei Gebirgsketten und oberhalb von dreitausendsechshundert Meter liegende Hochebene – der raue Altiplano. Hier in der unendlichen, fast menschenleeren Weite Boliviens spürten wir die vollkommene Ruhe. Sie kroch in jede Zelle des Körpers. Den gelesenen Ausspruch: Nur wer Stille liebt, kann hören lernen, verstanden wir hier.

Häufig versanken wir sprachlos in der unbeschreiblichen Schönheit des Landes. Es gab viele Momente in Bolivien, in denen wir vor Glück platzen konnten, vor Ehrfurcht regelrecht verstummten oder uns Tränen der Rührung aus den Augen wischen mussten: Der »Salar de Uyuni«, der größten Salzsee der Welt zählte dazu, wie auch der wunderschöne Titicacasee auf dem Altiplano oder der »Eduardo Alvaroa Nationalpark« mit der »Laguna Colorada«. Es waren unvergleichbare Farbenspiele in einer glasklaren Luft mit stahlblauem Himmel, blutroter Lagune, maigrüner Moose, kakaobrauner Felsen, schneeweißem Salz und kitschig pinken Flamingos.

Und nach dem Sonnenuntergang wurde die Schönheit des Tages von der Einzigartigkeit der Nacht abgelöst. Millionenfache Sterne funkelten in der absoluten Dunkelheit. Der gesamte Himmel war von ihnen überzogen, bis runter zum Horizont. Sie hingen so dicht über unseren Köpfen, als wären sie zum Greifen nah.

Wir freuten uns, die Einwohner der bolivianischen Hochebene mit ihrer andinen Kultur kennenzulernen. Auf unserem Weg durch ihre Heimat nahmen sie uns mehr als einmal in ihre feiernde Mitte. Wir Blondhaarigen stachen mit unserer Größe unübersehbar aus der Menge heraus und wurden häufig lachend umringt und neugierig beäugt. Umgekehrte Rollenverteilung, denn in den abgelegenen Orten waren nicht nur sie für uns etwas Besonderes, sondern wir auch für sie.

In diesen unbeschwerten Momenten konnte man fast die Realität des harten Alltags der Einheimischen vergessen. Die Frage »Habt ihr etwas gegen Schmerzen« holte uns jedoch schnell wieder aus unserer romantisierten Schwärmerei in das Entwicklungsland zurück.

Für die Mehrzahl der Bolivianer gab es das Rundrum-Sorglos-Paket einer Krankenversicherung nicht. Sie besaßen auch kein Geld für medizinische Behandlungen. Alltägliche Gesundheit fing dort an, wo die Mägen nicht leer schmerzten, sie ein Dach über dem Kopf ihr Eigen nennen konnten und sauberes Trinkwasser half, gesund zu bleiben.

In Gesprächen mit Einheimischen nannten sie uns stolz die hohe Anzahl ihrer geborenen Kinder und schoben im Nebensatz ein, wie viele davon noch lebten.

Viele Bolivianer waren von der medizinischen Versorgung abgeschnitten. Im Notfall waren die Wege weit und beschwerlich. Bereits leichte Gebrechen oder geringfügige Krankheiten führten oft zum Tod oder verschlimmerten sich rapide, weil sie gar nicht oder nicht rechtzeitig behandelt werden konnten. Es gab geringe Chancen der Heilung, wenn das Leben erst einmal von schwerer Krankheit befallen war. Die eigenen Möglichkeiten, körperlich gesund zu bleiben oder nach einer Krankheit wieder zu genesen, waren limitiert. Krankheit war ein Zustand, den sich hier niemand leisten konnte.

Armut und Wohlstand lagen, wie Krankheit und Gesundheit, besonders in den Städten Boliviens nicht weit voneinander entfernt. Wie auch in Potosí. Unsere Reise brachte uns in diese geschichtsträchtige Stadt, die im südwestlichen Teil der frucht- und vegetationslosen Anden lag. Sie war am Fuße einer silberfunkelnden Schatzkammer, dem »Cerro Rico«, dem reichen Berg entstanden. Die perfekt geformte Pyramide in fünftausend Meter Höhe hatte bereits die Aufmerksamkeit der Inkas angezogen. In ihrer Mythologie hatten sie den Berg »Sumaq Urqu«, sehr schöner Berg oder Steinherz, genannt. Schon in ihrer Zeit offenbarte die Oberfläche des Berges seine weiß glänzenden Strähnen aus reinstem Silber. Alle ahnten, dass im Inneren Edelsteine und Metalle schlummerten. Diese wurden dem Berg jedoch erst mit der Kolonialherrschaft der Spanier entrissen. Der Silberstrom nahm gigantische Dimensionen an. Die bolivianische Stadt Potosí zählte damals zu einer der größten und reichsten Städte der Welt. Der Wohlstand blieb an den Herrschenden in Potosí hängen, bevor das nicht abschätzbare Vermögen weiter nach Europa abgeflossen war.

Nun barg dieser Berg nur noch unbedeutende Reste an wertvollen Metallen, vor allem Silber. Der einstige Reichtum war zur traurigen Vergangenheit geworden.

Es gab in Potosí die Möglichkeit, sich einige Minen des Cerro Rico anzusehen. In den Schächten des Berges wurden noch immer die Reste der Erze abgebaut.

Wir hatten mit anderen Reisenden diskutiert, ob wir uns einer Führung anschließen sollten oder nicht. Die Worte eines Freundes gaben den Ausschlag für unsere Entscheidung: »Die eigene Vorstellungskraft reicht nicht aus, um das Schicksal der Minenarbeiter zu erahnen. Ihr müsst euch ein eigenes Bild von den Menschen machen, damit ihr anderen davon berichten könnt. Ihr müsst es selbst erleben.« Bei seinen Erinnerungen an die eigene Minentour vor zehn Jahren hatten seine Augen wieder einen traurigen Blick bekommen.

Der Dokumentarfilm »Devil's Miner – Der Berg des Teufels« hatte uns ein Stück weit die schonungslose Realität durch bewegende Bilder vor Augen gehalten. Wir konnten danach zumindest erfassen, auf was wir uns einlassen würden.

In verschiedenen Büchern waren die Zustände beschrieben worden: Mehrere Millionen Menschen, Einheimische und vor allem afrikanische Sklaven, mussten seit der spanischen Eroberung und der damit verbundenen Ausbeutung ihr Leben in oder am Berg lassen. Potosí mit dem Cerro Rico war das Schwergewicht in der Geschichte der kolonialen Barbarei. Weitere unzählige Minen, die sich wie schwarze

Bänder durchs Land und über den Kontinent zogen, blieben meistens in der unbeachteten Anonymität verborgen.

Wir trafen die Entscheidung zu einer Minenführung, um uns selbst ein Bild machen zu können. Einige Anbieter von Minentouren priesen ihre Führungen mit der reißerischen Umschreibung »abenteuerlich« an.

Wie gefühlskalt musste man sein, um in tödlichen Minen Abenteuerlust und Adrenalinkick zu suchen?, dachte ich betroffen, aber auch ärgerlich. Die Minenarbeit war das »normale Leben« vieler Bolivianer.

Wir rumpelten am Morgen mit einem kleinen Bus mit zehn weiteren Touristen über das Kopfsteinpflaster der Stadt. Ingos Kopf schlug, wie der eines dekorativen Wackeldackels, heftig im Auto hin und her. Die Muskulatur meines Nackens zog sich ebenfalls krampfhaft zusammen. Ich war zum Zerreißen angespannt, weil ich erahnen konnte, was mich während der Minentour erwartete: pechschwarze Dunkelheit, massenhaft Staub, keine Sicherheitsvorkehrungen, gefährliche Sprengungen und menschliche Schicksale.

Der Busfahrer hielt vor einem Haus an, in dem wir für unsere Minenbesichtigung eingekleidet werden sollten. Unsere bolivianische Führerin, Maria, war eine Frau in meinem Alter, Mitte Dreißig. Sie begrüßte unsere international zusammengewürfelte Gruppe, umriss kurz den Ablauf und half bei der Suche nach passender Kleidung. Wir sollten als Schutz eine Hose und Jacke aus schwerer Baumwolle über die eigene Kleidung ziehen. Jeder bekam auch einen metallischen Arbeitshelm auf den Kopf gesetzt. An dessen Stirnseite befestigten wir eine Lampe. Ein fingerdickes Kabel führte für die Versorgung mit Elektrizität zu einem schweren Akku. Der klemmte am Ledergürtel, der wiederum über die Jacke um die Taille gewickelt war. Mit dieser Ausrüstung unterschieden wir uns von vielen Arbeitern, die immer noch mit Karbidlampen arbeiteten. Zum Schluss erhielt jeder noch ein Paar hohe Gummistiefel. Die zogen wir uns an, nachdem jede Socke mit einer knisternden Plastiktüte eingehüllt worden war. Die Sohlen der Stiefel waren eiskalt und ließen mich nicht nur deswegen frösteln.

Die anderen Teilnehmer kicherten laut durcheinander, als sie sich gegenseitig in ihrer unförmigen Schutzkleidung ansahen. Sie zerrten verlegen an sich herum. Unsere Gruppe bestand aus Spaniern, Koreanern und US-Amerikanern. Allerdings waren alle viele Jahre jünger als wir und verkörperten die neue Touristengeneration auf der Suche nach realem Abenteuer mit Kreditkarten der Eltern in der Tasche.

Angekleidet stiegen wir wieder in unseren wartenden Kleinbus. Nach kurzer Fahrt durch die Stadt hielt der Fahrer am Randstein des »Plaza el minero« an, dem Platz des Minenarbeiters. Dort konnten wir Geschenke für die Arbeiter einkaufen.

Einige Männer standen an den kleinen Verkaufsbuden und kauften das ein, was sie selbst für die tägliche Arbeit benutzten: grobe Dynamitstangen und Zündschnüre ebenso wie selbstgedrehte Zigaretten aus Zeitungspapier ohne Filter. Eine Frau verkaufte gerade einem Arbeiter eine Tüte voll Kokablätter. Während er mit ihr sprach, zupfte er mit den Schneidezähnen das Blattgrün vom harten Stiel ab. Er kaute ein wenig darauf herum, um danach den Brei wie ein Hamster in der Wange zu verstauen. Ein wenig Asche wurde hinterher geschoben, damit das Koka auch seine Wirkung entfalten konnte. Es half gegen Müdigkeit, Hunger, Erschöpfung, Kälte und dünner Höhenluft. Er wiederholte diese Prozedur, bis seine Wange prall gefüllt war. »Mama Coca« nannten die Einheimischen die Kokapflanze. Sie war seit Jahrhunderten auf diesem Kontinent ihr Heil- und Kultmittel. Koka war zu allererst ein Stück Andenkultur und viel mehr als nur die Pflanze, aus der für reiche Abnehmer Kokain produziert werden konnte. Einst maßen die Inkas die Entfernungen der Wegstrecken in Kokalängen, also in der Zeit, in der die Wirkung des Kokas nachließ und neue Blätter gekaut werden mussten.

Ein anderer Minenarbeiter in Arbeitskleidung hielt einer Verkäuferin einen zerknitterten Geldschein hin und ließ die Plastikflasche mit sechsundneunzigprozentigem Alkohol in seiner Brusttasche verschwinden.

Wir fragten nach, was er mit dem Hochprozentigem machen würde. Der Alkohol war nicht für die Scheibenwischanlage eines Autos gedacht und auch nicht, um hartnäckige Klebereste zu entfernen. Die hochprozentige Flüssigkeit wurde in den Minen getrunken, um sich für die Dauer unter Tage zu betäuben. Die Bergarbeiter wollten in der dunklen, staubigen Enge berauscht sein.

Ingo und ich kauften Arbeitshandschuhe und Kokablätter als Geschenke für die »mineros« ein, zu deren Minenschacht wir danach weiterfuhren. Uns erschien es abwegig Dynamitstangen in den Hosentaschen zu tragen. Wir wunderten uns aber über die Selbstverständlichkeit, mit der wir sie hätten kaufen können.

In den schmalen Gassen zwischen den engstehenden Häusern verschwand zuerst das Kopfsteinpflaster und dann jegliche Wegbefestigung. Wir fuhren auf den Cerro Rico zu. Die perfekt geformte Pyramide des Berges schimmerte in unterschiedlichen Braun- und Rottönen. An seinen Flanken zogen sich größere Wege, aber auch schmale Fußpfade entlang, wie die hervortretenden Adern einer muskulösen Hand. Hinter diesen pulsierenden Adern war der gesamte Berg über Jahrhunderte vollständig ausgehöhlt und mit Gängen durchzogen worden.

Über enge Schotterpisten schraubte sich der Kleinbus am Silberberg hoch und hüpfte von Schlagloch zu Schlagloch. Wir parkten auf dem Vorplatz einer der unzähligen Minen. Ein älterer Vorarbeiter dieser Kooperative arbeitete nicht im Berg, sondern bewachte draußen die Anlage. Er begrüßte Maria und uns. Ich konnte sein Alter nicht einschätzen. Die körperlich harte und staubige Minenarbeit ließ die Menschen in jungen Jahren bereits wie Greise aussehen. Er war aber auf jeden Fall älter als ich und hatte damit das Alter, in dem die meisten Minenarbeiter starben, überschritten.

Die Sonne schien, aber ein eisiger Wind pfiff hier oben auf dem Berg. Für die wärmende Mittagssonne war es noch zu früh. Wartend standen wir vor dem gemauerten Mineneingang und blickten schaudernd in die Dunkelheit. Ein lautes Rumpeln zog unsere Aufmerksamkeit an. Das dumpfe metallische Geräusch kam aus der Mine. Plötzlich schoss aus der Dunkelheit des Loches eine voll beladene Lure aus Metall, die von zwei jungen Männern geschoben wurde. Die Körper der Arbeiter waren von einer feinen zementgrauen Staubschicht überzogen. Auf der Oberfläche ihrer Helme und an den Gummistiefeln hatte sich der Staub mit Wasser zu einer steinharten Masse verbunden.

Spätestens jetzt lachte keiner aus unserer Gruppe mehr über seine unpassende Schutzkleidung. Die Realität verdrängte das Abenteuer. Das billige Urlaubsland wurde zum realen Entwicklungsland.

Einer der Männer hinkte leicht, als er den tonnenschweren Metallwagen die letzten Meter bis ans Ende der Schienen schob. Er lächelte mich trotzdem freundlich an. Dabei verbarg er auch nicht die Zahnfront, die im oberen rechten Kiefer fehlte. Ein dunkles Loch hielt als Nachbar zu seinen restlichen Zähnen her. Bis zu fünfzehn Kilometer mussten ihn seine einfachen Gummistiefel an diesem Tag durch die Minenschächte tragen, so beschrieb er uns seine Arbeit.

Unsere Führerin Maria steckte sich, während sie mit ihm redete, Kokablätter in ihre Wange. Sie war als Kind von Minenarbeitern aufgewachsen, erzählte sie uns. Alle in ihrer Familie, ihrer Verwandten und Freunde teilten das gleiche Schicksal in einer der vielen Minen.

Mit einem schnellen Handgriff schaltete Maria ihre Helmlampe ein, rief ein »vamonos, let's go« und marschierte los. Mit energischem Schritt verschwand sie bereits im dunklen Schacht. Das Dröhnen eines riesigen Generators verfolgte uns auf den ersten Metern in den Berg. Nach kurzem Weg verschwand der Krach und die pechschwarze Dunkelheit verschluckte uns. Nur die Stirnlampen an unseren Helmen leuchteten kleine Lichtpunkte auf den unwegsamen Fußweg, der mit tiefen Schlammpfützen gespickt war. Eine andere Lichtquelle gab es nicht. Ebenso wenig wie es tragende Holzbalken gab, wo das abgeschlagene Gestein aus dem Berg abtransportiert worden war. Die Schächte mussten ohne Stützen halten und ohne kostspielige Hilfsmittel stabil bleiben.

Die Gänge wurden enger und wirrer, je tiefer wir in den Berg und seine labyrinthischen Verzweigungen vordrangen. Unsere Begleiterin Maria ging zielstrebig voraus, nahm Abzweigungen und kletterte Holzleitern herunter.

»Warum kennst du dich so gut in dieser Mine aus?«, fragte ich sie leise.

Sie blieb stehen und leuchtete mir mit der Lampe ins Gesicht. »Meine Eltern haben hier gearbeitet und sind in dieser Mine gestorben. Und mein Mann hat sich in dieser Mine mit hochprozentigem Schnaps tot gesoffen.« Ihr Gesicht blieb regungslos, bis sie sich umdrehte und weiterging. Mir war schon vorher der goldene Ehering an ihrem Finger aufgefallen.

Wir krochen teilweise auf allen Vieren oder rutschten auf unseren Hintern mit Lehm verkrustete Holzleitern hinunter und kletterten andere wieder herauf. Einige morsche Sprossen waren durchgebrochen und hingen nur noch an einzelnen rostigen Nägeln herunter. Ich wischte mir meine verschmierten Hände immer wieder an der Jacke ab, um den festen Halt nicht zu verlieren. Ich drehte meinen Kopf leicht, so dass die Lampe den gesamten Verlauf des Schachts erhellte. Neben meinen Füßen sah ich ein tiefes Loch, das wie eine provisorische Rampe ins Bodenlose fiel. Ich hatte es noch rechtzeitig erkannt.

Ingo und ich hefteten uns dichter an Marias Fersen und ließen eine Lücke zu den anderen entstehen. Zwei aus der Gruppe füllten hinter uns die Gänge mit ihren Körperumfängen vollständig aus. Wenn eine morsche Sprosse der Leiter unter dem Gewicht brechen sollte, dann wollten wir nicht da drunter sein.

Unsere vorherige Vermutung mit der geführten Tour nur durch halbwegs sichere Stollen geführt zu werden, erschien uns nun naiv. Aber wer waren wir, dass wir das auch nur ansatzweise beurteilen konnten? Was bedeutete denn für bolivianische Verhältnisse ein sicherer Zustand?

Es kam Maria nicht ins Bewusstsein, dass dieser Weg zu schwierig für verwöhnte ausländische Touristen sein könnte, sie sich sogar verletzen könnten. Denn dies war ihr Alltag, in dem jeder auf sich selbst aufpassen musste. Jeder einzelne trug die eigene Verantwortung und musste auf sich Acht geben: Sie, ihre Familie, die Freunde und Verwandten, jeden Tag. Zehntausend von ihnen.

Wir hatten im Gegensatz zu ihnen selbst die Wahl getroffen, für wenige Stunden hierher zu kommen. Die Arbeiter hatten keine.

Explosionen erschütterten den Berg, die sich wie laute, dumpfe Bässe in einer Großraumdiskothek anhörten. In mir stieg leichte Panik auf. Ich konnte das erste Mal nachempfinden, wie sich Menschen mit Raumangst fühlen mussten. Je weiter wir gingen, umso schwächer wurde der Lichtkegel der Stirnlampe. Feine Staubpartikel flimmerten in der sauerstoffarmen Luft. Sie hingen wie in Schwerelosigkeit, ohne sich ablegen zu wollen. Keine Technik erleichterte das Atmen, wirbelte die Luft um oder saugte den gefährlichen Staub ab, bevor er sich auf die menschlichen Lungen legen konnte. Als einzige Verbindung nach draußen durchliefen die Druckluftleitungen für die schweren Presslufthammer die Schächte. Technik gab es für die Produktion zur Förderung der Erze, für ein gesünderes Arbeiterleben in dieser Mine gab es nichts.

Ich erinnerte mich an eine moderne Stollenbesichtigung im deutschen Bad Reichenhall vor vielen Jahren, wo es tatsächlich Notausgänge gegeben hatte und Schächte mit frischer Luft durchflutet worden waren. Bei meinem Besuch hatte ich auch keine Dunkelheit fürchten müssen, denn alles war hell erleuchtet gewesen. Und die Gefahr des Untertageseins war dort nicht zu spüren gewesen. Die Stimmung hatte mich eher an die Flure alter Amtsstuben erinnert.

Von der damaligen unbeschwerten Untertage-Atmosphäre waren wir nun in der dünnen bolivianischen Andenluft weit entfernt.

Widerwillig inhalierte ich die staubige Luft durch ein Tuch, das ich mir vor Nase und Mund gebunden hatte. Wir stolperten mit unseren Gummistiefeln im Halbdunkeln durch den tiefen Matsch am Boden. Dabei knallte ich hart mit dem Helm gegen einen tief hängenden Felsen. Meine Körpergröße empfand ich bei der niedrigen Schachthöhe als echten Nachteil. Ingo tippt mich an, um mich mit seinen Augen still zu fragen, ob alles in Ordnung war. Ich nickte ihm zu, auch wenn eigentlich nichts in Ordnung war. Denn ich dachte an all die anderen, die jetzt in diesem Berg arbeiten mussten.

Wir trafen auf eine Gruppe von Arbeitern, die für eine kleine Pause dankbar schienen. Einige der mitgebrachten Geschenke wurden verteilt und ein kleines Lächeln huschte kaum sichtbar über ihre Gesichter. Ihre Haut war von einer dicken Staubkruste überzogen, die sie maskenhaft aussehen ließ.

Maria fragte einen Arbeiter nach seinem Alter und wie lange er schon in der Mine arbeitete.

»Mit fünfzehn habe ich mit der Arbeit in der Mine angefangen«, erzählte der nun Achtzehnjährige schüchtern. Aus seinen Augen sprach Stolz, denn er verdiente Geld für sich und seine Familie. Er zählte damit zu den älteren Kindern, die in den Minen arbeiten mussten. Die meisten waren jünger als er. Das Weiß seiner müden

Augen sah vom Staub gerötet aus. Sein Gesicht, das in seinem Alter Unschuld und Unbeschwertheit ausstrahlen sollte, wirkte alt und illusionslos.

Ich musste daran denken, dass er mit jedem Atemzug nicht nur den wenigen Sauerstoff in seine jugendlichen Lungen einsog, sondern auch Staub mit Schwermetallen und Asbest.

Die älteren Arbeiter trugen ein Stofftuch über Nase und Mund. Keine Atemmaske, sondern nur ein einfaches Baumwolltuch hinter ihrem Kopf verknotet. Einer von ihnen atmete bereits auffallend schwer. Das Lungengewebe war offensichtlich schon befallen. Die Krankheit hieß Asbestose oder Silikose: Seine Lungen hatten gegen die Fremdkörper aus mineralischem oder asbesthaltigem Staub Knoten gebildet und waren vernarbt. Er benötigte mehr Kraft, um seine Lungenflügel mit Sauerstoff zu belüften. Sie füllten sich außerdem mit Schleim, woran er im Verlauf der Krankheit langsam erstickte und starb.

Die älteren Bergarbeiter flachsten herum, weil die jungen keinen Staubschutz tragen wollten. Er war in ihren Augen unbequem und erschwerte das Arbeiten. »Die Jüngeren haben den Tod noch nicht vor Augen«, sagten sie beiläufig. Ihr Lachen klang in dieser Umgebung wie der blanke Hohn.

Mein Tränenkloß im Hals wurde mit jedem gehörten Wort dicker. Ich schluckte immer wieder und versuchte an nichts zu denken. Gedankenlos bemühte ich mich die Ungerechtigkeit des Lebens und die traurigen Einzelschicksale auszublenden. Es gelang mir nicht und mein Herz fing wild zu rasen an.

Ingo lenkte sich mit seinem Fotoapparat ab, indem er Aufnahmen machte. Dabei konnte kein Foto auch nur ansatzweise die Situation wiedergeben. Auch die nachfolgenden Arbeiter, die wir an Seilwinden und in Schächten trafen, fing keine Linse realistisch ein. Kein Speicherchip konnte diese Atmosphäre festhalten.

Nach zwei Stunden in den Schächten zeigte Maria uns zum Abschluss »el tio de la mina«, den Onkel der Mine. Jede besaß ihren eigenen Schutzgott. In einer kleinen Höhle stand eine rot angemalte Gipsfigur mit schwarzen Hörnern auf einer Art Altar. Bunte Luftschlangen hingen an ihr herunter. Aus der diabolischen Figur ragte ein überdimensionaler Penis erigiert hervor. Eine Zigarette glomm grotesk in der Fratze. Die Hässlichkeit mit den stahlblauen Augen sah für mich abstoßend und beängstigend aus.

Maria erzählte uns, dass die Arbeiter der Mine täglich diese Figur mit Geschenken wie Kokablätter oder Zigaretten besänftigten. Sie taten dies, um sich selbst zu schützen und den Tio zu bewegen, die kostbaren Erze frei zu geben.

Wir hatten im Vorfeld erfahren, dass viele der Minenarbeiter den Ursprung ihres Tio gar nicht mehr kannten: Die Spanier und die katholische Kirche hatten den Einheimischen nach der Eroberung mit ihrem Gott gedroht, auf Spanisch »dio«. Da es in der Quechua-Sprache der Einheimischen kein Buchstaben D gab, wurde aus »dio« dann »tio«, aus Gott der Onkel. Ihr Symbol aus der Kolonialzeit vereinte damit den Schutzgedanken mit Furcht und Einschüchterung.

Maria zündete eine weitere Zigarette als Geschenk für den Tio an. Die kleine Höhle füllte sich mit noch mehr Qualm und nahm die restliche Luft zum Atmen. Einige der Gruppe drehten sich hustend ab.

Ich war froh, als wir den bedrohlich wirkenden Schutzgott verließen und zum Ausgang zurückgingen. Mit jedem Schritt wurde die Luft klarer und reiner. Der Druck auf der Brust und das beklemmende Gefühl verschwanden allmählich.

Als wir am Ende des Schachts in das Tageslicht traten, schneite es. Der Wind schnitt eisig kalt in die Haut, meine Augen blinzelten von der Helligkeit und ich atmete zwei tiefe Züge nacheinander ein. Selten hatte sich frische Luft in meinen Lungen so gut angefühlt. Als ich meine Nase ins weiße Taschentuch putzte, klebte dunkler, staubiger Rotz darin, obwohl ich mich nur kurz in der Mine aufgehalten hatte.

Die getauten Schneeflocken bildeten graue Schlammpfützen vor den Baracken der Arbeiter. Ein Mann stand mit nacktem Oberkörper an einem Waschtrog und wusch sich mit eiskaltem Wasser den groben Schmutz von der Haut. Der Staub in seinem Körper blieb dort, wo er sich todbringend festsetzen würde.

Die Tür einer Baracke öffnete sich und junge Männer in Jeanshosen und Sweatshirts kamen laut lachend heraus. Sie schienen Feierabend zu haben und hatten sich außerhalb der Minen zu anderen

**233**

Menschen verwandelten. Sie wirkten nun ihrem Alter entsprechend unbeschwert und fröhlich.

Nein, dachte ich traurig, sie sind nicht wie wir, auch wenn sie sich in ihrer Kleidung kaum von uns unterschieden. Ich stand wie angewurzelt da, inmitten dieser Ungerechtigkeit des Lebens. Weiße Schneeflocken wirbelten um mich herum. Eine warme Träne lief durch den kalten Wind an meiner Wange herunter. Stundenlang hatte sie mit dem Kloß im Hals auf diesen Moment gelauert. Nun floss sie. Ich wischte sie schnell weg.

Alles, was Ingo und mich in unserer Heimat vor der Abreise beschäftigt hatte, kam mir nun so unbedeutend vor. In dem Moment in der Umgebung der Mine hätte ich Ingos Burn-out als harmlose Luxuskrankheit bezeichnet. Aber das war falsch, das wusste ich.

Zum damaligen Zeitpunkt hätte es nichts genutzt, sich an schlimmere Schicksale zu erinnern oder sich am Leidensgrad anderer zu messen. Das hätte unsere Situation, aber auch unsere Sichtweise, nicht verändert. Wir steckten mittendrin, im Einzelschicksal.

Erst mit dem Abstand zum Burn-out, zum deutschen Wohlstandsleben und vor allem zu uns selbst eröffnete sich uns eine neue Sicht und eine Logik, die uns zuvor verschlossen war. Unser Bewusstsein wurde erst durch Distanz und einschneidende Erlebnisse geschärft.

Wir erlangten wieder Aufmerksamkeit für Dinge, die wir durch ihre ständige Präsenz im privilegierten Deutschland nicht mehr wertgeschätzt und stattdessen für selbstverständlich hingenommen hatten. Auch die eigene Gesundheit gehörte dazu.

In unserer deutschen Heimat schien immer alles möglich zu sein. Was man nicht selbst schaffte, erledigten hoffentlich andere oder die Solidargemeinschaft für einen.

Unsere Erwartungen und Ansprüche hatten sich in die Höhe geschraubt. Langsam bewegten wir diese auf ein realistisches und gesundes Niveau zurück. Wir sahen vieles nun klarer und manches verschob sich damit in unseren queren Wohlstandsköpfen wieder an die richtige Stelle.

Ingo war zwar mit seinem Burn-out ins Stolpern gekommen. Er hatte aber die Chance erhalten, wieder gesund zu werden.

Er war in der komfortablen Lage Alternativen zu haben und Entscheidungen treffen zu können. Es gab eine Wahl.

Dafür musste Ingo sich von der, in unserer Gesellschaft weit verbreiteten Vollkasko-Mentalität lösen. Selbstverantwortung und Initiative halfen.

Auch die Schuldfrage, ob selbstverschuldet oder andere die Schuldigen waren, spielte keine Rolle. Möglicherweise waren nur eine Verkettung ungünstiger Umstände, falsche Entscheidungen oder bloße Zufälle Auslöser des Burn-out-Syndroms gewesen.

Die Wunden konnten verheilen. In Zukunft würden nur noch blasse Narben bleiben, die als Erfahrungen und mahnende Erinnerung zu ihm gehörten.

Im Schatten dieses traurigen Berges kehrte unsere Wertschätzung für die Errungenschaften unseres deutschen Wohlstandsstaats zurück. Unserer Gesundheit ordneten wir wieder einen Stellenwert zu. Den richtigen!

# Ingo Tempo Zeit Hetze Schweiß Müßiggang Todsünde
## Arbeitszeit mal-eben-schnell Intensität Taktzahl
### Lebenstempo Urlaub Schmerzen Lebenszeit | iBurn-out Hamburg Sommer

Mein Burn-out war mittlerweile seit einem dreiviertel Jahr ein Teil von mir. So lautete zumindest meine eigene Zeitrechnung ab dem Tag im letzten Herbst, an dem nichts mehr ging und ich krankgeschrieben werden musste. Die Rechnung war allerdings geschönt, was ich mir inzwischen selbst eingestand. Meine Krankheit hatte sich über viele Monate angeschlichen. Zu gut und zu lange hatte meine Verdrängungstaktik aus Schönmalerei, Selbsttäuschung und stumpfem Ignorieren funktioniert.

Aber schlussendlich war ich von der beruflichen Überholspur ohne Tempolimit über den Standstreifen ins Kiesbett, sprich Burn-out, gerast. Sanftes Abbremsen aussichtslos.

Es war noch früher Morgen. Ich ging zu Birte, die den Esstisch in unserem Wohnzimmer für das Frühstück deckte und gab ihr einen Kuss. Wir hatten frei. Ohne Termine und ohne Weckerklingel waren wir ins Wochenende gestartet. Nur von der Sommersonne hatten wir uns wecken lassen.

»Ich geh mal eben schnell Brötchen holen«, hauchte ich ihr ins Ohr.

Sie drehte sich zu mir um und sah mich eindringlich an. »Du kannst dir auch Zeit lassen!«

Ich stutzte kurz, bevor ich ihre Ironie begriff. Sie hielt mir meinen eigenen Satz »Ich geh mal eben schnell« unter die Nase.

»Du hast ja Recht. Ich muss nicht mal eben schnell Brötchen holen. Ich kann mir auch Zeit lassen«, stimmte ich ihr zu.

Tempo war immer ein bestimmender Faktor in meinem Leben gewesen. Selbst in meinem privaten Sprachgebrauch fand »mal eben schnell« seine regelmäßige Anwendung. Ich hatte den Ausspruch verinnerlicht, obwohl ich ihn abgrundtief hasste. Kollegen, Chefs oder Kunden sprachen zu gern den Satz aus »Können Sie mal eben…?« Er flog so beiläufig durch den Telefonhörer oder über den Schreibtisch. Und selbstverständlich konnte ich alles erfüllen, auch wenn dadurch die Aufgaben mehr und der damit verbundene Druck größer wurden. Ich sollte also langsam Brötchen holen gehen, schärfte ich mir ein. Ich nahm die Einkaufstasche, griff instinktiv nach dem Wagenschlüssel und ging zum Auto.

Die Türen gaben ein lautes KLACK von sich, als ich schon von weitem die elektronische Öffnung betätigte. Ich blieb wie angewurzelt vor dem Wagen stehen und schaute mich um. Es war ein wunderschöner Sommertag, zu schön, um mich in den Wagen zu setzen und gedankenlos den kurzen Weg zum Bäcker zu fahren. Ich würde sowieso schwer einen Parkplatz in der Nähe des Bäckers finden. Schließlich waren alle anderen auch in ihrer Routine verhaftet, wenn sie Wochenende hatten. Die meisten setzten sich ebenfalls ohne Nachzudenken hinter das Lenkrad, weil sie es in der Woche zur Arbeit auch so taten.

Ich drückte erneut auf den elektronischen Autoschlüssel, ließ den Wagen dort stehen, wo er parkte und ging zu Fuß.

Der Stadtteil erwachte langsam. Überall wurden Fenster zum Lüften aufgestoßen. Die sommerliche Luft war noch angenehm kühl. Einige saßen schon mit ihrem Frühstück im Garten oder auf dem Balkon und genossen die ersten Sonnenstrahlen. Kleine Segelboote dümpelten auf der ruhigen Elbe, ohne sichtlich voranzukommen. Ihnen schien die schnelle Fahrt nicht wichtig zu sein.

Ich ging die kleinen Gassen durch das Viertel und ertappte mich nach kurzer Zeit dabei, dass ich mich abhetzte. Ein salziger Schweißtropfen lief an meiner Stirn herunter und suchte sich den direkten Weg ins Auge. Es brannte. Ich blieb stehen, um mir mit einem Zipfel des T-Shirts den Schweiß aus dem Auge zu reiben. Erst durch das unangenehme Brennen hatte ich bemerkt, wie schnell ich den steilen Weg hochgegangen war. Mein Blick fiel auf meine Brust. Das T-Shirt hatte sich dort schon dunkel verfärbt und klebte am Körper. Mein Brustkorb hob und senkte sich rasend wie ein Blasebalg. Jetzt, wo ich stillstand, lösten sich noch mehr Schweißtropfen aus den Poren. Sie liefen in Strömen von meiner Stirn herunter.

Ich konnte es selbst bei der simplen Sache wie dem Brötchenholen nicht abstellen. Ich hatte einen Punkt angepeilt und war energisch darauf losgestürmt. Das Ziel war auch exakt das Ziel gewesen, mit der

**238**

klaren Aufgabe des Einkaufs. Dabei war die Schönheit der Umgebung an mir vorbei gezogen, ohne mir bewusst aufzufallen. Wie denn auch, bei meinem Tempo. Ich war mit schnellen Schritten die Stufen hochgesprungen und hatte mich auf den Weg konzentrieren müssen. Der Blick war meistens auf den Gehweg gerichtet gewesen, um nicht ins Stolpern zu geraten. Ich war auch ohne Zeitdruck, Verpflichtungen oder Termine wieder in Eile gewesen. Noch nicht einmal der Hunger auf ein Frühstücksbrötchen drängte mich. Die antreibende Peitsche hielt ich selbst in den Händen.

Als ich nun stehenblieb, sah ich die farbenprächtigen Blumen in den Vorgärten blühen. Die Vögel zwitscherten in einer auffallenden Lautstärke in den Bäumen. Und die Motorengeräusche der Containerschiffe auf der Elbe drangen neben Alltagsgeräuschen wie das Klappern des Geschirrs an mein Ohr. Erst jetzt, nachdem ich stehengeblieben war, konnte ich meine Umgebung mit  Aufmerksamkeit betrachten, bemerkte ich verblüfft.

Durch meine Gesprächstherapie hatte ich herausgefunden, dass sich das zügige Tempo meines Leben verselbständigt hatte. Für mich standen Schnelligkeit und Zeit gleichermaßen für die Bedeutung von VIEL. Viel wurde immer mit positiven Werten assoziiert. Wenn ich etwas schneller erledigte, blieb mehr Zeit für etwas anderes übrig, lautete meine gedankliche Rechnung. Im Job sowieso, aber auch in meiner Freizeit geriet ich in den Geschwindigkeitsrausch.

Wenn etwas gemächlich ablief, dann setzte ich es häufig mit Unproduktivität gleich: Wenn ich beispielsweise einen schlendernden Fußgänger vor mir hatte, der mich durch seine Langsamkeit ausbremste, wollte ich ihn am liebsten anschieben. Ich regte mich innerlich auf, wenn sich eine Kundin beim Bäcker die Zutaten jedes einzelnen Kuchens beschreiben ließ. Ich wollte der Oma im Supermarkt gern selbst ins Portemonnaie greifen, wenn sie ihr gesamtes Münzgeld auskippt, nur um sie schneller von der Kasse wegzubekommen. Ich unternahm nichts dergleichen, aber ich dachte daran.

Plätscherte die Zeit dahin, wenn ich wenig erlebte, dann wurde es automatisch mit Negativem verbunden. Diesen Zustand durfte es in keiner Sekunde des wertvollen Lebens geben.

Ich ahnte, dass es vielen Leuten erging wie mir. War aus diesem

Grund der Ausdruck »Müßiggang« aus unserem Wortschatz verschwunden? Ich war in der letzten Woche beim Lesen eines Textes selbst wieder auf diesen Begriff gestoßen, der so gar keine Rolle mehr in meinem Leben spielte. Denn Muße war die Zeit, die nach dem eigenen Wunsch zur Verfügung stand, die aufbauend wirken sollte und fern von Fremdinteressen gestaltet war. Es sollte ein Ausleben ohne Pflichten sein: etwas genießen, sich erfreuen oder das reine Nichtstun zelebrieren. Jeder interpretierte es jedoch unterschiedlich, je nachdem welche individuellen Bedürfnisse vorlagen. Bereits die Denker der Antike hatten die Muße als charakterbildend und wertvoll angesehen, hatte ich durch den Artikel erfahren.

In unserer gestressten Gesellschaft rutschte dieses alte Wissen anscheinend unabänderlich in die Vergessenheit. Wie soll man auch etwas vermissen, das nicht zuvor verinnerlicht wurde?

Die Idee der Muße wird heute immer mehr in eine Wellnessecke oder Gesundheitsförderung gedrängt, in der sich der Gestresste einige Stunden Entspannung gönnt. Hier soll die Erholung von spezifischem Stress oder körperlicher Belastung erreicht werden. Dadurch entfernt sich das Müßiggehen immer weiter von seinem Kern und wird stattdessen wieder mit einem Ziel verbunden.

Ich wusste auch nicht mehr, wann ich das letzte Mal durch das Treppenviertel geschlendert war, um einfach die Gedanken schweifen zu lassen. Ohne Ziel. Einfach den Duft und die Geräusche der Natur aufzunehmen, in mich hineinzuhorchen und mir selbst genug zu sein. Wann hatte ich das letzte Mal einen Termin mit mir selbst vereinbart, um nichts zu tun?

»Müßiggang ist aller Laster Anfang«, schoss es mir in den Kopf. Dieser Satz wurde mir bereits in der Kindheit eingebläut. Danach war das Müßiggehen gleichbedeutend mit Faulheit, der Beginn des Niedergangs und ein Zeichen von Schwäche. Es galt als eines der sieben Hauptlaster in der christlichen Glaubenslehre, die ihrerseits die Todsünden nach sich ziehen könnten. Selbst wusste ich nie, was das für mich als kleiner Junge bedeutete, aber der Tod hatte mir Angst eingejagt. Als Erwachsener legte ich rein rational die Furcht vor den Todsünden ab, wie auch die offizielle Kirchenzugehörigkeit. Aber die negative Bedeutung des Müßiggehens konnte ich wohl nie mehr loswerden.

Ich bekam ein schlechtes Gewissen und fühlte mich beinahe beschämt, wenn ich nichts »Anständiges« oder Produktives machte. Ich tat aus dem Grunde wahrscheinlich unbewusst immer etwas, selbst wenn ich nichts tun wollte. Alles musste eine Bestimmung haben: Wenn ich an der Elbe laufen ging, dann wollte ich meine Kondition aufbauen. Ich besuchte die Sauna, um die verspannten Muskeln zu lockern und spazierte durch die Natur, wenn der Rücken schmerzte und die Bewegung Aussicht auf Besserung bot. Ich suchte immer ein Ziel oder einen Grund.

Meine Gedanken kehrten wieder ins Treppenviertel zurück. Gemächlich setzte ich meinen Fußweg zum Bäcker fort. Mein T-Shirt war einigermaßen getrocknet, weil ich nun Stufe für Stufe hinaufging und nicht zwei auf einmal. Ich war auch ohne Eile angekommen und empfand den Spaziergang zum Bäcker als bereichernd und entspannend. Ich stellte mich, ebenfalls geduldig, in die Warteschlange, kaufte meine Brötchen und ging zurück zu unserer Wohnung.

Birte hatte bereits alles für das Frühstück vorbereitet. Sie saß gemütlich mit der Zeitung in der Sonne und schien noch nicht einmal auf mich gewartet zu haben oder sich über die lange Zeit, die verstrichen war, zu wundern.

Wir setzten uns an den gedeckten Tisch, auf dem ein bunter Tulpenstrauß und eine brennende Kerze standen.

Birte schaute zu mir hoch: »Du siehst so nachdenklich aus.«

»Ach, mir gingen gerade beim Spaziergang zum Bäcker so viele Dinge durch den Kopf. Dieses ewige mal-eben-schnell.«

»Ich wollte dich vorhin nur ein bisschen aufziehen, nichts weiter«, lächelte sie mich aufmunternd an.

»Hab ich auch nicht anders verstanden.«

Birte schenkte uns Tee ein. »Ingo, weißt du welche Aktion mir im Zusammenhang mit mal-eben-schnell im Kopf geblieben ist? Unser letzter Urlaub vor deinem Burn-out im vergangenen Jahr.«

Ich nahm mir ein Brötchen und schnitt es auf. »Du meinst bestimmt den Weg in den Urlaub, oder?«

Sie nickte nur zustimmend.

**241**

Unser grober Plan für den langersehnten dreiwöchigen Urlaub sah vor, uns in den Wagen zu setzen, in Richtung Alpen zu fahren und unterwegs Unterkünfte zu suchen. Ganz entspannt, ohne Buchungen oder Termine. Aber vor den Alpen lag die Mosel in südlicher Richtung. Dort, sechshundert Kilometer von Hamburg entfernt, hatte ich mich am ersten Urlaubstag mit Bekannten zu einer Weinprobe verabredet. Ich hatte es kurzfristig entschieden, ohne mich vorher mit Birte abzustimmen.

Am ersten Urlaubstag klingelte also sehr früh der Wecker. Lange hatten wir zwischen dem letzten Handschlag des Packens und dem Aufstehen nicht geschlafen. Unser Aufbruch in den Urlaub glich einer übereilten Flucht. Wir entflohen aus unserem schönen Zuhause und Umfeld, in dem viele ihren Urlaub verbringen mochten. Nur wir selbst wollten mal wieder woanders sein.

Zwischen Birte und mir herrschte eine ziemlich schlechte Stimmung, weil sie den selbstgemachten Stress als unnötig empfand. Ihren ersten Urlaubstag hatte sie sich anders vorgestellt. Ich mittlerweile auch, aber für einen Rückzieher war es zu spät.

Birte fuhr den Wagen, weil sie mir meinen erschöpften Zustand ansah. Ich war erleichtert darüber, schmiss mir stattdessen als passiver Beifahrer ein Schmerzmittel gegen meine unerträglichen Nacken-, Rücken- und Kopfschmerzen ein und drehte den Sitz nach hinten. Ich versuchte mich zu entspannen. Es gelang mir jedoch nicht, die unzähligen Gedanken an den Job und die Schmerzen zu ignorieren.

In den ersten Stau gerieten wir bereits vor dem Elbtunnel. Wir waren nicht die einzigen Frühaufsteher an diesem Samstag außerhalb der Schulferien gewesen. Keiner wollte dort sein, wo er gerade war. »Mal eben schnell«, schien zur Standardmotivation aller Bewegungen geworden zu sein. Schon an diesem Punkt zeigte sich, dass der frühe Aufbruch am Morgen umsonst gewesen war. Der eingeplante Zeitpuffer für die gesamte Fahrt war weg.

Wir fuhren durch das erste Nadelöhr, Elbtunnel, auf den viele Baustellen mit einspurigen Autobahnabschnitten quer durch die Republik folgten. Zähfließend krochen wir mit der Daueransage des Verkehrsfunks in Richtung Mosel. Die Weinprobe hatte schon lange begonnen und wir waren von Rheinland-Pfalz noch weit entfernt.

Unser schlechtes Gewissen wegen der Verspätung wurde noch durch Anrufe unserer Bekannten verstärkt.

Birte biss genüsslich in ihr belegtes Brötchen. Die knusprige Kruste knackte laut. Sie lächelte mich schelmisch an, als die Krümel über den Tisch flogen.

»Lecker?«

»Hmmm«, nickte sie mir über ihr Brötchen hinweg zu.

»Du bist auf der Autofahrt an die Mosel stinksauer auf mich gewesen«, erinnerte ich sie nun an unseren damaligen Urlaub.

Ihr Grinsen verschwand aus dem Gesicht. »Im Nachhinein war ich noch viel zu freundlich. Du bist schon auf dem Zahnfleisch gekrochen und hast dann auch noch so schwachsinnige Verabredungen getroffen. Mal eben schnell quer durch die Republik fahren. Damals hätte ich mich weigern sollen, überhaupt mitzufahren.« Noch beim Rückblick bemerkte ich den Grad ihrer Frustration. Die Sorgen der letzten Monate klangen wieder durch.

Mir hallten noch immer ihre unmissverständlichen Sätze auf der Autofahrt im Ohr: »Wenn du dich umbringen willst, kannst du das alleine tun. Ich werde dir jedenfalls nicht dabei helfen. Am liebsten würde ich zurück nach Hamburg fahren und diesen Irrsinn beenden.«

Ich hatte damals schon bemerkt, dass ich zu weit gegangen war, versuchte es aber herunterzuspielen.

Für das letzte Stück von der Autobahn zum Treffpunkt an die Mosel hatten Birte und ich die Seiten getauscht. Ich fuhr ziemlich schnell, nahm bekannte Abkürzungen über schmale Wege und raste im Zickzack zwischen den Weinfeldern hindurch. Ich wollte die verlorene Zeit aufholen, denn wir waren bereits zwei Stunden verspätet. Birte saß neben mir auf dem Beifahrersitz und starrte nach vorne auf die Straße. Ihr war speiübel von meiner rasanten Fahrt.

Im Nachhinein tat sie mir wirklich leid, weil sie nie kurvige Straßen in Verbindung mit Schnelligkeit vertrug. Sie hatte mittlerweile ein riesiges Sortiment an Tabletten, Kaugummis, Zäpfchen, Akupressurbändern und Pflastern ausprobiert und in ihrer Reiseapotheke verstaut. Nur damals hatte sie nichts griffbereit, weil wir ja eigentlich ganz gemächlich in den ersehnten Urlaub fahren wollten. An ihre

Übelkeit hatte ich bei meiner Auswahl der Schleichwege nicht gedacht. Sie hielt wacker durch, ohne sich zu erbrechen.

Als wir völlig fertig an der Mosel angekommen waren, schien sich niemand wirklich über unsere Anwesenheit zu freuen. Es war egal, ob wir da waren oder nicht. Unsere Verspätung wurde stattdessen von den Wartenden in redseliger Weinlaune bissig kommentiert. Es war so, wie es häufig war, wenn man zu spät auf einer Feier oder einem Treffen aufkreuzte: man kam nicht mehr rein. Zumindest ließ es diese Runde nicht zu.

Birte legte ihr Brötchen auf den Teller. »Wenn ich an diesen ersten Urlaubstag mit der Weinprobe zurückdenke, dann wirkt er immer noch völlig absurd: Als wir nach Stunden auf den brechend vollen Autobahnen endlich angekommen waren, hast du dort mit schmerzverzerrtem Gesicht mit einem Weinglas in der Hand gestanden und gute Miene zum bösen Spiel gemacht. Du hast da schon ausgesehen, als würdest du jeden Moment zusammenbrechen. Außerdem warst du gedanklich völlig abwesend und so erschöpft, dass du sogar im Garten des Weinguts eingenickt bist. Und am nächsten Tag hast du mir unter Tränen auch noch von deinen neuen Ohrenschmerzen erzählt.«

»Manchmal ist man ganz schön unvernünftig und geht mit sich selbst schlecht um.« Die Erinnerungen an die genannten Urlaubstage verursachte noch immer ein mulmiges Gefühl in meiner Magengegend. »Ich denke ungern daran zurück«, gestand ich mir laut ein. Ich trank von meinem heißen Tee.

»Du hast dich ständig damit vertröstet, dass wieder ruhigere, stressfreie Zeiten kommen werden. Wir haben uns von einer Etappe zur nächsten gehangelt, von einem Wochenende zum anderen. Und das gleiche mit den Urlauben.«

Weiß ich doch, dachte ich im Stillen. Das schnelle Tempo der Arbeit konnte ich nie, weder am Wochenende noch in der Anfangszeit eines Urlaubs abrupt abbremsen. Manchmal schaffte ich es, die Geschwindigkeit ein wenig zu drosseln.

Aber nicht nur das Arbeitsleben war rasant; auch das gesamte Lebenstempo in Hamburg unterlag einer ständigen Beschleunigung.

Dreihundertfünfundsechzig Tage im Jahr.

Birte schob ihre Hand in meine Richtung über den Tisch. »Wir haben ja noch die Kurve gekriegt. Leider spät, aber noch nicht zu spät.«

Ich kam ihr mit meiner Hand auf halber Strecke entgegen, bis sich unsere Finger ineinander verknoteten. Wir schauten uns nur an.

Ich musste an ihre Beschreibung während der damaligen Autofahrt zurückdenken, in der sie unser Leben mit einem Karussell verglichen hatte: Wir, die Fahrgäste, drückten uns im Adrenalinrausch in die Sitze und verloren allmählich die Kontrolle. Das Karussell hatte sich langsam zu drehen begonnen und fuhr immer schneller. Die Welt außerhalb des Karussells zog verschwommen an uns vorbei. Nur kurze Verschnaufpausen waren uns zum Durchatmen gegönnt. Bis der Mann am Schaltpult ins Mikrophon brüllte »Wollt ihr noch meeeeehr?« Dabei drückte er bereits die Tasten zum Abheben, ohne auf unsere Antworten zu warten. Immer und immer wieder.

Langsam kam ich dahinter, was Birte mit dem Vergleich gemeint hatte. Ich sollte das rasante Karussell verlassen, solange es noch ging. Mir wurde vom schnellen Tempo nicht übel, im Gegenteil, ich genoss es. Ich mochte den Geschwindigkeitsrausch. Aber gerade dieser Rausch machte das Überschreiten einer unsichtbaren Grenze über das gesunde Maß so leicht.

Ich musste nie kotzen, aber mein Burn-out war auch eine Form des Erbrechens. Ich hatte es verstanden, den Reiz über einen längeren Zeitraum zu unterdrücken. Alles blieb lange im Inneren verborgen.

Mir wurde klar: Körper, Geist und Seele hatten Tempolimits. Und dazu auch noch unterschiedliche!

**Z**wei Jahre war es her, seit wir Hamburg verlassen hatten. Viele tausend Kilometer lagen zwischen dem nördlichsten Punkte unserer Reise in Alaska und unserem jetzigen. Wir waren im südlichsten Teil dieses gewaltigen Kontinents, im chilenischen Patagonien, angekommen.

Die Chilenen beschrieben ihr gesamtes Land unspektakulär mit »largo y flaco«, lang und dünn wie eine Bohnenstange. Dabei assoziierten die meisten Ausländer Chile mit dem südlichsten Landstrich der Bohnenstange, nämlich mit dem rauen Patagonien. Es stand für unbändig und ungezähmt. Das feuchte, kühle Klima auf der westlichen Seite der Anden brachte Einzigartiges für Naturliebhaber hervor. Es war packend für Abenteurer und herausfordernd für Extremsportler. Andere folgten auch nur ihrer unbegründeten Sehnsucht, am südlichsten Zipfel des südamerikanischen Kontinents gewesen zu sein. Die Besucher wurden mit unterschiedlichsten Sehnsüchten, Erwartungen und Träumen angelockt.

Die Wetterlage im rauen Teil Patagoniens wechselte im Minutentakt. Wolken wirbelten aufgequollen und manchmal bedrohlich am Himmel umher. Regentropfen fielen nicht einfach senkrecht vom Himmel, sondern stoben durch den Wind vorangetrieben waagerecht durch die Luft. Wege und Pisten wurden unsanft von Regenmassen ausgewaschen und glichen alten Waschbrettern. Selbst wenn ausnahmsweise kein Sturm herrschte, wirkte die Vegetation wie im Windkanal erstarrt. Die Äste der Bäume hatten sich nach dem geringsten Widerstand ausgerichtet oder wuchsen regelrecht verkrüppelt und geduckt entlang des schützenden Bodens.

Wir befanden uns schon mitten im chilenischen Landschaftstraum, aber wollten uns noch einen persönlichen erfüllen. Wir quartierten uns auf einem Frachtschiff ein. Es fuhr wöchentlich von der südlichsten Stadt auf diesem Kontinent von »Punta Arenas« nach »Puerto

**246**

Williams« zur südlichsten Stadt der Welt auf der Insel Navarino. Das aber interessierte uns wenig. Wir brauchten keine weiteren Superlative auf der Reise für unsere gedankliche Hutnadelsammlung oder als Metallplakette für den Wanderstock. Der beeindruckende Weg zu dieser entlegenen Stadt war unser eigentliches Ziel: auf der Magellanstraße Richtung Südosten an der feuerländischen »Cordillera Darwin« entlang in den Beagle Kanal nach Puerto Williams, die Hauptstadt der chilenischen Antarktisprovinz. Eineinhalb Tage benötigte das Schiff für diese Strecke.

Als wir zum Anleger des Frachters am späten Nachmittag kamen, wurden die letzten zu transportierenden Autos und Anhänger auf das Schiffsdeck gefahren. Paletten, große Kisten und Anhänger standen bereits dort. Arbeiter in Overalls machten ihre letzten Handgriffe, bis die wenigen anderen Passagiere und wir an Bord gehen durften. Wir schlängelten uns durch die schmalen Lücken zwischen den vertäuten Gegenständen. An die Passagiere wurden wenige Zugeständnisse gemacht, schließlich lag das Hauptgeschäft im Transport von Gütern. Es war ein Frachter und kein Vergnügungsschiff für Urlauber. Einen höheren Anspruch hatten die Passiere aber auch nicht. Viele der Mitreisenden waren Chilenen, die in Puerto Williams wohnten oder beim Militär arbeiteten. Manche Erledigungen konnten sie nur auf dem Festland machen und nahmen hierzu das Frachtschiff, das ihren Wohnort sowieso anlief. Der Flug war den meisten zu teuer.

Während wir ablegten, stellten wir uns auf den erhöhten Teil des Decks, um die Aussicht zu genießen. Der ununterbrochene Wind pfiff uns harsch um die Ohren. Ein paar wenige Passagiere standen wie wir eingepackt in warmen Jacken, Mützen und Handschuhen draußen. Dem Rest war die Aussicht scheinbar egal oder zur Genüge bekannt.

Das erste Stück unserer Fahrt schipperten wir auf der Magellanstraße. Es war die Meerenge zwischen dem südamerikanischen Festland und der Inselgruppe Feuerland, die eine Verbindung vom Atlantischen zum Pazifischen Ozean schaffte; eine Abkürzungen, die Magellan im fünfzehnten Jahrhundert fand, um die Umschiffung des gefürchteten Kap Horns zu vermeiden. Jeder der an Deck stehenden Personen schaute so fasziniert auf das Wasser, als ob der Geist Magellans noch zu entdecken wäre.

Ein allein reisender Berliner in unserem Alter blickte ebenso faszíniert wie wir in die Ferne. »Wie lange seid ihr schon unterwegs?«, fragte er neugierig, nachdem wir uns schon eine Weile miteinander unterhalten hatten.

»Über zwei Jahre«, grinste ich ihn an.

»Ich gönne mir eine Auszeit von einem Jahr. Ich habe aber erst vor einem Monat mit meiner Reise begonnen.«

Als er uns erzählte, was er bereits in den ersten Wochen alles bereist und sozusagen abgehakt hatte, mussten Birte und ich lachen. Er guckte uns überrascht an.

»Wir lachen nicht über dich«, klärte ich ihn auf. »Wenn wir an den Beginn unserer Tour zurückdenken, dann müssen wir immer lachen. Wir waren so verdammt schnell getaktet, wollten möglichst viel sehen und erleben, wie du jetzt. Wir sind so gereist, wie wir zuvor gearbeitet und gelebt hatten. Im Rückblick etwas zu schnell.«

Der Berliner schaute mich an: »Wie lange hat es bei euch gedauert, bis ihr ins Reisen gekommen seid?«

Mich erstaunte seine Frage, denn er beschäftigte sich jetzt schon mit Dingen, die ich mir zu Beginn unserer Tour nie gestellt hatte. »Wir können es fast an einem Punkt festmachen.«

Ich schaute Birte neben mir an. Sie lächelte mir wissend zu, weil wir schon oft darüber gesprochen hatten.

»Bei uns hat sich ein Schalter in Mexiko umgelegt, in der »Baja California«. Ich weiß allerdings nicht, ob es an dem Zeitpunkt lag, nämlich nach zehn Monaten Reisezeit, oder an den Menschen, die wir dort trafen.« Voller Freude dachte ich an die australisch-holländische Familie auf zwei Tandems zurück. Wir hatten das Paar mit ihren beiden Söhnen in einem kleinen Ort in der Baja kennengelernt. Sie hatten uns mit einem breiten Lächeln auf der Straße angesprochen, weil wir ihnen als ausländische Reisende aufgefallen waren. Ihre offene, herzliche Art gefiel uns sofort. Am Tag unseres Kennenlernens waren wir nicht wie geplant weitergefahren, sondern geblieben. Wir räumten der Begegnung mehr Gewicht ein als unserem Zeitplan.

Sie hatten uns bei einem gemeinsamen Essen viel über sich erzählt: von der Eigenbeschulung ihrer zwei Teenagerjungs, von ihrer Wohnwagentour in Australien und ihrer jetzigen Reise mit zwei Tandems durch die Welt. Unterwegs teilten sie mit notleidenden Menschen ihre unbändige Energie und schufen neue Zuhause mit ihren eigenen Händen. Nicht für sich selbst, sondern für andere. Sie praktizierten ohne Hintergedanken oder Erwartungen Nächstenliebe und Völkerverständigung. Das Reisen wurde ein Teil ihres gemeinsamen Lebens als Familie.

»Ihre Reise war aber nicht ausschlaggebend für unsere Faszination. Diese Familie lebte ihre Worte. Ihre Augen funkelten bei dem, was sie machten. Gegen alle Widerstände, Entbehrungen, Probleme und Steine auf dem Weg. Sie lebten ihr selbst gefundenes Lebenskonzept mit völliger Überzeugung und ansteckender Freude. Die Familie liebte das, was sie mit einem großen Bewusstsein tat und schaffte es durch ihr Beispiel einen Schalter in unseren Köpfen umzulegen. Wir erkannten durch sie, dass es viele unterschiedliche Möglichkeiten zum persönlichen Glück gibt«, beendete ich meine Erzählung.

Der Tag auf dem Frachter ging mit weiteren Erzählungen zu Ende.

Am nächsten Morgen trafen der Berliner Reisende, Birte und ich uns ausgeschlafen wieder an Deck. Wir genossen den Anblick der Natur und lernten weitere Passagiere kennen. Der Morgen verstrich in einer beruhigenden Langsamkeit, als wir uns den Fjorden und kleinen Inseln näherten. Die Motoren brummten leise vor sich hin, während das Frachtschiff durch das Wasser glitt. Der Wind war vollständig eingeschlafen und die See lag spiegelblank vor uns. Seelöwen und Albatrosse begleiteten uns eine Weile. Die Fluke eines Wals tauchte auf. Nachdem der Koloss abgetaucht war, erinnerten nur noch konzentrische Kreise auf dem Wasser an ihn.

Die Geschwindigkeit des Schiffs wurde auf ein Minimum gedrosselt, als rings um uns herum viele dunkelgraue Felsen und zahllose Inseln erschienen. Ich kam mir vor wie im Irrgarten auf der Kirmes, weil sich die Durchfahrten erst im letzten Augenblick erschlossen. Der erfahrene Kapitän kannte die Meerespassage und lotste unser Schiff hindurch. Es herrschte eine beruhigende Stille, nachdem der tosende Wind zwischen den Inseln verschwunden war. Wir senkten automatisch die Lautstärke unserer Stimmen.

Der Berliner fragte uns interessiert nach unseren Erfahrungen und

Erlebnissen und Birte und ich antworteten ihm gern. Ich mochte den gemeinsamen Rückblick auf unsere Reise mit dem sympathischen Gesprächspartner. Mir wurde bei den Schilderungen der letzten zwei Jahre mit melancholischer Gewissheit bewusst, dass wir uns dem südlichsten Punkt unserer Tour näherten. Der geographische Punkt dieser Landmasse kitzelte nun doch die Gedanken an das Ende unserer Reise hervor. Es war noch nicht das tatsächliche Ende, aber es wurde zumindest sachte eingeläutet. Wir würden bald die Anden verlassen, um in den letzten Monaten in Richtung Nordosten nach Paraguay, Südbrasilien und Uruguay weiterzureisen. In Buenos Aires wollten wir dann den Kontinent verlassen. Ein halbes Jahr später, als wir zu Beginn geplant hatten. Aus zwei Jahren waren zweieinhalb geworden.

Der Berliner schaute Birte und mich an. »Ist schon komisch, wie sehr man durch Alltag und Job beeinflusst ist. Wir besuchen Seminare über Time-Management, unsere Kalender sind in Fünfzehnminutenschritte oder kleiner eingeteilt, wir haben alle möglichen technischen Hilfsmittel, und trotzdem empfinden wir immer Zeitnot.«

Birte lachte kurz auf. »Die Illusion unserer Wohlstandsgesellschaft. Wir meinen immer noch, wir könnten unser Leben in mehrere Leben ausdehnen. Dabei kriegen wir das eine, das wir haben, noch nicht mal auf die Reihe. Wir packen immer noch mehr in eine bestimmte Zeitspanne. Aber dass hinten etwas runterfällt, wenn wir vorne nachstopfen, das wollen wir nicht wahrhaben.«

Der Berliner schaute auf das Wasser. »Dann ist wohl das, was wir gerade machen, der Inbegriff des neuen Trends, wir entschleunigen. Oder wie empfindet ihr das Tempo, das wir gerade mit dem Schiff fahren?«

Wir fuhren tatsächlich sehr langsam. Das Geräusch des Motors war kaum mehr wahrzunehmen. Das ruhige Wasser kräuselte sich lediglich als zarte Bugwelle von uns weg. Aber das allein machte wohl nicht die Empfindung aus, dachte ich. Das Gefühl der Entschleunigung empfanden wir auch, weil wir nur auf eine Sache konzentriert waren. Wir hatten unsere Schiffsfahrt und das Gespräch, mehr nicht. Es klingelte nicht nebenbei das Telefon und es wurde nicht mal eben schnell noch eine Mail geschrieben. Wir zerfledderten unsere Zeit nicht bis zur Sinnlosigkeit, sondern waren mit nur einer Sache befasst. Das Gespräch in dieser atemberaubend schönen Natur hatte unsere ungeteilte Aufmerksamkeit.

»Ich bin sowieso kein Freund von Schnelligkeit«, sagte Birte, die bestimmt wieder an ihre Übelkeit denken musste. »Für mein Gehirn ist es erholsam, wenn ich keine schnellen und häufigen Sequenzwechsel habe. Es tut mir gut, auf etwas zu schauen, ohne dass es in der nächsten Sekunde wieder verschwindet. Wahrscheinlich mag ich mich deshalb so gerne zu Fuß bewegen oder ganz gemächlich mit unserem Camper reisen.«

Die Landschaft zog in einer beruhigenden Langsamkeit an uns vorbei.

»Birte und ich haben bei unserer Planung immer zu anderen gesagt, dass wir uns mit den Ersparnissen neben dieser Reise vor allem Zeit kaufen wollen. Wenn ich auf die vergangenen zwei Jahre zurückschaue, dann erscheint mir die Zeitspanne viel länger. Als hätten wir uns nicht zwei, sondern fünf Jahre Zeit gekauft.«

Der Berliner nickte zustimmend. »Ich weiß, was du meinst. Mir kommt die Zeit auch viel länger vor, seitdem ich unterwegs bin. Zuhause fliegen die Tage nur so vorbei. Die Schnelligkeit wirkt außerdem geradezu spielerisch. Am Ende einer Arbeitswoche schaust du erstaunt zurück und weißt nicht, wo die Tage geblieben sind.«

»Manchmal bekommt das Leben so eine Dynamik, dass man selbst nicht hinterher kommen kann«, sagte ich bei der Erinnerung an die letzten Monate im Job.

Es entstand eine Pause und ich dachte daran, wie sich mein Zeitempfinden auf der Reise verändert hatte. Im Job spielte mein Empfinden kaum eine Rolle. Nur die Zeit als tatsächlicher Fakt war wichtig gewesen: dreihundertfünfundsechzig Tage im Jahr, vierundzwanzig Stunden am Tag, sechzig Sekunden in der Minute.

Wenn ich nun zurückblickte, dann wusste ich genau, dass sich die Zeit unterschiedlich anfühlen konnte. Vielfach vergingen auf der Tour die Tage auch wie im Flug, weil neue Eindrücke, interessante Dinge und spannende Momente uns fesselten. Schaute ich allerdings auf einen dieser Tage zurück, dann erschien er mir viel länger als nur vierundzwanzig Stunden. In meinem Rückblick empfand ich den Tag anders als im Moment des Erlebens,.Total paradox.

Einige Tage in meinem Leben hatten sich dagegen zäh wie Kaugummi angefühlt. In der Zeit meines Burn-out hatten sich die Tage endlos ausgedehnt. Wenn ich jetzt an diese Zeit zurückdachte, dann kam mir der Zeitraum aber gar nicht mehr so lang vor. Es gab vieles, an das ich mich aufgrund meiner geringen Aufmerksamkeit nur noch unscharf erinnern konnte, so als wollte mein Gehirn diesen Teil auslöschen.

Der Berliner räusperte sich. »Ich hab versucht, mich im Job nicht stressen zu lassen. Aber es gelang mir immer weniger. Ich war gestresst und hatte nie Zeit. Irgendwann konnte ich das alles nicht mehr abschütteln, sondern hab viel mit nach Hause in mein Privatleben genommen. Ich musste jetzt einfach die Notbremse ziehen.«

Birte nickte ihm zu. »Ich habe über das Stressphänomen gelesen, dass Zeit und Stress in einen falschen Zusammenhang gebracht werden. Wir denken, dass wir gestresst sind, weil wir zu wenig Zeit haben. Aber tatsächlich sind wir schon gestresst und haben deshalb keine Zeit mehr. Also genau umgekehrt. Interessant, oder? Müssen wir also nur nicht mehr gestresst sein, um wieder Zeit zu haben?« Birte schaute bei ihrer Überlegung gedankenversunken in die Ferne.

Ich musste an all die Bücher und Magazine denken, die in den letzten zwei Jahren durch unseren Camper gewandert waren. Kein Thema war zu abwegig, als dass wir es nicht gelesen und im Anschluss besprochen hatten. Viele Reisende wurde von uns unterwegs auf einen Büchertausch angesprochen. Wir verschlangen die Inhalte der Bücher, so dass es manchmal zu regelrechten Engpässen kam.

Der Wasserweg, durch den unser Schiff nun steuerte, nahm an Breite und Übersichtlichkeit zu. Die schleichende Geschwindigkeit des Frachters war von einer schnelleren abgelöst worden. Ein kalter, starker Wind wehte uns wieder um die Ohren, aber wir verbrachten trotz der Kälte die ganze Zeit an Deck.

»Schaut mal, die Gletscher dort drüben«, sagte Birte aufgeregt. Nun kamen noch mehr Passagiere aus dem Inneren des Schiffs, um die Besonderheit der Landschaft trotz des aufsteigenden Nebels zu betrachten.

Die Darwin-Kordillere mit ihren gletscherbedeckten Bergen

tauchte auf. Das auf Feuerland liegende Gebirge bildete die letzte große Erhebung der Anden vor dem Ende Südamerikas. Es waren gewaltige Gletscher, die Frankreich, Italien, Deutschland oder Holland hießen und auch so unterschiedlich wie ihre namensgebenden Länder aussahen. Graue Eismassen schoben sich kalbend in Richtung Wasser oder verschwanden hinter einem Berg in der rauen Natur. Der als Deutschland benannte Gletscher glich einer breiten, mehrspurigen Autobahn, was wir erschreckend passend fanden. Die europäischen Siedler hatten bei der Namensgebung die technisierte Zukunft unseres Landes wohl schon vorausgesehen.

Früh am Morgen erreichten wir den kleinen Ort Puerto Williams auf der Insel Navarino. Er erfüllte all unsere unspektakulären Erwartungen von einem abseits gelegenen Ort ohne Tourismus-Trubel.

In der südlichsten Stadt der Welt am Beagle-Kanal wohnen nur ungefähr zweitausend Menschen. Dementsprechend gelassen wird dort, weit ab von allem, gelebt. Die einzige Straße der Insel ist wenige Kilometer lang und die Wege zum nächsten Nachbarn im Ort kurz. Die Atmosphäre würden viele mit »am Arsch der Welt« beschreiben, was ja so falsch nicht ist.

Wir suchten uns eine private Unterkunft im Ort. Unsere Gastfamilie war in den Sommermonaten zusammengerückt und bot nun den wenigen Gästen, die das unbeständige Klima nicht abschreckte, Zimmer an. Dabei hatten wir Riesenglück mit dem Wetter. Die Sonne lugte ab und zu durch die aufgequollenen Wolken, so dass wir uns jede noch so kleine Straße des Ortes zu Fuß ansahen. Kaum ein Auto fuhr an uns vorbei. Ein Hund hatte sich uns als neue Herrchen ausgesucht und tapste neben uns her. An den bunt gestrichenen Holzhäusern stapelten sich jetzt im Spätsommer schon Mengen an Feuerholz. Die anstehenden Wintertage warfen ihre kalten und langen Schatten voraus.

Wir saugten die Langsamkeit auf.

Mit unserer Ankunft kamen auch die erwarteten Lebensmittel vom Festland an. Wir standen in einem kleinen Tante-Emma-Laden, in dem die Regale flink gefüllt wurden, sich aber ebenso schnell durch die Wocheneinkäufe der Einheimischen wieder leerten. Die Verkäufer hatten alle Hände voll zu tun. Trotzdem blieb für jeden Kunden Zeit für einen Plausch. Die Finger konnten schließlich genauso schnell arbeiten, wie sich der Mund bewegte. Es wurde gelacht und sich gestenreich miteinander unterhalten.

Als wir in der Post standen, um einige Karten nach Hause zu schicken, lagen die gerade angekommenen Pakete für alle offen zugänglich auf dem Boden verstreut. Schnell füllte sich der kleine Raum. Jeder kramte auf der Suche nach einem Paket, vielleicht, weil er sehnsüchtig eins erwartete oder auch, weil er sich die Zeit vertreiben wollte.

Wir schlenderten weiter zum kleinen Hafen, an dem wir am Morgen angekommen waren. Ein fünfhundert PS-starkes Rennboot mit norwegischer Flagge stand auf einem Anhänger zur Verladung bereit. Wir fragten neugierig einen Hafenarbeiter, was denn ein dreisitziges Rennboot aus Norwegen hier zu suchen hätte? Wasser und Natur gab es schließlich in Norwegen reichlich.

»Der wohlhabende skandinavische Besitzer ist in zweieinhalb Stunden mit seinem Boot von Puerto Williams zum Kap Horn gesaust.« Der Mann lachte bei der Vorstellung dieser Verrücktheit laut auf. »Er selbst ist schon wieder mit dem Flugzeug abgereist. Sein Boot wird mit dem Frachtschiff nach Punta Arenas gebracht und von dort geht es per Flugzeug irgendwo anders hin«, damit drehte er sich um und arbeitete weiter.

»Mal eben schnell zum Kap Horn rasen«, sagte Birte zu mir, während wir weiter am Ufer entlang gingen und den Ort verließen.

Ich musste an die ersten Monate unserer Tour zurückdenken, an Alaska. Wir waren dort noch von der scheinbaren Unerreichbarkeit der Naturparks ohne Straßen und Verbindungen enttäuscht gewesen. Nun erkannte ich ganz andere Zusammenhänge: Wäre es nicht viel sinnvoller, uns besonderen und abgelegenen Orten in der Natur verträglich zu nähern, auch wenn das Anstrengung und Zeit erforderte?

Das waren zwei Dinge, die die meisten Menschen vermieden oder nicht aufbringen konnten. Aber ohne Zeit und Mühe sollten wir und die touristische Masse auf den Besuch solcher Orte vollständig verzichten. Wir sollten einfach auf dem gemütlichen Sofa die hautnah gedrehten und interessanten Tierfilmdokumentationen genießen und damit zufrieden sein. Mit der Gewissheit, dass zwar alles möglich ist, wir die Natur in empfindlichen und einmaligen Ökosystemen aber lieber so respektieren, wie sie es verdient. Ohne uns Menschen und damit in sicherer Entfernung.

Denn der Mensch akzeptiert keine Grenzen, die ihm die Natur auferlegt. Das ist im Gegenteil eher ein zusätzlicher Ansporn, um in die entlegensten Winkel der Welt zu gelangen. Wie mit dem Rennboot zum Kap Horn. Alles ist möglich, denn die Hutnadeln müssen gesammelt werden, egal was es kostet und wie sinnvoll es ist. Und so sprießen besonders in diesem Teil der Welt sogenannte Expeditionsanbieter aus dem Boden und bringen Menschenmassen an Orte, die diese unsensible Art des Tourismus nicht vertragen.

Als wir damals im Norden des Kontinents in Alaska waren, hatte ich es noch nicht so empfunden, dachte ich nun.

Birte unterbrach mich in meinen Gedanken. »Wären wir mit der mal-eben-schnell-Mentalität gereist, wäre vieles an uns unbemerkt vorbei gezogen. Vielleicht gerade die Dinge, die nun die intensivsten Erinnerungen unserer Tour ausmachen.«

Ich schaute Birte von der Seite an, als sie das sagte. »Was meinst du genau?«

»Wären wir immer zügig mit anvisiertem Ziel im Kopf über den Kontinent gerast, so schnell wie am Anfang unserer Reise, dann hätten wir das für uns Wesentliche verpasst. Manche Tiere hätten wir nicht beobachten können und Landschaften nicht entdeckt. Die unbedeutenden archäologischen Stätten und unbekannten Naturparks wären unbemerkt geblieben.«

Dabei waren besonders die unbekannten Flecken einprägsam, weil wir sie für uns ganz alleine hatten oder nur mit wenigen teilen mussten, erinnerte ich mich.

»Und ich denke so gern an einige Begegnungen zurück, an Jean und John auf Vancouver Island zum Beispiel.«

In meinen Gedanken lief ein langer Film mit bekannten Gesichtern ab, die überall auf diesem wunderbaren Kontinent verstreut wohnten. Jean und John standen exemplarisch für so viele Personen, die wir zufällig kennengelernt hatten. Jeder hatte uns auf seine Weise bereichert. Sie nahmen uns, obwohl wir völlig fremd waren, bei sich zuhause auf. Zeit war dabei der Schlüssel zu allem. Nicht nur, dass wir uns die Zeit genommen hatten, sondern auch, dass sie ihre mit uns verbringen wollten.

»Mann, wir brauchten aber auch lange bis wir begriffen hatten, dass wir selbst über unsere Zeit bestimmen und Prioritäten setzen konnten. Die Selbstbestimmung hielten wir zwar in den Händen, aber kamen kaum auf den Gedanken, sie zu nutzen«, sagte Birte nachdenklich.

»Auch das mussten wir erst wieder für uns lernen. Aber weißt du noch, als wir uns irgendwann gefragt haben, was für uns das Wesentliche der Reise ist? Was uns wichtig ist?«

»Drei Kernaussagen bringen es noch heute auf den Punkt: »KULTUR des WENIGER«, GESUNDHEIT und ZEIT«, antwortete Birte. Sie musste nicht eine Sekunde über diese Worte nachdenken.

Ich grinste über ihre schnelle Antwort, die mich an mündliche Prüfungen im Studium erinnerte.

Und diese wenigen Worte standen für so viel mehr. Ich verknüpfte in Gedanken sofort den Begriff Gesundheit mit unseren Wanderungen in der Natur. Ich wusste mittlerweile, dass ich körperliche Bewegung wie die Luft zum Atmen brauchte. Nicht nur, um konditionell fit zu bleiben, sondern weil es mich glücklich machte. Auch bei der Wahl unserer Lebensmittel wollten wir keine bequemen Kompromisse mehr eingehen. Und so zogen sich diese Kernaussagen mit ihren vielen Unterpunkten wie ein neuer roter Faden durch unser Leben. Die Inhalte hatten sich in der langen Zeit der Reise, in der wir uns intensiv damit beschäftigen konnten, eingebrannt.

Ich schaute Birte an. Der Begriff Gesundheit schwirrte immer noch in meinem Kopf: »Ich habe mich nie gesünder als auf dieser Reise gefühlt.« Körper, Geist und Seele, dachte ich zufrieden.

Schweigsam setzten wir uns auf zwei große Steine am Ufer und schauten über das Wasser des Beagle-Kanals auf die gegenüberliegende argentinische Seite Feuerlands. Das Wasser schlug leise ans Ufer.

Ich wollte mein Leben nicht in einem rasanten Tempo an mir vorbeiziehen lassen, dachte ich fast kämpferisch. Im Rückblick sollte sich mein Leben lang und ausgefüllt anfühlen. Das konnte ich aber nicht durch Geschwindigkeit, sondern nur durch Inhalt erreichen. Nicht die Menge an Eindrücken macht das Erinnern aus, sondern die

Intensität. Ich durfte das Dabeisein nicht mit Erleben verwechseln, sondern musste Momente schaffen, die mich emotional berührten, aufrüttelten oder gedanklich beschäftigten, mich zum Lachen oder Weinen brachten, die etwas in mir auslösten oder mich anschupsten. Mich ganz persönlich.

Birte schaute mich lächelnd an. »Ingo, ich freue mich schon wieder auf zuhause.«

»Ich mich auch. Hast du auch das Gefühl, dass wir am Ende der Reise angekommen sind? Ich meine, nicht nur geographisch.«

»Vor einem dreiviertel Jahr hätte ich deine Frage verneint und gesagt, dass ich noch ewig weiterreisen könnte. Seit kurzem ist es irgendwie anders und ich bin neugierig auf das, was die Zukunft bringt.«

Wir sagten eine Weile gar nichts und schwiegen.

»Sind wir also nicht nur am Ende eines Kontinents angekommen, sondern vielleicht auch wieder bei uns selbst?«, fragte Birte mich, ohne wirklich auf eine Antwort zu warten. Sie schaute in Gedanken versunken in die Landschaft Patagoniens.

Ja, dachte ich. Der Weg war tatsächlich das Ziel gewesen.

# Birte Konsum Prestigeobjekte Trost Häuten
Schmetterkammer Erinnerungen Tortenheber Flohmarkt
Sinnlosigkeiten Belohnungen Ballast Glück | iBurn-out Hamburg Sommer

**M**ein Blick schweifte durch das sonnendurchflutete Zimmer. Ich war allein in unserer Wohnung. Ingo hatte sich mit einem Freund zum Fahrradfahren an der Elbe verabredet.

An diesem Sonntag war für mich aufräumen angesagt. In sechs Monaten stand der Auszug aus unserer Mietwohnung an. Ich beabsichtigte jedoch nicht, Ordnung zu schaffen, sondern versuchte, mich von unnötigem Ballast zu befreien. Ein Freund hatte diesen Umstand so treffend mit HÄUTEN beschrieben.

Bevor ich damit begann, ging ich noch einmal auf unseren Balkon und schaute herunter. Hunde bellten aufgeregt, während sie wild im Kreis liefen und Spuren im Sand zeichneten. Kinder hielten lachend ihre Sandkastenschaufeln stolz wie Generäle in die Luft. Ihre Eltern folgten ihnen schwer beladen mit Picknickutensilien. Sie wurden von den Radfahrern energisch, vom schönen Wetter beschwingt, aus dem Weg geklingelt. Segelboote trieben geräuschlos auf den glitzernden Wellen der Elbe. Und der weiß-rot gestreifte Leuchtturm stand vor einem wolkenlosen Himmel. Ich wusste genau, warum man sich in das Leben verlieben konnte, dachte ich glücklich.

Ich sog die Atmosphäre auf, als könnte ich sie für ewig konservieren und stellte mir selbst die Frage: Wollten wir wirklich den Umzug aus einer Wohnung an der Hamburger Elbe in einen winzigen Camper im Nirgendwo wagen und Sicherheit gegen Ungewissheit eintauschen? Wollten wir wirklich das alles hier verlassen?

»Ja«, sprach ich laut zu mir selbst. Und nochmal lauter: »JAAAA.« Das positive Wort klang nicht gequält. Es war ohne jeden Zweifel meine innere Überzeugung. Mein ehrliches JAWOLL!

Ich musste an die ersten Reaktionen auf unsere Reisepläne zurückdenken: »Ihr habt euch so viel erarbeitet und aufgebaut. Das könnt ihr doch nicht alles hinschmeißen.«

Wir trauten uns selbst nicht, es laut auszusprechen. Aber wir dachten genau das Gegenteil. Wir schmissen nicht hin, sondern hoben wieder auf. Die Fäden, die uns wie eine Marionette geführt und aufrecht gehalten hatten, waren wie von einer großen fremden Hand achtlos hingeworfen worden. Nun nahmen wir die Stränge wieder selbst in die Hand. Die getroffenen Entscheidungen fühlten sich gut an. Einfach richtig, auch noch nach Monaten. Es war nicht, dass wir diesen Lebensabschnitt mit allen Bequemlichkeiten und Vorteilen verlassen mussten, wir wollten es. WOLLEN nicht MÜSSEN war der wertvolle und entscheidende Unterschied.

Loslassen war leicht, weil wir uns im bisherigen Leben unsere wichtigsten Ziele und Wünsche erfüllt hatten. Wir konnten auf tolle Erlebnisse, materielle Dinge und vieles mehr positiv zurückschauen. Und hatten deshalb nicht das Gefühl, uns am Ende des Lebens fragen zu müssen, wie es anders hätte sein können.

Vor Monaten, während Ingos Burn-out, hatten wir innegehalten, unser bisher gelebtes Leben überdacht und überlegt, was wir nun tun wollten. Dabei gab es viele Optionen für unsere weitere Lebensgestaltung. Aber nur ein Gedanke schaffte es als ausgesprochene Idee über unsere Lippen: Eine Reise, zu zweit. Die anderen Möglichkeiten von Wiedereinstieg nach der Genesung, über Firmenwechsel in Hamburg bis Neustart in einer anderen Stadt hingen wie unreife Früchte in unseren Köpfen. Wir wollten nicht in einen sauren Apfel beißen, nur weil es das Leichteste war. Eine neue berufliche Aufgabe würde nach der Reise kommen. Alles zu seiner Zeit.

Unseren Ausstieg aus dem deutschen Berufsleben versüßte dabei kein Lottogewinn. Es gab auch keine Erbschaft von einer verschollenen Tante, die sich ihr Leben lang zwischen den Immobilien versteckt hatte, um sich beim Aufsetzen des Testaments an das familiäre Blut in den Adern zu erinnern. Unsere Unabhängigkeit bestand aus dem Geld, das wir in den Jahren unseres Berufslebens selbst angespart hatten. Ja, es gab diese traditionelle spießige Form der Selbstbestimmung noch. Wir hatten uns nichts ans Bein gebunden, was wir schwer hinkend hinter uns herzogen. Unser Arbeitspensum war nie durch erdrückende Ratenzahlungen für vergängliche Konsumgüter bestimmt gewesen. Auch dies war eine bewusste Wahl gewesen, die uns in der jetzigen Situation Flügel für die freie Entscheidung verlieh.

Die familiäre Erziehungsregel »erst sparen, dann kaufen« zahlte sich für uns aus. Und Ingos rheinländische Mundart sagte dazu nur: »Vun nix kütt nix«, von nichts kommt nichts.

Ich stand noch immer auf dem Balkon und schaute runter auf die Straße. Veränderungen gehörten zum Leben, hielt ich mir vor Augen. Nichts ließ sich für die Ewigkeit konservieren, auch wenn es schön war. Noch nicht einmal die alten Gehwegplatten vor unserem Haus, die durch perfekte neue ersetzt worden waren. Protzige Granitsteine und uniforme Glasbushaltestellen in grässlichen Farben standen mittlerweile am Strandweg. Der alte Charme, die einzigartige Patina des Stadtteils, verschwand. An ihre Stelle trat eine schicke uniforme Eintönigkeit.

Jedes Jahr das Gleiche, dachte ich lächelnd, als ich auf die Straße schaute. PS-starke Motorengeräusche zogen meine Aufmerksamkeit auf sich. Die beruhigenden Laute aus Hundegebell und Kinderlachen erstarben im dröhnenden Geräuschpegel der Technik. An den sonnigen Wochenenden glich der Weg entlang des Elbstrands einem kilometerlangen Laufsteg. Menschen flanierten wie Models auf den Gehwegen und die geteerte Straße wurde mit Luxuskarossen gepflastert. Edles Blech schob sich trotz Durchfahrtsverbotsschildern durch die enge Einbahnstraße unter unserem Balkon vorbei. Das Portemonnaie eines Porsche Cabriolet-Besitzers schien so dick gepolstert zu sein, dass er sich nicht durch einen läppischen Strafzettel von seiner Show abhalten ließ. Diese Autobesitzer genossen viel zu sehr das Schritttempo in der schmalen Straße entlang des Elbstrands. »Summerfeeling« mit geöffnetem Verdeck im Flaniertempo. Der Strandweg war eine der wenigen Straßen Hamburgs, wo die Geschwindigkeitsbegrenzung, zumindest im Sommer, unterschritten wurde.

Die Vorbeifahrenden zeigten ihr erhabenes Gefühl in ihren auf Hochglanz polierten Männerspielzeugen. Junge Frauen brillierten ebenso auf den Beifahrersitzen wie gealterte, die künstlich auf jugendlich getrimmt wurden. Hanseatisches Understatement prallte auf neureiche Dekadenz. Aber trotz ihrer teuren Prestigeobjekte bissen sich die protzenden Hochkaräter am alten Hamburger Geld die

Zähne aus. Denn Seiteneinsteiger waren mit ihrem Vermögen, egal ob ergaunert, geerbt oder doch selbst mühsam erarbeitet, in den erlauchten Kreisen der Hansestadt unerwünscht. Man blieb gern unter sich. Da konnten noch so viele edle Rassepferde unter der Motorhaube Platz finden. Die Neureichen oder diejenigen, die unbedingt dazugehören wollten, blieben Krethi und Plethi.

Ich liebte meinen versteckten Blick vom erhöhten Balkon. Die Leute kamen sich so unbeobachtet vor. Auch das verhuschte Pärchen, das im hohen Gras eine schnelle Nummer schob, um danach blitzschnell in zwei verschiedene Richtungen den Strand zu verlassen. Der leicht süßliche Gestank von verwesten Tierkadavern im Gestrüpp schien sie nicht zu stören. Auch die edel gekleidete Frau, die die Scheiße ihres Königspudels als Tretmine liegen ließ, kam sich offensichtlich unbeobachtet vor.

Ich brachte das Frühstücksgeschirr in die Küche, bevor ich zur Abstellkammer im Hausflur ging. Eine Freundin nannte ihren Abstellraum liebevoll »Schmetterkammer«. Wie passend der Name das Kabuff beschrieb, prallte mir beim Öffnen der Tür entgegen. Es war ein dunkler staubiger Verschlag, dessen Regale sich unter dem Gewicht von unzähligen Kartons durchbogen. Oft gebrauchte Plastikflaschen, wie Wasch- und Putzmittel, standen in greifbarer Nähe. Dahinter verbargen sich die Regalhüter, wie Inline-Skates oder Surfausrüstungen, deren Kontakt man viel zu selten oder gar nicht mehr suchte.

Es gab für mich einen guten Grund, das Feindesland der Schmetterkammer zu betreten. Ende des Jahres würde unser gesamter Besitz in ein kleines Lager umziehen müssen. Es war zu klein, um Nutzloses und Unsinnigkeiten unbeachtet mit umziehen zu lassen. Eine Pflicht lag vor mir, die auch eine Chance barg.

Ich nahm nach und nach die Kartons von den Regalen und trug sie auf den Boden vor dem Balkon. Ein guter Platz, wie ich fand, um mich durch den Inhalt alter Kartons zu wühlen. BRIEFE, stand mit Filzstift geschrieben auf dem ersten. Wann war die Zeit vorbeigegangen, in der man sich mit Freunden Briefe geschrieben hatte?, überlegte ich. Ich las den Absender eines Briefes. Er war vor zwanzig Jahren von einer Freundin geschrieben worden. Ich warf ihn ohne zu zögern in die neben mir liegende Mülltüte. Die verflossene Freundin nahm keinen Platz mehr in meinem Herzen ein und würde es auch nie wieder tun. Es waren Zeilen, die ihre Bedeutung verloren hatten. Über andere Briefe freute ich mich beim Lesen und legte sie in die Schachtel zurück, um sie irgendwann wieder zu lesen. Danach folgten Kartons mit Aufschriften wie WEIHNACHTEN, OSTERN oder ERINNERUNGEN. Aber was waren die Erinnerungen wert, wenn ich mich nicht mal mehr an sie erinnern konnte? Meine eigenen Erinnerungen, die zu schwach waren, um sie im Kopf nachhaltig zu verankern.

Der Umfang der Mülltüte schwoll an. Weitere Haufen mit Andenken und Nippes wie ausländische Bierdeckel, bedruckte Zuckertüten und grausige Werbe-Caps nahmen Teile des Bodens ein. Einen Berg wollten wir auf Flohmärkten verkaufen und ein weiterer sollte verschenkt werden. Ich zog keinen Nutzer mehr aus den aussortierten Gegenständen. Sie waren für mich stattdessen zu Ballast geworden. Dafür waren sie trotzdem für andere noch nicht wertlos. Flohmärkte waren ein guter Ort der Bodenhaftung und Besinnung, denn die meisten suchten in der Frühe nicht nach nostalgischen Klassikern oder verschollenen Kunstwerken, sondern hatten wenig Geld, um sich Neues zu kaufen.

Nach einer Weile ragten immer mehr Kartons vor mir auf. Ich fand Gefallen am selbst verordneten Häuten. Mit dem Umfang der aussortierten Sachen wuchs mein Stolz, aber auch mein eigenes Unverständnis. Ich konnte mir nicht erklären, warum ich über Jahre hinweg Raum in der Schmetterkammer verschwendet hatte, um anderes weiterhin in der Wohnung zu horten. Auch bei uns standen in der Wohnung überflüssige Dinge, für die wir scheinbar zu wenig Stauraum hatten und die sich nie aus den Augen verbannen ließen. Von Raumknappheit und Enge in einer Hundert-Quadratmeter-Wohnung zu sprechen war wirklich irrwitzig. Ich musste mir an den Kopf fassen. Manchmal fiel einem die eigene Meise zu offensichtlich auf.

Ich fand immer mehr Gefallen an meiner Aufgabe und schwelgte dabei in meiner eigenen Gedankenwelt: unser Privileg, vieles kaufen zu können, engte uns teilweise ein oder war zu Ballast geworden. Dabei gehörten Ingo und ich noch nicht einmal zu den Verirrten, die in Massen von Prestige- und Konsumobjekten versanken, nur um in einer bestimmten Gesellschaftsschicht mitspielen zu können oder von ihr akzeptiert zu werden. Wir waren auch nicht zu materiell Abhängigen mutiert, die ihr Selbstwertgefühl durch Identifikationsmerkmale zur Schau tragen mussten, wie Schweineohren ihre Herkunftsmarke. Aber viel Unnützes oder mehrfach Vorhandenes gab es bei uns trotzdem reichlich. Redundanz, was für ein böses Wort, dachte ich nun.

Ein Foto flog mir beim Anheben eines Buches entgegen. Vor meinen Füßen lag die Abbildung meiner US-amerikanischen Gastfamilie. Das Foto stand für so viel mehr als nur ein normales Erinnerungsfoto. Es war in meinen Augen ein sinnvoll ausgegebenes Geld gewesen: Ich hatte mit der Note fünf auf dem Gymnasium das Schulfach Englisch abgegeben. Mit der Tatsache, dass mir dieses Instrument zur Verständigung auf ewig vorenthalten werden sollte, konnte und wollte ich mich allerdings nicht abgeben. Die Sprache war das Werkzeug, um mir einen kleinen Eintritt zu anderen Kulturen zu ermöglichen, und den wollte ich unbedingt. Ich machte mich also nach der Schule selbst auf den mühsamen Weg, Englisch durch Auslandsaufenthalte und unzählige Sprachkurse zu lernen. Damals wohnte ich sechs Monate bei einer US-amerikanischen Gastfamilie in Boston und besuchte dort Sprachkurse. Um den Auslandsaufenthalt finanzieren zu können, passte ich als Gegenleistung auf ihre zwei Kinder auf.

Ich schaffte mir damit einen Wert im Kopf und bereicherte mich ganz persönlich. Nichts zum Zeigen, Anfassen oder Angeben. Mit dem Verdienst meiner Studentenjobs hatte ich mir unsichtbares Wissen eingekauft. Mein Ziel war für andere unsichtbar, aber für mich die Erfüllung eines bedeutsamen Wunsches. Englisch half mir, mich mit Menschen unterschiedlichster Nationen zu unterhalten.

Mittlerweile hatte ich aber immer mehr den Eindruck, dass Fremdsprachen als Indikator für den gesellschaftlichen Status herhalten mussten. »Mein Kleinkind spricht schon zwei Fremdsprachen. Das Sprachfenster öffnet sich im Babyalter und wird von uns durch spielerische Nachhilfe gefördert.« Sätze wie diese hörte man häufiger.

Das war lobenswert. Wenn aber das Kind in seiner Muttersprache nichts Gescheites zu sagen hatte, dann auch in keiner anderen eingetrichterten Fremdsprache. Mit einer neu erlernten Sprache musste doch auch die Neugier auf fremde Menschen und andere Kulturkreise geweckt werden, so empfand ich es zumindest. Ansonsten würde das theoretische Wissen nur einem vollgestopften Bücherregal ähneln, dessen Bücher nie gelesen oder deren Inhalte nie verstanden wurden. Die Bücher blieben das, was sie waren: bedruckte Seiten. Nicht weniger, aber auch nicht mehr. Oder musste der Dreikäsehoch mit seinen Sprachfähigkeiten nur die Suppe von Versäumnissen seiner Erziehungsberechtigten auslöffeln?

Nach der Befreiungstat in der Schmetterkammer tobte ich meinen Drang des Häutens weiter in der Küche aus. Mein T-Shirt klebte bereits nass geschwitzt an meiner Haut. Ich geriet regelrecht in einen Aufräum- und Entsorgungsrausch.

Jeder mochte Aufbewahrungskörbe vom schwedischen Möbelhaus. Ich auch, denn dadurch sah alles so herrlich aufgeräumt aus. Dinge konnten aus den Augen verbannt und in dunkle Tiefen verdrängt werden. Die alten Bonbons am Boden der Körbe zerfielen ungesehen zu Staub. Und die abgelaufenen Verfallsdaten der Nudelpackungen mit der Tannenbaumpasta, den roten Spaghetti oder Trüffelnudeln sah darin auch keiner. Die Nudeln waren Mitbringsel, Geschenke, Langeweileeinkäufe und Besonderheiten gewesen, aber bestimmt keine schlichten Grundnahrungsmittel.

Ich holte auch einen fabrikneuen Tortenheber und ein unnützes Wiegemesser von Tchibo aus der tiefen Versenkung. Beides hatte ich nie gebraucht. Sie schlummerten nun schon jahrelang von mir ignoriert am Boden eines Aufbewahrungskorbs. Zumindest hingen keine Preisschilder mehr dran. Für die meisten Aufgaben in der Küche benutzten wir sowieso das große Messer, das im Messerblock auf der Anrichte stand. Zwischen mir und den Gegenständen von Tchibo bestand keine Verbindung. Sie waren völlig charakter- und wurzellos. Sie bestachen nicht einmal durch simple Schönheit oder Individualität.

Würde ich dagegen einen gravierten Tortenheber meiner Großmutter in den Händen halten, hätte kein Stück Kuchen über die schnöde Klinge eines Messers springen müssen. Ich wäre achtsam mit meinem Lieblingsstück umgegangen. Nicht wegen seines materiellen Wertes, sondern weil es von Oma war. Als sie noch lebte, lag das wenige kostbare Geschirr im Schrank in »der guten Stube«. Vieles schlummerte in seiner Originalverpackung, in die es nach jedem Gebrauch zurücksortiert worden war, jede Gabel für sich und dadurch kratzfrei. Das gute Besteck zierte nur an ausgewählten Tagen den Esstisch. Die schönen Dinge wurden weggelegt und aufgespart, für Tage, die niemals gekommen oder viel zu schnell vorbeigezogen waren. Das war das andere Extrem zum heutigen Konsumverhalten, dachte ich wehmütig. Ich drehte den nichtssagenden Tortenheber von Tchibo in meiner Hand. Daher kam wohl auch der Ausspruch: »Dinge, die die Welt nicht braucht.«

War es mein Geld gewesen, dass für diese Sinnlosigkeit verschwendet worden war oder das Geld eines anderen? Selbst das wusste ich nicht mehr. Oder war es in einem dieser Momente gekauft worden, in dem es egal gewesen war, wofür das Geld ausgegeben wurde?

Manchmal saß das Geld einfach locker in der Tasche, gestand ich mir selbst ein. Waren eigentlich alle Verdiener und Geldbesitzer in unserer Industrieheimat zum Konsum verdammt?, fragte ich mich skeptisch. Denn rein rational verteufelten wir doch die globalen Folgen des Konsums und standen dem Wirtschaftswachstum kritisch gegenüber. Wir kannten nicht nur die schillernde Fassade, sondern auch was dahinter steckte.

Aber beim Shoppen kam das logische Denken einfach öfters ins Stocken oder glich einem Totalausfall. Auch ich sehnte mich manchmal nach verführerischen neuralgischen Feuerwerken. In meinen Gehirnwindungen und Eingeweiden sollten Glückshormone explodieren. Das passierte nicht oft, aber wenn, dann richtig. Ich wollte mir in den Momenten »etwas gönnen«, eine Phrase so wahr wie abgedroschen.

Dabei war Konsum manchmal nicht mehr als eine Selbstbelohnung, ein lobendes Kopfstreicheln und eine erkaufte Anerkennung. Spendierfreudig wurde das Schmerzensgeld für getane Arbeit ausgegeben. Das gezahlte Geld war eine Art Opfergabe an die verflogene Lebenszeit. Zeit, die man wiederum mit dem Geldverdienen verbracht hatte. Bei einigen Menschen schien Konsum sogar eine Möglichkeit zu sein, das innere Vakuum auszufüllen. Auch wenn es dadurch den luftleeren Raum an Selbstwertgefühl, Lebensinhalt, Liebe, Freude, Anerkennung und Aufregung nicht nachhaltig schließen konnte. Es hielt für einen kurzen Augenblick an, bevor es wieder vorbei war.

Ich legte den Tortenheber in einen Karton zu den ebenfalls aussortierten Sachen für den Flohmarkt. Inzwischen standen alle Küchenschränke auf und vieles lag auf dem Boden verstreut herum. Ich erstarrte in dem Bemühen, angestoßenes Geschirr auszusortieren und schaute regungslos auf einen Teller. Die Erinnerung an vergangene Jahre wog schwer. Ingo und ich hatten unser Leben mit vielen großartigen Inhalten gefüllt, aber manchmal auch mehr konsumiert als bewusst genossen.

Wir hatten immer noch eine Schippe des Angebots einer Großstadt und der Welt obendrauf geladen: Einladungen, Essen, Konzerte, Veranstaltungen, Ausstellungen und Reisen. Einen Teil unseres Lebens und vor allem unserer Freizeit ließen wir dadurch von anderen gestalten. Wir konsumierten das Gefühl eines unbegrenzten und scheinbar ausgefüllten Lebens mit vollen Terminkalendern. Vielen Versuchungen konnten wir nicht widerstehen. Selbst Erlebnisse wurden zum Konsumartikel.

Das, was ich nun aus den Schränken kramte, war lediglich ein sichtbarer Teil des Konsums, seufzte ich. Dahinter stand viel mehr. Die Lebenseinstellung unserer Gesellschaft.

Ich sortierte, entrümpelte, schmiss weg und gönnte mir nur eine kurze Pause, um etwas zu essen. Erst als die Schatten länger wurden und die Sonne knapp oberhalb des Horizonts stand, konnte ich erfolgreich mit der selbst auferlegten Aufgabe aufhören.

Ich war gerade fertig, als ich Schritte auf der Holztreppe hörte. Der Schlüssel drehte sich im Schloss. Ingo sah glücklich aus, als er mit zerzausten Haaren in die Wohnung kam. Sein Blick schweifte lächelnd über die vielen Kartons, die gestapelt in den Ecken standen. »Sieht ziemlich chaotisch bei dir aus.«

Ingo kam zu mir an die Balkontür und stellte sich hinter mich. Umschlungen schauten wir raus in die untergehende Sonne. Im Gras zirpten die ersten Grillen. Ein dunkler Schatten einer Fledermaus flog um das Licht der Straßenlaterne. Die letzte Helligkeit des Sommertages hing sanft in der Abendluft.

Eine intensive Vertrautheit umgab uns. Die Monate der Krankheit hatten uns noch mehr zusammen geschweißt. In guten, wie in schlechten Zeiten. Auch ohne Ehering.

»Ich habe mich gehäutet«, sagte ich siegessicher und stolz.

»Und, ist noch viel von dir übrig geblieben?«, neckte er zurück.

»Das Wesentliche kommt langsam wieder zum Vorschein. Warte ab, bis du in deine Kartons abtauchst, in die vielen Selbstbelohnungen und Ablenkungen.« Ich ließ das Schweigen für mich sprechen. »Ziemlich ernüchternd«, zog ich mein Resümee des Tages. »Aber es ist ein guter Tag gewesen.«

Und das war erst der Beginn, ahnte ich. Nach dem materiellen Ballast würde der immaterielle folgen.

**Birte Konsum** Statussymbole **Ruin Korruption**
**Polizeimarke** Kavaliersdelikt **Religiosität** Buenos Aires
**Verzicht** Bedürfnis | freigelassen Argentinien Winter auf der Südhalbkugel

**W**ir hatten Argentinien in seiner gesamten Länge und Breite in einer Art Zickzackkurs bereist. Auf den vielen tausend Kilometern kamen wir mit Lebensbedingungen in Kontakt, die für uns nicht zu diesem entwickelten, westlich orientierten Staat passen wollten. Es gab ein enormes Wohlstandsgefälle zwischen den unterschiedlichen Bevölkerungsschichten und Regionen des Landes. Besonders gravierend fiel uns dies am Fluss Paraná auf: Dort standen protzige Villen mit eigener Luxusjacht am Bootssteg. Nicht einmal einen Steinwurf entfernt, auf der anderen Flussseite, lebten ihre mittellosen Nachbarn auf Müllhalden unter Plastikplanen neben Abwassergräben am Straßenrand. Der Fluss trennte reich von arm.

Bereits vor unserer Reise hatten wir über Argentinien gelesen, dass kaum eine andere Nation sich innerhalb eines Jahrhunderts so gründlich in den Ruin gewirtschaftet hatte. Das, obwohl das Land zu den reichsten Nationen der Erde gehört hatte. Und, obwohl das Land – mit knapp vierzig Millionen Einwohnern und einer Landfläche, die ungefähr das Achtfache der deutschen Fläche ausmacht – reich mit Bodenschätzen und natürlichen Ressourcen gesegnet ist.

Wir durchquerten weite, menschenleere Landschaften mit ölfördernden Pumpen, sahen Lastwagen auf dem Weg zu den ertragreichen Minen und streiften endlose Zäune der Schaf- und Rinderweiden.

»Der Fisch stinkt vom Kopf«, skandierten oft die Einheimischen, die schnell auf das Thema des bankrotten und korrupten Staats zu sprechen kamen. Die Regierung hatte über lange Zeiträume ausgegeben, was gar nicht vorhanden war. Das Volk verfiel ebenso der Verschwendungssucht, die von den Mächtigen vorgelebt wurde. Blind und kopflos folgten die Argentinier der Führung ins Verderben und rissen nachfolgende Generationen mit.

Wo war die unbeschwerte Leichtigkeit des Latinolebens im Land des Fußballs geblieben?, fragten wir uns mehr als einmal. Die Bevölkerung agierte teilweise mit einer Lethargie, die vermuten ließ, dass für sie nichts mehr mühelos zu erreichen war. Geldverdienen und das eigene Leben zu bestreiten schon gar nicht.

Nachdem Ingo und ich ein halbes Jahr den südlichen Teil des südamerikanischen Kontinents bereist hatten, verließen wir nun endgültig den Gebirgszug der Anden, um in nordöstlicher Richtung zu den größten zusammenhängenden Wasserfällen in Iguazú und später nach Paraguay, Südbrasilien und Uruguay zu reisen.

Wenige hundert Kilometer von den Wasserfällen entfernt fuhren wir durch eine argentinische Kleinstadt. Plötzlich sprang ein uniformierter Polizist aus einer Wache am Straßenrand. Er hatte anscheinend unseren ausländischen Camper von weitem gesehen und gestikulierte wild mit erhobenen Armen, um uns anzuhalten.

Ich verdrehte die Augen und fragte Ingo: »Der wievielte korrupte Polizist ist der da auf unserer Reise?«

Auf bestechliche Schurken mit Polizeimarke waren wir in vielen Ländern gestoßen. Mal dreist, mal lustig, mal vehement fordernd, mal mit Blaulicht oder ohrenbetäubender Sirene. Sie fühlten sich in ihrer Position mächtig genug, um zusätzlich zu ihrem Gehalt noch weitere Geldquellen anzuzapfen. Bestechung und Korruption waren anscheinend auch in Argentinien ein Kavaliersdelikt. Andere Reisende hatten uns bereits vor den speziellen Schikanen und Fallen der Polizei insbesondere in dieser Region gewarnt.

»Komm schon«, sagte Ingo lächelnd zu mir. »Der Schupo sieht doch ganz freundlich aus. Schau mal, wie nett er uns anlächelt in seiner schicken Uniform.« Wir bogen auf den staubigen Randstreifen, machten den Motor aus und warteten ab.

Ich schaute in den Rückspiegel und beobachtete den Polizisten, der gewichtig um unseren Wagen herumlief. Er schaute sich offensichtlich jedes Details an, obwohl es aus unserer Sicht nichts zu beanstanden gab. Wir hatten an der ersten argentinischen Grenze vorsorglich alle geltenden Vorschriften mit einem Verantwortlichen der Nationalpolizei abgeklärt. Selbst die zusätzlich erforderlichen Reflektoren hatten wir gemeinsam mit ihm aufgeklebt.

Ingo drehte die Scheibe herunter, als der Uniformierte sich vor dem Fahrerfenster aufbaute. Dieser richtete direkt seine Fragen an den »Mann«, an Ingo, der aber schweigsam und unbeteiligt blieb. Stattdessen antwortete ich. Wir klärten ihn nicht auf, dass ich einfach besser spanisch sprach und deshalb die Konversation übernehmen musste. Die Mimik des Polizisten verriet seine Verstimmung, denn offensichtlich wollte er sich nur mit einem anderen Vertreter seines Geschlechts messen und nicht mit mir, einer Frau.

Nach einem kurzen Geplänkel kam er zur Sache. Er verlangte alle Dokumente, darunter auch die Fahrzeug- und Importpapiere. Wir reichten ihm echt aussehende Farbkopien, jedoch kein Bestechungsgeld. Die meisten Tricks und Kniffe hatten unter den Reisenden die Runde gemacht. Mit jeder Polizei- und Militärkontrolle oder Zoll- und Hafenbehörde wuchsen auch unsere eigenen Erfahrungen. Wir hatten einzuschätzen gelernt, wann sich Gegenwehr lohnte und wann wir besser ohne ein Wenn-und-aber die Spielregeln und Anweisungen befolgten.

Der Polizist forderte uns auf, ihm das Innere des Campers zu zeigen. Ich stieg aus dem Wagen und ließ ihn die Wohnkabine durchsuchen. Wonach er suchte, wollte er mir nicht verraten. Zumindest verriet sein Gesicht, dass er erfolglos war. Der Kontrollgang rund um den Camper ging weiter. Er verbiss sich wie ein kleiner Terrier und wollte auf keinen Fall kampflos, und vor allem nicht geldlos, von uns ablassen. Die Dollarzeichen in seinen Augen flackerten wie die Gewinnanzeige eines Spielautomaten.

Seine Vorwürfe angeblicher technischer Mängel entkräftete ich charmant. Als ich dem argentinischen Gesetzeshüter auch noch freudestrahlend den zweiten Feuerlöscher und ein altes Bettlaken, das als Leichentuch bei möglichen Verkehrsunfällen dienen sollte, zeigte, schien er sich geschlagen zu geben.

Doch plötzlich zog er ein weiteres Register seiner verliehenen Staatsmacht und beschuldigte uns der Geschwindigkeitsübertretung.

Ich musste beinahe laut loslachen, weil er einfach nicht aufgab. Ich schaute ihn an: »Okay, wenn wir etwas falsch gemacht haben, dann zahlen wir selbstverständlich die Strafe. Im Gegenzug erwarte ich allerdings, dass Sie uns dieses Formular für die Deutsche Botschaft ausfüllen.«

Ich reichte ihm das angebliche Formblatt. Es sollte seine Personalien, den Grund des Bußgeldes und noch weitere Informationen für die deutsche Botschaft erfassen. Mittlerweile konnte jedes Computerprogramm aus einfachen Papierfetzen wichtige und vor allem offiziell wirkende Schreiben machen. Die Illusion eines amtlichen Dokuments lag bei nahezu hundert Prozent. »Oben schlägt unten« funktionierte besonders in hierarchischen Strukturen. Unser freundlicher obrigkeitshöriger Polizeiterrier ließ nun endlich von uns ab. Zähneknirschend gab er uns ein Zeichen zur Weiterfahrt.

Ich stieg zurück in den Wagen und wir fuhren mit einem breiten Grinsen weiter.

»Das war doch ein wirklich netter Polizist«, sagte Ingo und lachte dabei. »Weißt du eigentlich wie Argentinier Selbstmord begehen?«

»Indem die uniformierten Männer an ihrem extrovertierten Machogehabe ersticken?«, antwortete ich leicht genervt.

»Gar nicht so schlecht. Nein, sie steigen auf ihr großes Ego und springen herunter.«

Wir hatten noch zwei weitere Herausforderungen an diesem Tag und mussten uns erneut Verkehrskontrollen stellen. Aber auch diese blieben für die Uniformierten erfolglos.

Einer unserer letzten Abschnitte der zweieinhalbjährigen Auszeit führte uns in die nordöstlichen tropischen Regionen Argentiniens. Wir machten einen Abstecher nach Paraguay, fuhren weiter durch Südbrasilien an den Atlantischen Ozean, schlängelten uns an der schönen Küste Uruguays entlang bis in die argentinische Hauptstadt Buenos Aires.

Nachdem wir in der Stadt eingetroffen waren, fuhren wir in den Hafen, um unser Fahrzeug für die Verschiffung abzugeben. Unser fahrbares Zuhause sollte auf ein Schiff nach Hamburg verladen werden; wir würden von hier aus nach Deutschland zurückfliegen.

Wir verbrachten Stunden in diversen Hafenbüros, bis unser Agent alle Papiere abgestempelt in seinen Händen hielt und der Camper auf Drogen, Geld, Waffen und andere potentielle Schmuggelobjekte kontrolliert war. Dieses Mal hatte kein Zollhund angeschlagen. Und auch das Großröntgengerät zeigte bei der Durchleuchtung des gesamten Fahrzeugs nichts Zweifelhaftes an.

Unser Camper hatte ohne nennenswerte Pannen oder technische Zwischenfälle sein Ziel erreicht. Mit sechsundsiebzigtausend Kilometern mehr auf dem Tachometer.

Nachdem alles im Hafen erledigt war, wollte Ingo in unserer Unterkunft bleiben. Ich nutzte am späten Nachmittag die Gelegenheit mich allein durch die Straßen von Buenos Aires treiben zu lassen.

Ich schlenderte durch die »Calle Florida«, die Haupteinkaufsstraße im Zentrum von Buenos Aires und nahm für mich allein Abschied. Nicht nur von Argentinien, sondern auch von den vergangenen zweieinhalb Jahren unserer Reise. Ich ließ mich mitreißen vom Strom der belebten Geschäftsstraße, ohne selbst die Richtung bestimmen zu wollen. Ich suchte nichts. Ich wollte einfach nur stille Beobachterin sein und zum letzten Mal die Eindrücke einer anderen Kultur einsaugen.

Der Feierabend begann. Angestellte verließen allmählich ihre Büros, um die Angebote der Stadt zu nutzen. Große Einkaufstaschen mit edlen Kordeln und Goldaufdrucken, aber auch schnöde Plastiktüten hingen trophäenartig in den Armbeugen ihrer neuen Besitzer.

Die argentinische Mentalität ließ es anscheinend nicht zu, Neuanschaffungen und Prestigeobjekte mit einer Kultur der »leisen Töne« zu präsentieren. Jede Chance wurde genutzt, um aufzufallen und sich die Bewunderung von Nachbarn und Freunden zu sichern. Bescheidenheit schien keine argentinische Tugend zu sein, zumindest ab einer sozialen Gesellschaftsschicht, die nicht mit Armut kämpfen musste. Konnte ein Fuß auf die Sonnenseite des Lebens gestellt werden, wurde vor allem in materieller Hinsicht alles ausgekostet und überreizt. Viele Einheimische griffen dabei jedoch nach den Sternen und verloren schnell den Boden unter ihren Füßen.

Das Resultat konnten wir nach Auszahlung der monatlichen Löhne in den Supermärkten beobachten. Die Ausgelassenheit vermittelte eine Atmosphäre, als hätten die Geschäfte einen »Tag der offenen Tür« mit unendlichen Gratisangeboten. Die Kundschaft verfiel in einen Konsumrausch und Einkaufswagen wurden zum Bersten gefüllt. Doch das kalte Erwachen kam unmittelbar an der Kasse. Dort musste eine Familie vor uns in der Warteschlange ernüchtert feststellen, dass sie nicht genügend Geld für ihren massenhaften Einkauf besaß. Eigens für diese Fälle abgestellte Mitarbeiter wurden herangeklingelt und räumten den Berg an Produkten wieder zurück in die Regale. An anderen Kassen sahen wir eine ähnliche Prozedur. Die geplatzten Träume der Konsumenten räumte keiner weg.

Trotz des angebrochenen Feierabends gingen die Argentinier in der Einkaufsstraße mit zügigen Schritten. Die Absätze erzeugten auf den Gehwegplatten einen gleichmäßigen Rhythmus. Ich blieb stehen, weil mich eine laute Stimme aus meiner verträumten Beobachtung riss.

»Du solltest dich schämen«, rief eine ältere Frau einer jüngeren zu. Die Ältere trug einen eleganten Mantel und das Haar war perfekt frisiert. Auf ihrem Gesicht zeichnete sich eine starke Erregung ab, als sie laut rief: »Du solltest arbeiten, anstatt deinen Jungen zum Betteln auf die Straße zu schicken.« Ihre Stimme überschlug sich vor Betroffenheit.

Die angesprochene junge Frau lächelte sie hochnäsig an. Sie war stark übergewichtig und trug die Art Körperfett, die durch minderwertige und ungesunde Nahrungsmittel entstand. Ihr Körperumfang war das Gegenteil zur Unterernährung, aber Ausdruck ihrer Armut. Ein kleiner Junge saß zu ihren Füßen und hielt ein Akkordeon. Er war kein Kind, das mit musikalischen Einlagen in der Einkaufsstraße sein Taschengeld aufbessern wollte. Der bettelnde Junge trug durchlöcherte, schmutzige Kleidung. Eine Sammeldose stand ohne Inhalt vor ihm. Die hatte seine Mutter wahrscheinlich zuvor geleert, mit der Absicht ihren Sohn schnell und unbemerkt wieder verlassen zu können. Dabei war sie von der älteren Frau beobachtet worden, die sie nun laut zur Rede stellte. »Du solltest arbeiten, nicht dein Junge«, hallte es durch die Straßenschlucht. Der kleine Junge saß unbeteiligt an einer Hausmauer. Die finanzielle Last der Familie schien auf seinen zarten Schultern zu liegen, und er fing wieder – wie ferngesteuert – zu spielen an. Als gäbe es nur eine Aufgabe für ihn, die er ohne Unterlass zu erfüllen hatte. Seine Umgebung schien er vollkommen auszublenden. Die Mutter hatte genug von der lautstarken Auseinandersetzung und stahl sich um die nächste Hausecke davon. Nur die Töne des Akkordeons blieben.

**274**

Einige Meter entfernt von dem Jungen schoben sich die Passanten in die noble Einkaufspassage »Galerías Pacífico«. Auch ich ließ mich dorthin treiben.

In unmittelbarer Nähe des bettelnden Kindes wirkte die luxuriöse Umgebung fast zynisch. Sicherheitspersonal bewachte an den Eingangstüren das glamouröse Gebäude. Ihre Uniformen trugen akkurate Bügelfalten. Die Männer strahlten Seriosität aus und mit den Waffen an ihren Gürteln zusätzlich Kontrolle und Macht.

Diese Passage für solvente Kunden glich vielen luxuriösen Einkaufsgalerien überall auf der Welt. Es fiel jedoch auf, dass die »Galerías Pacífico« nicht zur Kategorie gehörte, in denen gelangweilte Jugendliche nach der Schule abhingen und Senioren sich stundenlang auf den Bänken ihre Einsamkeit vertrieben. Hier blinkte nichts in schrillen Neonfarben oder störte auf eine andere Weise das ästhetische Gesamtbild. Vergoldete Treppenläufe führten die Besucher über Hochglanzböden auf drei Ebenen. Die Fassaden einzelner Läden mit hohen Säulen und aufwendigen Stuckarbeiten verschmolzen zu einer Straßenflucht und glichen einem alten und ehrwürdigen Stadtteil. Große Springbrunnen und ein raffiniertes Lichtspiel täuschten darüber hinweg, dass man sich nicht im Freien bei Tageslicht befand.

Dass ich mich leisen Schrittes bewegte, bemerkte ich erst, als ich direkt unter einer gigantischen Kuppel stand. Ich stoppte überrascht und schaute nach oben. Der Kuppelbau der Einkaufspassage versprühte die Erhabenheit eines Gotteshauses. Den gemalten Figuren an der Decke standen, wie auch in kirchlichen Sakralbauten, Leiden ins Gesicht geschrieben. Es schwebten hüllenlose Frauen mit langen blonden Haaren durch die Lüfte. Manche hielten ihre ebenso nackten Kinder auf den Armen. Wohlgeformte Brüste und rundliche Pobacken rekelten sich auf dem Putz der Decke. Die Treppen unterhalb der Kuppel führten zu einer Empore, ähnlich einer Kirchenkanzel.

Nun hatten es Fresken sogar in einen Einkaufstempel geschafft, dachte ich noch nicht einmal verblüfft. War es soweit gekommen, dass Konsum die neue Religion war und sich damit ein neuer Glaube unbemerkt verbreiten konnte? Ich fragte mich, wo das erlösende Heil gesucht werden sollte? Zwischen den Regalen in den glamourösen Läden? Waren die Einkäufe und aufwendigen Verpackungen unsere neuen Insignien, die Devotionalien des Konsums?

Mein Nacken verkrampfte sich vom Hochschauen auf die Fresken der Kuppel. Eine Frau rempelte mich mit großen Tüten in der Armbeuge unsanft an. Sie stolzierte ohne ein Wort der Entschuldigung mit einem Mobiltelefon in einer Hand und einem Pappbecher mit Kaffee in der anderen. Selbst auf ihren mörderisch hohen Absätzen geriet sie nach ihrem Rempler nicht ins Straucheln. Vielmehr schaute sie mich nur kurz abschätzend an, als würde sie mir sagen wollen, dass ich gefälligst nicht tagträumend in der Gegend herumzustehen habe.

Ich sah in die Gesichter der einkaufenden Menschen und ließ die Atmosphäre auf mich wirken. Was machten sie, wenn die schillernde Welt des Konsums so verlockend war, aber sie nicht das nötige Kleingeld hatten? Bei meiner Frage erinnerte ich mich an die korrupten Polizisten. Es gab eben verschiedene Möglichkeiten, sich zusätzliches Geld zu beschaffen, um intensiver in die Konsumwelt einzutauchen. Korruption war eine davon.

Ich stand inmitten dieses Konsumtempels und schaute an mir herunter: Während der letzten zweieinhalb Jahre hatte ich meinen persönlichen Bedarf an Kleidung reduziert. Klamotten wurden wieder aufgetragen. Meine Turnschuhe hatten mich bereits viele Kilometer weiter als während eines üblichen Produktlebens gebracht. Ich hatte eine meiner besseren Jeanshosen an, die allerdings auch von einem Kaktus am Bein durchlöchert war. Und mein orangefarbener Fleecepullover hatte zwar unterwegs die Farbe eingebüßt, aber wärmen tat er mich noch immer.

Wann hatte ich das letzte Mal Kleidung wirklich aufgetragen? Ich konnte mich auch nicht mehr daran erinnern, dass ich vor unserer Reise irgendetwas Größeres selbst genäht hatte. Nun tat ich es. Lieblingssachen blieben dadurch länger in Gebrauch. Stoffflicken wurden sorgfältig per Hand auf unsere Hosen genäht. Interessanterweise glichen diese dem modernen Look. War es nicht dekadent, dass wir als Konsumenten zerfledderte, fadenscheinige Neuware als »Vintage« mit »Used-Look« akzeptierten? Und dafür auch noch einen hohen Preis bezahlten!, dachte ich beim Blick auf meine Hose.

Im Vergleich zu den meisten Menschen in dieser noblen Einkaufspassage wirkte ich nicht elegant, sondern eher sportlich gekleidet. Ich fühlte mich nicht unwohl inmitten von Pumps, Hosenanzügen, Blusen und Lippenstift. Aber ich war hier nicht mehr so unbeschwert bezüglich meines modischen Erscheinungsbildes wie die vielen Monate zuvor. Die Maßstäbe hinsichtlich des Dresscodes begannen sich in dieser Großstadt mit ihrer Atmosphäre des Konsums merklich zu verändern. Aber egal, wie ich gekleidet war, ich erhielt den Bonus einer westlich aussehenden Touristin. Sogar in meinem selbstkreierten Vintage-Look ließ mich jedes Fünf-Sterne Hotel ihr Klo benutzen oder mich an der exklusiven Dachterrassenbar etwas trinken. Westlich, hellhäutig und blond wurde vielfach mit wohlhabend und respektabel gleichgesetzt, auch wenn die Kleidung dies nicht ausstrahlte.

Es war interessant, wie unterschiedlich die Menschen unterwegs auf unser Erscheinungsbild reagiert hatten. Häufiger fielen Blicke über unsere abgetragene Kleidung, das nicht vorhandene Make-up, fehlende Prestigeobjekte wie Schmuck und Uhren. Wir entsprachen nicht dem gewöhnlichen Bild von ausländischen Pauschaltouristen. Polizisten, Kellner, Hotelbesitzer oder Mechaniker, sie alle konnten uns schwer einschätzen.

Ich verließ die noble Einkaufspassage und sah in meiner Kleidung in Jeans, Turnschuhen und Fleecepullover wieder wie eine von vielen im Strom der Passanten aus.

Ingo und ich hatten einige unserer Verhaltensweisen während der Tour verändert, dachte ich zurück. Es gab keine Gründe mehr für schnellen Konsum, Selbstbelohnungen oder Entschädigungen nach arbeitsreichen Wochen. Nur kleine Erinnerungsstücke wie Alpaka-Wollmützen oder geknüpfte Stoffarmbänder hatten es bis in unseren Camper geschafft. Der Platz dort war begrenzt, deshalb waren wir gezwungen uns jeden Kauf mehrfach und gründlich zu überlegen. Zu viele Dinge würden uns einengen. Außerdem stellte alles Wertvolle einen Anreiz für Diebe dar. Beim Einbruch in unseren Camper in Kanada mussten wir hautnah erleben, dass Materielles vergänglich, aber auch vielfach nicht wichtig war.

Es war für uns spannend festzustellen, wie wenig wir auf unserer Reise wirklich brauchten! Oft hatten wir uns wochenlang keiner Großstadt angenähert. In abgelegenen Naturparks und kleinen Orten waren wir meist fern von jeglicher Werbung und gesellschaftlichen Dresscodes gewesen. Dadurch wurden die künstlich stimulierten Bedürfnisse von den natürlichen und essentiellen abgelöst. Mit diesem Abstand war es für uns leicht geworden, die fremdgesteuerten Bedürfnisse als das zu enttarnen, was sie waren: sinnlos und manches Mal überflüssig.

Unter diesen Umständen erhielten wir die Möglichkeit, unsere echten Bedürfnisse neu zu entdecken. Das fing beim Einkauf unserer Lebensmittel an. Wir aßen wieder das, wonach unser Körper verlangte, möglichst frisch und je nach Jahreszeit und Region auf den kleinen Straßenmärkten von lokalen Bauern angeboten. Ohne Verpackungsmüll und fast ausschließlich ohne Spritzmittel. Diese, konnten sich die Kleinbauern ohnehin nicht leisten.

Es gab nicht viel, was wir vermissten. Und wenn, dann waren es eher einfache Dinge wie ein Vollkornbrot. Die Freude war riesig, als wir einen deutschen Bäcker mit Sauerteigvollkornbrot in den ecuadorianischen Anden entdeckten.

Ohne Frage ist es schön, sich etwas kaufen zu können, dachte ich nun inmitten des unbegrenzten Wohlstands. Darauf wollte ich auch in Zukunft nicht verzichten. Unsere Reise hatte uns nicht zu absoluten Konsumverweigerern mutierten lassen. Manche Dinge genossen wir zu sehr, qualitative Lebensmittel gehörten eindeutig dazu. Auch unser Camper war für uns ein angenehmes Luxusgut. Aber selbst die Art und Größe unseres Fahrzeugs stellten wir mittlerweile in Frage. Wir wären auch mit einem kleineren Wohnmobil zufrieden gewesen, oder mit Fahr- oder Motorrädern, im Grunde mit allem, was uns unabhängig fortbewegt hätte.

Mittlerweile empfanden wir es als besonders erfüllend, uns der Optionsvielfalt bewusst zu sein und eine eigene Wahl sinnvoll treffen zu können. Immer öfter stellten wir uns Fragen wie »Brauche ich es wirklich oder verfalle ich einem spontanen Kaufimpuls? Hält die Zufriedenheit über einen längeren Zeitraum an oder sind es nur einige Stunden der Erfüllung, die der Kauf bringt? Was kostet es? Dazu gehörte für uns nicht nur das Geld, sondern auch der Einsatz, um es zu verdienen.«

Sprachen wir wie selbstverständlich vor unserer Reise davon, dass wir auf etwas verzichten MUSSTEN, bekam das WENIGER auf der Tour eine völlig neue Qualität. Die »Kultur des Weniger« wurde zur Bereicherung. Wir empfanden sie nicht mehr als Verlust. Den subtilen Aufforderungen zum Kauf kopf- und kritiklos nachzugeben und mühsam verdientes Geld auszugeben reduzierte unsere Lebensqualität. Wir durften erfahren, dass wir mit unseren Entscheidungen gegen sinnlosen Konsum und dem wieder erlangten Bewusstsein ein besseres Leben führen konnten.

Leider hatten wir in der Vergangenheit häufig vergessen, dass eine Kaufentscheidung neben Geld immer auch einen weiteren, oft hohen Preis forderte: erhöhte Arbeitsleistung, Zeitaufwand, Einschränkungen, Umwelt- und Gesundheitsschäden, finanzielle Abhängigkeiten oder einfach nur ein schlechtes Gewissen. Meistens forderte die impulsive Entscheidung mehr als die neuen Dinge an Zufriedenheit, Glück oder Nutzen brachten.

Der Preis hat viele Gesichter, dachte ich, als eine junge, übergewichtige Frau in der Einkaufsstraße an mir vorbei ging. Eine dicke Fettschürze hing weit über ihrem Schambein elastisch nach unten. Ihre Hüften, Knie oder Fußgelenke konnten aufgrund ihres Gewichts wahrscheinlich kaum schmerzfrei bewegt werden. Sie ging nicht, sondern wackelte in Zeitlupe wie eine Schwimmboje auf dem Wasser.

Ihr Anblick machte mich betroffen. Offensichtlich wurde sie durch eine besonders unangenehme Variante des ZUVIEL beherrscht und sie bezahlte bereits jetzt einen hohen Preis dafür.

Dabei ist unser Handlungsspielraum als Mitglieder einer wohlhabenden Gesellschaft gewaltig, schoss es mir in den Kopf. Wir halten die Fäden in der Hand. Im Gegensatz zu den meisten Menschen unserer Welt haben wir eine Option zur Reduktion: »Downshifting« oder im Fall der fettleibigen Frau wohl eher »Downsizing«, also Gesundschrumpfung – im wahrsten Sinne des Wortes. Die Wahl liegt ganz allein bei uns. Wir müssen sie nur bewusst und nachhaltig treffen.

Ich ging nachdenklich, ohne etwas gekauft zu haben, zurück ins Hotel. Ingo lag auf unserem Bett und schaute mich aus verschlafenen Augen an. Ich legte mich neben ihn und kuschelte mich in seine Armbeuge.

Er schaute mich an. »Liebst du mich noch? Auch nach dieser langen Reise in dem kleinen Camper?«

Trotzig antwortete ich: »Nö. Habe ich noch nie getan. Und jetzt schon gar nicht mehr. Was bist du denn? Ein Mann mit einem geklebten Sprung in der Schüssel, ohne Job und ohne ein Zuhause.«

Er kniff mir in den Hüftspeck. Und wir verhakten uns unter lautem Lachen noch mehr ineinander.

Ja, wir brauchten wenig, um glücklich zu sein. Die Reise hatte uns gezeigt, was uns dabei half.

Wir waren frei und **gelassen**. frei**gelassen**!

Ingo und ich liegen auf einer deutschen Sommerwiese. Die Sonne scheint. Blökende Schafe statt flauschiger Lamas grasen neben uns. Und farbenfrohe Gänse anstelle majestätischer Andenkondore ziehen ihre schwerelosen Bahnen. Auch wenn wir körperlich nicht mehr reisen, will das tiefe Gefühl des Glücklichseins nicht enden.

Ich drehe meinen Kopf zu Ingo und frage: »Und, was war für dich heute das Schönste?«

Es entsteht eine Pause. Er denkt nach, wie er es unzählige Male auf der Reise getan hat. Jeden Abend vor dem Einschlafen im Camper haben wir uns gegenseitig diese Frage gestellt. Die Antworten waren so unterschiedlich wie unsere Erlebnisse: ein Bärenweibchen mit seinem tapsigen Jungen. Eine vertraute Stimme am Telefon. Die selbstgestrickte Mütze eines Peruaners. Ein perfekt geschliffener Strandstein, ein wunderschöner Baum oder ein plätschernder Bach.

Meistens sind die einfachen Dinge die Schönsten, ist uns nun wieder klar.

Ingo hält mir etwas direkt vor mein Gesicht. »Das ist für mich heute das Schönste. Ist doch unglaublich wie ästhetisch dieses Gänseblümchen ist.«

Ich betrachte die Blüte. »Stimmt«, seufze ich zufrieden und strecke mich im Gras aus.

Als ich in den Himmel schaue, muss ich an die unzähligen Tage vor unserer Reise denken. An die Zeit, in der wir keine Antwort gewusst und die schönen Dinge nicht einmal bemerkt hatten.

»Birte, und was ist für dich das Schönste?«

»Dieser Moment«, lächele ich.

# Ingo rheinländische Frohnatur Jahrgang 1965

Fahrradblumenkurier, joggender Barkeeper, Moskitonetzbauer für Afrika, Lederstanzer, Hobby-Möbelbauer, Gabelstapler-Rennfahrer, Sportversessener, Playboy- und Telefonbuchdrucker, Bauarbeiter, Anstreicher, Fliesenleger, kein Prädikatsabitur, Kurzzeitbehinderter nach Autounfall, Interrail im Gepäcknetz durch Europa, aufmüpfiger Bundeswehr-Sanitäter, geliebter Skilehrer, unerwartete Hochschulleuchte, Tutor für Zahlenlehre, Diplom-Kaufmann, Produktplaner und -tüftler, Spontankoch, Marketingchef, Vorstand für den europäischen Vertrieb, Burn-out, Reisender.

# Birte seekrankes Nordlicht Jahrgang 1972

Regalpackerin im Supermarkt, Realschulabschluss, schulischer Spätzünder, Schlammsuhlerin auf Musikfestivals, Wirtschaftsabitur, Fließbandarbeiterin, Studium, Tankstellenverkäuferin, Studentenparty-Planerin, Babysitterin und Fremdsprachenlegasthenikerin in den USA, Bierverkäuferin auf Musikkonzerten, Auslandsstudium im Tulpennachbarland, Hochschuldiplom und europäischer Master, kurze Spanienverliebtheit, Mutti von Promotionsdamen, EXPO im eigenen Land, Bier-Sponsoringplanerin, Wegweiserin für Festivallokusse, Plänemacherin für wiehernde Vierbeiner, Reisende.

# Danke!

Anja (der Finanzengel)
Anke und Ricardo (der perfekte Einstieg)
Arne (es kann nur einen Papst geben
Achim, Dagmar und Eric (Die Welt im Postkartenformat)
Barbara (die fröhliche Abwesende)
Barni (der Wanderindianer im Hauptstadtdschungel)
Bettina, Christoph, Giacomo und Charlotta (die kreative Nachbarschaft)
Birgit und Herbert (wir sehen uns)
Birgit und Michael (die müssen nicht mehr)
Birte (kitzelt alles mit der spitzen Feder heraus)
Ciska, Michael, Jesse und Sammy (our heroes)
Claudia, Frank und Ana Lucia (los amigos)
Conny (Zimmerkameradin mit tierischem Fußballverstand)
Conny, Bernd und Franz (die Drei vom Grill)
Cornelia und Graig (kanadische Wiener Schnitzel lovers)
Die Frahms & Co. (liebe Familienbande)
Ernesto und Annie (von den Alpen auf den Altiplano)
Die Grubers (immer weiter)
Dirk, Hinrich und Julius (die Elb-Kapitäne)
Frank, York, Gerd, Jörn, Wolfgang, Fabricio (Büro, Büro)
Frau Bohnacker und Herr Blum (Höflichkeit muss sein)
Frau Meier & Co. (der gelüftete Dackel und der wiehernde Rest)
Fries (wie das Land…nur ohne Land)
Gerd und Birgit (der Trainer)
Gerd und Uli (immer auf dem Teppich)
Gesine und Ole (mehr als nur Folien)
Gönke (das Nordlicht)
Heike (Elbe oder Spree, Fluss bleibt Fluss)
Heike und Rainer (die telepathischen Lieblingsossis)
Heike, Ingo, Hannes und Fiete (MacGyvers rechte Hände)
Heinrich (not just for the music)
Helga, Horst und Nachbarn (Elbblick mit Roter Grütze)
Henning (Dr. Kimble)
Holger (faster, harder, louder)
Ilka und Frank (schenkt uns Zeit)
Imke, Sebastian, Nikolas und Jakob (Berliner Asyl und „Kino")
Ivonne (der neue Kiwi)
Jochen und Anne (hanseatische Aussies)
Jutta, Christof und Greta (die WG, nicht nur fürs Alter)
Karla und Heiko (auf der anderen Seite des Teichs)
Kerstin (Poweryoga und Chakra)
Kirsten und Jens (Lebensfreude, ohne Grenzen)
Kirstin, Andreas, Victor und Paul (die Schokoladenfamilie)
Lars (das Dreamteam)

Linge und Plörk (Bewohner der Elb-Jugendherberg)
Manuela (Bremer Seifenromanleserin)
Mareen, Lars, Janne Bo und Kristen (die Wände voller Postkarten)
Marga und Werner (de leven Öllern)
Margit und Hans (ich kenne die nicht)
Marianne und Manfred (immer unterwegs)
Marike (german power)
Marion und Bernd (peruanisches Biogasexperiment)
Marion und Peter (das Wollschafexperiment)
Marjorie und Jörg (die lachenden Poeten)
Marten (immer anders, aber doch derselbe)
Martin (der Verkuppler)
Maryam und Hans (Hundegeflüster im En-suite)
Meike und Christoph (die Große mit dem Großen)
Michael (der halbe Mexikaner)
Michael und Claudia (aus Kellingtown City)
Nils (Büsumer Deichschafe sind Lamas)
Olaf (der scharfsinnige Newsticker)
Pedi und Matten (nicht nur Jordis Lieblinge)
Peter und Mari (die Welt ist ein Dorf)
Ramun (we know exactly where we are)
Rolf und Dunja (Freunde fürs Leben trotz aller Veränderungen)
Romana, August, Lucia und Gioia (mehr als Hüttenzauber)
Sahriban (geht ihren Weg)
Sharanne und Curt (die mit den Orkas tauchen)
Silvia und Jonas (fein y espectacular)
Stefan (auf Pilcher und Waltons kann ich gar nicht)
Steffi und Frank (die Wasserratten)
Steffi und Jochen (Klamotten geben Nestwärme)
Stephan und Susanne (Minga und Isaar-Gaudi)
Tobias und Christina (das dusselige peruanische Schwein)
Tex, Ulla & Co. (die Familienbande)
Thomas, Lasse und Bendix (große und kleine Schiffe)
Thomas, Arno (Made in Schleswig-Holstein, und wie)
Ulla und Helge (multikulturelle Lebensfreude)
Uwe (die Rindviehcher)
Uli, Silke, Pauline und Clara (die Bücherwürmer)
Uwe (im Abendrot des Chimborazo)
Vanessa (von der Förde bis zur Alster)
Wiebke, Marcus und Lotti (immer in Gedanken)
Willy und Karsten (Spontaneinladung mit Rösti)
Sabine, Wilhelm, Bengt, Annabelle und Barbette (einfach klasse)
Yvonne und Ilse (kanadisches Zuhause)

…es ist kein Platz mehr auf dem Papier, doch in unserem Kopf geht die Liste immer
weiter.

# Danke!

freigelassen